Bergermann | ter Haseborg

Die Wirecard-Story

Die Geschichte einer Milliarden-Lüge

Von den mehrfach ausgezeichneten
Investigativ-Reportern der *WirtschaftsWoche*

BERGERMANN | TER HASEBORG

Die **Wirecard** Story

Die Geschichte einer Milliarden-Lüge

FBV

Bibliografische Information der Deutschen Nationalbibliothek:
Die Deutsche Nationalbibliothek verzeichnet diese Publikation in der Deutschen Nationalbibliografie. Detaillierte bibliografische Daten sind im Internet über http://dnb.d-nb.de abrufbar.

Für Fragen und Anregungen:
info@finanzbuchverlag.de

Originalausgabe, 1. Auflage 2021

Türkenstraße 89
80799 München
Tel.: 089 651285-0
Fax: 089 652096

Sämtliche Inhalte dieses Buchs wurden – auf Basis von Quellen, die die Autoren für vertrauenswürdig erachtet – nach bestem Wissen und Gewissen recherchiert und sorgfältig geprüft. Der Verlag haftet für keine nachteiligen Auswirkungen, die in einem direkten oder indirekten Zusammenhang mit den Informationen stehen, die in diesem Buch enthalten sind. Textstellen, die direkt oder indirekt Zitate wiedergeben und nicht anderweitig belegt sind, stammen aus persönlichen Gesprächen, E-Mails oder sonstiger schriftlicher Kommunikation der Autoren mit den betreffenden Personen. Zudem erhielten die Autoren im Zuge ihrer Recherchen Einblick in vertrauliche Dokumente und Unterlagen der interviewten Personen.

Redaktion: Anne Büntig; Manuela Kahle
Korrektorat: Silke Panten; Anja Hilgarth
Umschlaggestaltung: Marc-Torben Fischer
Umschlagabbildung: Sebastian Arlt/laif
Satz: Daniel Förster, Belgern
Druck: GGP Media GmbH, Pößneck
Printed in Germany

ISBN Print 978-3-95972-415-9
ISBN E-Book (PDF) 978-3-96092-775-4
ISBN E-Book (EPUB, Mobi) 978-3-96092-776-1

INHALT

AKTEURE DER WIRECARD-STORY

Wirecard-Manager:

Markus Braun, langjähriger Vorstandsvorsitzender und Hauptaktionär
Jan Marsalek, langjähriger Vorstand für das operative Geschäft
Alexander von Knoop, Finanzvorstand
Susanne Steidl, Produktvorständin
Burkhard Ley, langjähriger Finanzvorstand und nach seinem Ausscheiden Berater
Alexander Herbst, Finanzvorstand in den Anfangsjahren
Oliver Bellenhaus, Geschäftsführer in Dubai
Edo Kurniawan, für Asien zuständiger Chef-Buchhalter
Stefan Kaiser*, in den Anfangsjahren Glücksspiel-Spezialist
Brigitte Häuser-Axtner, zuletzt Geschäftsführerin in Singapur

Wirecard-Aufsichtsräte:

Thomas Eichelmann
Stefan Klestil
Wulf Matthias
Anastassia Lauterbach
Vuyiswa V. M'Cwabeni

Wirecard-Gründer:

Paul Bauer-Schlichtegroll
Detlev Hoppenrath

Investoren:

Bernd Menzel
Klaus Rehnig (bis 2008 Aufsichtsratsvorsitzender)

Wichtige Geschäftspartner:

James Henry O'Sullivan, Senjo
Christopher Bauer, PayEasy
Gabor Varga*, Al Alam
Mohannad A., Al Alam

Berater:

Abdallah Turki, Vermittler von Geschäftskontakten in Nahost
Martin Osterkamp*, PR-Berater

Wirecard-Kritiker:

Dan McCrum, Investigativreporter *Financial Times*
Bernhard Möls, »jigajig«: Online-Kritiker
Thomas Borgwerth, Bilanzexperte
Tobias Bosler, Börsenspekulant
Fraser Perring, Börsenspekulant
Bruce Emery, Oliver Cobb, Fia Di Liscia, Greenvale Capital
»Bobby«, Wirecard-Mitarbeiter und Whistleblower in Singapur

Die Treuhänder:

Rajaratnam Shanmugaratnam, Singapur
Mark Tolentino, Manila

Der Aufseher:

Felix Hufeld, Präsident der BaFin

Die Staatsanwältin:

Hildegard Bäumler-Hösl, Staatsanwaltschaft München I

Der Insolvenzverwalter:

Michael Jaffé

---

* Name von der Redaktion geändert

PROLOG

Der 19. Juni 2020 ist der letzte Tag von Markus Braun bei der Wirecard AG. Fast 20 Jahre war er hier der Chef, hat aus dem Nichts einen Milliardenkonzern aufgebaut. Doch an diesem Freitag ist es vorbei.

Was am späten Vormittag in der Wirecard-Zentrale in Aschheim bei München passiert, schildern mehrere Mitarbeiter so: Der Compliance-Chef des Konzerns betritt Brauns Büro im vierten Stock. »Ich bin geschickt worden, um dich nach draußen zu begleiten«, sagt der Mann, der bei Wirecard für die Einhaltung von Recht und Gesetz zuständig ist. Braun wirkt irritiert, Ist es schon so weit?

Am Vormittag hat ihm der Aufsichtsrat das Vertrauen entzogen. Braun kann wählen: Entweder er tritt zurück oder er wird entlassen. Braun hat sich für den Rücktritt entschieden, er will eigenmächtig gehen.

Nun aber wirkt er überrascht von der Geschwindigkeit, mit der ihn seine Firma – seine Schöpfung – loswerden will. Braun wird darüber informiert, dass er keine Gegenstände mitnehmen darf, die der Firma gehören.

Braun wird hinaus auf den Flur in Richtung Aufzug geführt. Eine langjährige Mitarbeiterin kommt ihm entgegen. »Mach dir keine Sorgen, es wird sich alles aufklären«, sagt er sinngemäß und soll dabei Tränen in den Augen gehabt haben.

Der Aufzug gleitet nach unten. In der Tiefgarage, auf einem abgeschotteten Parkplatz, steht der Dienst-Maybach des Noch-Vorstandsvorsitzenden bereit. Braun muss seinen Hausausweis abgeben. Er steigt ein. Der Compliance-Chef wartet noch, bis der Chauffeur den Wagen aus der Tiefgarage gelenkt hat. Dann lässt er alle Zugangsdaten von Markus Braun in den Systemen von Wirecard sperren.

Aus. Vorbei.

Wirecard, das war eine Firma, die aus einem öden Gewerbegebiet des Münchner Vororts Aschheim heraus die Welt eroberte – ein Milliardenkonzern, zwischenzeitlich wertvoller als die Deutsche Bank, eine Art Tesla der globalen Finanzindustrie. Dank ihres Chefs. Markus Braun – ein Nerd, Guru, Heiland.

Wirecard, das war auch das Versprechen, dass die Bundesrepublik nicht nur Achtzylinder und Maschinenbau kann, sondern auch digitale Technologie.

Seit Juni 2020 aber steht fest: Es war alles eine große Illusion. Auf Konten zugunsten von Wirecard fehlen 1,9 Milliarden Euro. Der Unternehmensgewinn von mehr als fünf Jahren – er ist nicht da.

Wirecard meldet Insolvenz an, als erstes DAX-Unternehmen überhaupt. Aktionäre haben insgesamt 20 Milliarden Euro verloren.

Vier Männer kamen deswegen in Untersuchungshaft, darunter Braun. Sein langjähriger Kollege und Vertrauter ist auf der Flucht. Fotos des ehemaligen Wirecard-Vorstands sind an Litfaßsäulen im ganzen Land zu sehen. Interpol hat ihn weltweit zur Fahndung ausgeschrieben: Jan Marsalek, geboren am 15. März 1980 in Wien, 1,80 Meter groß.

Die Münchner Staatsanwaltschaft verdächtigt die Männer des gewerbsmäßigen Bandenbetrugs, der Untreue und der Marktmanipulation. Sie sollen Umsätze erfunden und die Bilanz von Wirecard damit aufgebläht haben. »Das Unternehmen sollte finanzkräftiger und für Investoren und Kunden attraktiver dargestellt werden, um so regelmäßig Kredite von Banken und sonstigen Investoren zu erlangen«, so die Münchner Staatsanwaltschaft.

Braun, der seine Untersuchungshaft in der Justizvollzugsanstalt Gablingen in der Nähe von Augsburg verbringt, weist über seine Anwältin »sämtliche gegen ihn erhobenen Vorwürfe entschieden zurück«.

Was bleibt, ist die Geschichte einer Milliardenlüge. Die Geschichte eines Unternehmens, das als kleiner Dienstleister für die Pornoindustrie begann, doch schon bald die Schmuddelecke hinter sich lassen und mit namhaften Geschäftspartnern traumhafte Gewinne erzielen sollte.

Tatsächlich war Wirecard ein Unternehmen, in dem ein dubioser Deal auf den nächsten folgte. Ein Konzern, geschaffen und getrieben von seinem Vorstandsvorsitzenden Markus Braun, der seinen Mitarbeitern Ziele diktierte, die sie kaum erreichen konnten. Ein System, geprägt von einer strengen Hierarchie, »von Korpsgeist und Treueschwüren gegenüber dem Vorstandsvorsitzenden«, wie es die Münchner Staatsanwälte beschreiben. Ein Konstrukt, das nur so lange hielt, weil so viele wegschauten – Mitarbeiter, Aufsichtsräte, Wirtschaftsprüfer, Behörden.

Wirecards Geschichte – sie war zu schön, um wahr zu sein. Von Anfang an.

KAPITEL 1

SEX, KLICKS UND DIE ERSTEN KRUMMEN DINGER

Ein schillernder Geschäftsmann mit einer genialen Idee – die Geburtsstunde von Wirecard

So viele nackte Frauen gibt es selten in der »Trompete«. Es ist der 9. November 2000, und der Herausgeber der deutschen Version des Erotikmagazins *Hustler* hat in den Berliner Tanzclub von Schauspieler Ben Becker geladen. Showdamen rekeln sich um eine eigens angebrachte Stange. Anlass ist die Erotikmesse »Venus 2000«, geladen sind VIPs wie Udo Lindenberg und Hausherr Ben Becker.

Das Berliner Boulevardblatt *B.Z.* wird später protokollieren, dass die Damen sich »erst ganz brav« gezeigt hätten: »Doch je früher der Morgen, desto mehr verloren sie Hemmungen und Kleidungsstücke.« Gegen ein Uhr: »Busenalarm«. Leitspruch des Abends: »Jetzt wird in der Trompete endlich mal richtig geblasen.«

Das Ereignis soll den *Hustler* in Deutschland bekannter machen – ein Heft, das bis dahin vor allem Amerikas einsamen Fernfahrern ein Begriff war. Heute, 20 Jahre später, kann der Abend zusammen mit ein paar weiteren Ereignissen aus dieser Zeit als historische Stunde für etwas viel Größeres gelten: die Geburtsstunde der Wirecard AG. Geschaffen hat sie Paul Bauer-Schlichtegroll, ein vielseitig interessierter Geschäftsmann aus dem Raum München.

Nach dem Abitur geht Bauer nicht wie seine Klassenkameraden zur Uni. Er studiert lieber das Leben: Bauer reist nach Nairobi, nach São Paulo. Zurück in Deutschland wird er Unternehmer. Er scheint das Risiko zu mögen und probiert vieles aus. So gründet er eine Event-Agentur in Düsseldorf, verkauft sie jedoch wieder. Er importiert Textilien aus Asien und ist viel in den USA unterwegs, wo er hippe Marken aufspürt, die er in Deutschland vertreiben kann. Die Skater-Marke »Vans« etwa gehört zu seinem Portfolio. Bauer hat ein Gespür für Trends. Damit bringt er es zu einem gewissen Wohlstand.

Im Jahr 2000 ist Bauer 37 Jahre alt. Er hat dunkelbraunes volles Haar, ist meist braun gebrannt und hat eine sportliche Figur. Geschäftspartner aus jener Zeit beschreiben ihn als souverän und selbstbewusst, aber regelmäßig eine Spur zu laut im Auftritt. Viele aus der Zeit erzählen: Wenn Paul Bauer etwas nicht passte, dann wurde er laut oder verließ kommentarlos den Raum.

Er ist ein Macher, der nicht lang diskutiert. »Er war wie ein Duracell-Bunny«, sagt ein ehemaliger Mitarbeiter. »Er war effektiv, gab die Linie vor.«

Es ist gerade die Zeit, in der das World Wide Web erwachsen wird. Boris Becker wirbt für den Internetanbieter AOL: »Ich bin drin – das ist ja einfach.« Die Deutschen folgen dem Tennisstar in die noch fremde Welt und richten E-Mail-Adressen ein. Rund um Unternehmen, die etwas mit dem Internet zu tun haben, bricht Hysterie aus. Die seinerzeit beliebte Suchmaschine Yahoo etwa, entstanden aus einem Internetverzeichnis, das zwei Studenten für Freunde sechs Jahre zuvor angelegt hatten, ist an der Börse 100 Milliarden US-Dollar wert. AOL kommt, vor der Fusion mit dem Medienkonzern Time Warner, auf 160 Milliarden US-Dollar Börsenwert. Junge Technologiefirmen sammeln über Börsengänge ohne Schwierigkeiten Millionen ein, sofern sie zumindest am Rande etwas mit IT oder Internet zu tun haben. Sie brauchen nicht viel mehr als eine Idee. Investoren werfen coolen Unternehmern mit kühnen Visionen das Geld nur allzu gerne hinterher; Hauptsache, sie sind online unterwegs – zumindest irgendwie.

Visionen sind eigentlich nicht so Bauers Sache. Er will die Welt nicht verändern oder etwas schaffen, an das man sich noch in 20 Jahren erinnert. Er will sich nicht einmal länger als nötig mit einer Geschäftsidee befassen, so erzählen es mehrere Weggefährten aus dieser Zeit. Bauer will in erster Linie Geld verdienen. Ihn fasziniert die Idee, etwas im Internet zu verkaufen. Nur das ist damals kaum möglich. Zahlungssysteme für das Internet, die Händlern wie Kunden Sicherheit bieten, werden entwickelt oder gerade eingeführt, aber Standard sind sie noch nicht.

Eine der ersten Branchen, die diese Hürde nimmt, ist die Pornoindustrie. Wer kostenpflichtige Filme oder Bildchen anschauen will, lädt einfach einen sogenannten Dialer auf seinen Computer. Die Software sorgt dafür, dass die Standardverbindung ins Internet, zum Beispiel über die Deutsche Telekom, beim Aufruf bestimmter Seiten durch eine 0190er-Verbindung ersetzt wird. Abgerechnet werden dann nicht mehr die üblichen 3 bis 5 Pfennig, sondern bis zu 3,63 D-Mark pro Minute. Die Dialer werden zur ersten gängigen Bezahlform im Internet. Schuhe oder Hosen lassen sich damit nicht bezahlen, aber alles, was sich in Minuten abrechnen lässt. Wie eben der Besuch von Pornoseiten.

Paul Bauer sieht diese Chance – und nutzt sie. Am 9. Juli 1998 trifft er sich mit einem Münchner Notar und gründet die EPM AG – Entertainment Print Media –, später eingetragen im Handelsregister in München unter der Nummer 122026 mit Sitz in Hallbergmoos, bei München. Geschäftszweck: »Produktion und Vertrieb von Medien und Entertainmentprodukten aller Art«. Kosten für den Verwaltungsakt: 1235,05 D-Mark.

Der Sitz von Bauers Firma ist in einem hässlichen Gewerbegebiet, nicht einmal sieben Kilometer vom Münchner Flughafen entfernt. Das Bürogebäude gehört heute zu einem Hotel.

Bauers Gesellschaft erwirbt das Recht, die Marke *Hustler* für ein deutschsprachiges Erotikangebot zu nutzen. In den USA ist das Sexmagazin, das im Vergleich zum *Playboy* eher prollig daherkommt, bekannt. Der Gründer Larry Flynt ist damit steinreich geworden und in den USA eine Legende. Seit einem Attentat 1978 ist er gelähmt. Sein Markenzeichen: ein goldener Rollstuhl.

Bauer muss auch sechs Mal im Jahr ein Heft herausgeben, das ist Bedingung. Es rentiert sich nicht. Allein die Kosten für den Druck und die Rücknahme unverkaufter Exemplare belaufen sich 1999 auf 1,6 Millionen D-Mark. »Sonderlich viel Mühe hat sich mit dem Magazin keiner gegeben«, erinnert sich ein Mitarbeiter, der in den Anfangsjahren für Bauer gearbeitet hat. »Die Zeitschrift war nur das notwendige Übel, um die Marke *Hustler* online nutzen zu können.« Die deutsche *Hustler*-Seite – laut Eigenwerbung die »hottest site on the net« – wird noch um andere Pornoangebote erweitert mit »Hardcore Livee-Sows« und »Sweet Teens«.

Das Geschäft mit den Inhalten für Erwachsene steht aber nicht im Fokus. Bauer erkennt schnell, dass das Potenzial der Abrechnungssysteme viel größer ist als die Pornoseiten selbst. Denn die Pornogemeinde wächst gigantisch. Bauer lässt in seiner Firmengruppe eigene Dialer programmieren oder einkaufen und stellt sie anderen Seiten zur Verfügung. »Bauer war ein Verkaufstalent«, sagt ein ehemaliger Mitarbeiter. »Es war beeindruckend, wie er die Kunden auf den Messen davon überzeugt hat, dass wir die Größten sind. Keiner konnte das so wie er.« Das Herzstück der Firmengruppe wird in EBS – Electronic Billing Systems umbenannt. Das Pornogeschäft wird später ganz wegfallen.

Ein Mitarbeiter erinnert sich: »An Bauers Schreibtisch klemmte ein Minutenzähler. Der war extra so angebracht, dass Besucher ihn nicht sehen konnten. Auf dem Schirm konnte er immer sehen, wie viele Minuten an dem Tag schon über die Dialer abgerechnet worden waren. An seiner Laune konnte man immer ablesen, ob es ein guter oder ein schlechter Tag war.«

Doch die Dialer und ihre Schöpfer geraten bald ins Zwielicht, denn die Grenzen des Erlaubten werden mehr als ausgereizt.

Um die Jahrtausendwende stößt ein neuer Programmierer zu der Truppe aus Hallbergmoos, ein stets gut gekleideter Mann, mit britischem Akzent. Er gilt als technisches Wunderkind. Mit ihm aber beginnen auch die Probleme. Die Dialer laufen technisch sehr viel besser, seit der 42-Jährige da ist. Aber es wird auch hier schmutziger.

Die Gruppe vertreibt nun auch Dialer, die der Internetnutzer herunterlädt, ohne es zu merken, und die fortan die Standard-Internetverbindung der Nutzer heimlich durch eine 0190er-Nummer ersetzen. Wer unbemerkt einen solchen Dialer installiert, zahlt fortan für jede Minute, die er im Internet verbringt, immer bis zu 3,63 D-Mark – also auch, wenn er im Netz nach Kochrezepten sucht und nicht nur, solange er sich auf einer Pornoseite vergnügt. Das Geschäft ist lukrativ. Der Nutzer erfährt erst mit der nächsten Telefonrechnung, dass er ein Problem auf seinem PC hat. Bis dahin sind aber oft ein paar Hundert, manchmal ein paar Tausend Euro an Gebühren aufgelaufen. »Dem *Hustler* und anderen Magazinen wurden Porno-CDs beigelegt, auf denen diese Dialer drauf waren«, sagen mehrere ehemalige Mitarbeiter. »Wer die CD in den Computer legte, hatte das Programm auf dem PC.« Einer ergänzt: »Das Perfideste aber waren die Einmal-Dialer, bei denen nicht pro Minute horrende Gebühren abgebucht wurden, sondern direkt bei der ersten Einwahl ins Internet eine Pauschalgebühr von bis zu 800 D-Mark entstand.« Wenn sich ein Nutzer geweigert habe zu zahlen, »wurde auch nie vollstreckt. Aber die meisten haben eben gezahlt, vermutlich aus Scham.«

Zu jener Zeit entsteht auch das Geschäftsmodell, das viele Jahre später von Betrügern missbraucht wird. Die EBS beginnt, heikle

Geschäfte an Partnerfirmen auszulagern. Viele Jahre später werden die Geschäfte mit solchen Partnerfirmen Wirecard in die Insolvenz stürzen.

Die Anfänge des Partnermodells sind relativ harmlos. Die EBS lässt Dialer von einer Firma ihres neuen, so geschickten Programmierers entwickeln und reicht die Lizenzen hierfür an ein Unternehmen namens Crosskirk mit Sitz in Palma de Mallorca weiter.

Die Crosskirk betreibt eigene Pornoseiten und vertreibt auch die Dialer der Bauer-Truppe in Hallbergmoos. Laut einem Lizenzvertrag muss Crosskirk 80 Prozent ihrer Erträge an die EBS abgeben. Die Vorteile liegen auf der Hand: Gibt es später Ärger mit den Dialern, können sich die Chefs der EBS darauf zurückziehen, dass das Unternehmen ja nur Software zur Verfügung gestellt hat und sie keine Verantwortung dafür tragen, wenn diese von einer anderen Gesellschaft für schädliche Zwecke genutzt wird. Laut Vertrag hat Crosskirk die EBS von allen Ansprüchen freizustellen, die gegen die EBS geltend gemacht werden. Hinzu kommt: Die Gesetze sind in Spanien seinerzeit laxer als in Deutschland.

Einschlägige Fachmedien warnen vor Crosskirk. Verbraucherforen sind voll mit Beschwerden. Im März 2001 berichtet *Stern TV* über die Dialer von Bauers Truppe. Danach bekommt die Firma Besuch von der Polizei.

Das Geschäft läuft zunächst unbeeindruckt weiter. Im Februar 2001 rechnet die EBS durchschnittlich rund 20 000 Minuten am Tag ab. Im August 2001 sind es nach eigenen Angaben bereits fünf Mal so viel. Die Crosskirk allein setzt 2002 rund 15 Millionen Euro um.

Dass der spanische Partner ein Quell potenzieller Schwierigkeiten ist, wird nicht geleugnet. In einem Wertpapierprospekt heißt es später unter anderem: »[D]ie Zahlungssysteme der Crosskirk [entsprechen] nicht in vollem Umfang den Vorgaben der Freiwilligen Selbstkontrolle Telekommunikation e.V.« Die Mitglieder des Vereins verpflichten sich, gewisse Standards einzuhalten. Über den Verein wollten sich die Anbieter eigentlich selbst regulieren, um härtere Gesetze zu verhindern.

Weil aber nicht nur Bauers Truppe zweifelhafte Geschäfte mit Dialern betreibt, häufen sich die Beschwerden bundesweit. Die Gesetze sollen angepasst werden. Die Dialer stehen vor dem Aus.

Zwar hat die Bauer-Truppe bereits seit 1999 auch andere Zahlvarianten wie Kreditkarte, Kontoeinzug und Scheck im Programm. Das Volumen aber ist zu vernachlässigen.

Ende 1999 stößt Alexander Herbst zur Bauer-Truppe, damals 34 Jahre alt. Eigentlich wollte er die Steuerberatungsgesellschaft seiner Mutter übernehmen, aber das Internet fand er dann doch spannender, als Paragrafen zu wälzen, sagt er. Ein Bekannter habe ihn und Paul Bauer zusammengebracht. Dann sei alles ganz schnell gegangen, erinnert sich Herbst. »Ich weiß noch genau, wie ich Finanzvorstand wurde. Paul Bauer und ich saßen an seinem Schreibtisch. In der Mitte stand der Freisprecher des Telefons. Wir telefonierten mit unserem zukünftigen Aufsichtsrat. Der beschwerte sich, dass unser Berichtswesen und unser Zahlenwerk so chaotisch sind. Bauer schaute auf die Tischplatte, als er gefragt wurde: ›Wer ist eigentlich Ihr Finanzvorstand?‹ Ein Moment lang herrschte Stille. Die Firma hatte ja keinen Finanzvorstand. Dann hob Bauer plötzlich den Kopf, schaute mich an und sagte: ›Ja genau, der Herbst ist der Finanzvorstand.‹«

Eine undankbare Aufgabe, wie sich herausstellen wird. »Die haben mich alle für unfähig gehalten, weil ich nie so genau sagen konnte, wie viel Volumen wir eigentlich abwickeln. 80, 100 oder 120 Millionen? Niemand wusste das genau, in der gesamten Industrie nicht.« Die Werte, die der EBS vorlagen, hätten sich teilweise erheblich von denen unterschieden, die der Kunde hatte oder die Bank. Dass mitten im Bezahlvorgang die Verbindung abbrach, dass es zu Doppelbuchungen oder nur einseitigen Buchungen kam, sei keine Seltenheit gewesen, meint Herbst. »Da aber eine verbindliche Auszahlung an die Kunden zu erfolgen hatte, war eine gewisse Konsistenz in den Daten und Werten nicht nur gewünscht, sondern sogar unerlässlich.« Das Thema barg »ein hohes Risiko für uns.«

Lösen soll das Problem der Mann, der im Jahr 2020 einer der Hauptverdächtigen im Wirecard-Skandal sein und im Gefängnis landen wird: Oliver Bellenhaus, damals Anfang zwanzig. Herbst wirbt den Banker von der DZ Bank ab.

Bellenhaus, ein blonder Junge, gerade mal erwachsen, spricht damals so gut wie kein Wort Englisch. Die einen beschreiben ihn als »ruhigen, soliden Typen aus NRW«, ein Banker, der später die Wirecard Bank aufbauen und maßgeblich für den Erfolg von Wirecard verantwortlich sein wird. Andere erinnern sich vor allem an sein selbstbewusstes, teilweise überhebliches Auftreten – und seinen Hang zu schnellen Autos.

Alexander Herbst: »Wir mussten Klarheit in unsere Zahlen bringen. Der Aufsichtsrat hat Druck gemacht. Ich habe dann Daten bei der Gesellschaft für Zahlungssysteme (GZS) – ein Gemeinschaftsunternehmen der Banken – angefordert. Das waren so grün-weiße gelochte Blätter, die auf einer Europalette geliefert wurden. Der Stapel war über einen Meter hoch. Die habe ich dem Bellenhaus hingestellt und viel Spaß gewünscht. Er sollte herausfinden, wo das Problem liegt und wie wir das lösen.«

Doch auch Bellenhaus kommt nicht weiter.

Jeder Wert für sich genommen scheint richtig zu sein, weil er die vorhandenen Informationen richtig wiedergibt. Die Informationen, die an den unterschiedlichen, in einen Zahlungsvorgang involvierten Stellen vorliegen, unterscheiden sich aber teilweise erheblich – ein Problem, das eher die Techniker lösen müssen denn die Finanzer.

Die Technik ist zu dieser Zeit einfach noch nicht so weit, der Zahlungsvorgang noch nicht vollständig digitalisiert. »Die Verbindungen brachen oft ab, Daten gingen verloren«, erinnert sich Herbst. »Die Zahlen beim Kunden und bei uns unterschieden sich mitunter deutlich von den Zahlen«, die die GZS gebucht habe. »Wenn die Verbindung ausfiel, konnte es passieren, dass eine Zahlung durch unser System noch durch war, aber nicht bei der GZS ankam. Das war damals ein generelles Problem in der Branche und nicht nur bei uns so.«

Das stimmt. Auch andere Branchenkenner berichten, dass vor allem die Banken seinerzeit mit den Abrechnungen aus dem Netz überfordert gewesen seien. Aber zur Wahrheit gehört auch: Paul Bauer ist zwar ein genialer Verkäufer, aber kein Programmierer. Die Systeme, die seine Truppe im Programm hat, sind nicht wirklich gut und ganz sicher nicht geeignet, um eine große Nummer im internationalen Zahlungsverkehr zu werden.

Zum Vergleich: In den USA etwa ist mit PayPal zu dieser Zeit längst ein Gigant in Sachen Zahlungsverkehr entstanden. Wer mit PayPal im Netz bezahlen will, muss sich dort nur einmal mit einer E-Mail-Adresse registrieren und eine Kontonummer hinterlegen. Fortan kann er auf allen Seiten, die PayPal als Bezahlmethode akzeptieren, mit seiner E-Mail-Adresse nebst Passwort bezahlen. PayPal bucht den Betrag dann vom Girokonto oder der Kreditkarte des Kunden ab. Im Juni 2000 hat PayPal 2,2 Millionen Kunden.

Dagegen ist Bauers EBS winzig. Nicht mal in Deutschland spielt das Unternehmen in der ersten Liga. Andere Firmen sind mit ihren Internet-Bezahlsystemen viel weiter als Bauers Truppe. Eine davon befindet sich gar nicht so weit von Hallbergmoos entfernt.

KAPITEL 2

ZWEI ÖSTERREICHER UND EIN START-UP

Wie Markus Braun und Jan Marsalek zu Wirecard kommen

Am S-Bahnhof Erding, vor den Toren Münchens, wartet an einem Montagnachmittag im Juli 2020 Detlev Hoppenrath: ein schlaksiger Mann, 58 Jahre alt, kurze blonde Haare, Brille, drahtiger Typ. Seine Cargohose passt zum Geschäft seiner neuen Firma – sie vertreibt Campingkocher in 80 Länder. Hoppenrath hat sie selbst entwickelt.

In diesen Tagen denkt Hoppenrath aber viel mehr an Wirecard. Ohne ihn hätte es die Firma, die früher Wire Card hieß und die später bis in die erste Börsenliga DAX aufsteigt, womöglich nie gegeben.

Er hat den Namen erfunden, er ist der Gründer der Wire Card AG. Hoppenrath war es, der den langjährigen Vorstandschef Markus Braun engagiert und auch Vorstand Jan Marsalek entdeckt hat. Wenn er über die Zeit spricht, wird Hoppenrath emotional. »Mein größter Fehler war es, diese beiden Typen einzustellen«, sagt er.

Hoppenrath bittet in ein Café in der Altstadt, sucht einen Tisch im Außenbereich aus, bestellt eine Spezi und erzählt von seiner

Geschäftsidee im Jahr 1998. Zur selben Zeit wie Paul Bauer kommt auch Hoppenrath auf die Idee, eine Software entwickeln zu lassen, mit der sich Zahlungen im Internet abwickeln lassen. »Die Banken hatten keine Ahnung davon und keinen Plan«, sagt er. Hoppenrath hingegen hatte einen Plan: Zuvor arbeitete er für den Deutschland-Ableger des US-Konzerns Bowne Global Solutions, ein Unternehmen, das Software in verschiedene Sprachen übersetzt. Das Internet fasziniert ihn. Hoppenrath hält bereits Patente für sichere Übertragungstechnologien über das Internet. Damit will er nun selbst eine Firma gründen.

Ein Risikokapitalgeber gibt ihm 4 Millionen D-Mark, um seine Idee zu verwirklichen. Hoppenrath engagiert ein paar Entwickler, die er zunächst in dem Büro einer IT-Firma in München unterbringt. Sie entwickeln »ein Verfahren und System zur automatischen Abwicklung von bargeldlosen Kaufvorgängen«, wie es im Bericht zum Patent mit der Nummer DE 100 08 280 C 1 später heißen wird.

Damit ist eine Software gemeint, die Kreditkartenfirmen, Onlinehändler und ihre Kunden verknüpft, eine Schnittstelle also. Sie sorgt dafür, dass die Bezahldaten des Kunden beim Einkauf im Netz an den Onlinehändler und an die Kreditkartenorganisationen geleitet werden. Sie analysiert binnen kürzester Zeit, ob der Kunde vertrauenswürdig und seine Zahlung plausibel ist. Sie verbindet die Kreditkarte also sozusagen mit dem Internet. Deshalb nennt Hoppenrath sein Unternehmen »Wire Card«. Später gibt es für diese Art von Unternehmen einen feststehenden Begriff: Payment Service Provider, kurz PSP. »Wir waren damals ziemlich vorne damit«, sagt Hoppenrath. Noch heute ist er stolz darauf.

Hoppenrath hat damals also eine Technologie, um Zahlungsinformationen weiterzuleiten. Das allein aber reicht noch nicht. Damit nach einem Einkauf im Internet die Bezahlung auch abgewickelt werden kann, das Geld also vom Konto des Kunden auf dem Konto eines Händlers ankommt, braucht es immer auch eine Bank, die das Geld transportiert – in der Branche wird sie »Acquirer« genannt. Hoppenrath gewinnt die amerikanische Citibank als Partner. »Die anderen Banken haben uns alle ausgelacht.«

Über 30 Mitarbeiter hat Hoppenrath bald eingestellt. Er bezieht repräsentative Büroräume in einem Altbau in Münchens edlem Stadtteil Lehel, direkt an der Isar. Das Büro hatte damals hohe Decken und Fenster, Stuck, Parkett. Von der Decke hing ein Kronleuchter, erinnern sich ehemalige Mitarbeiter.

Heute residieren in dem Gebäude mit der aufwendig vergoldeten Fassade eine Schönheitschirurgin und eine Versicherung.

Hoppenrath ist, wie auch Paul Bauer-Schlichtegroll, ein Vordenker; einer, der andere mitreißen kann, auch potenzielle Investoren. Als er im Jahr 2000 noch einmal Geld braucht, um sein System zu Ende zu entwickeln, gewinnt er den Kapitalgeber Kappa IT Ventures, der ihm einen zweistelligen Millionen-D-Mark-Betrag gibt.

Hoppenrath kann damit weitere Mitarbeiter anwerben. Einer der Ersten, die jetzt neu hinzustoßen, ist ein junger Österreicher, gerade mal 20 Jahre alt: Jan Marsalek.

Ende der 1990er-Jahre ist Marsalek noch Schüler am Bundesgymnasium Klosterneuburg, 20 Autominuten von der Wiener Innenstadt entfernt. Nebenbei arbeitet er beim Start-up Gentics Net.Solutions. Im Rahmen eines Schulprojekts fiel dem Gründer des Start-ups auf, dass Marsalek ein begnadeter Programmierer ist. Die beiden bauen fortan gemeinsam Onlineshops auf, suchen hierfür Zahlungsabwickler und landen schließlich bei Hoppenrath. Der würde Gentics am liebsten übernehmen. Der Gentics-Gründer aber lehnt ab.

Dafür wirbt Hoppenrath um Marsalek, der damals noch nicht mal die Matura, das österreichische Abitur, hat. Marsalek habe Stress mit der Familie gehabt und wollte weg, sagt Hoppenrath. Marsalek sei ein begabter Programmierer gewesen. Zusammen mit dem Gentics-Gründer habe er eine Anwendung geschaffen, mit der man über das Handy einkaufen kann. Das imponiert Hoppenrath.

Als Marsalek im Frühjahr 2000 in München seinen Dienst als »Director Technology« bei Wire Card antritt, verdient er etwa 9000 D-Mark im Monat. Kollegen beschreiben den schlaksigen jungen Mann mit den kurz geschorenen Haaren, der gerne Jeans und T-Shirt trägt, als »Buberl«. Das Verhältnis zu seiner Familie ist weiterhin nicht das allerbeste. Wenn Marsaleks Mutter wissen will, wie es ihrem Sohn geht, ruft sie Hoppenrath an.

Einen Führerschein hat Marsalek damals wie auch heute nicht, er fährt mit dem Taxi überall hin, erzählen Kollegen von damals, die Marsalek als fröhlichen und wohlerzogenen jungen Mann mit dem typisch wienerischen Charme erleben, der den Damen stets die Tür aufhält. Nur nach der Arbeit zeigt er, dass er auch anders kann: beim Kampfsport.

Tagsüber jedoch stürzt sich Marsalek in die Arbeit. Er zieht Projekte an sich und beeindruckt Hoppenrath mit seinen Programmierkenntnissen so sehr, dass dieser ihn schon bald zum CTO, also zum Cheftechniker, befördert. Hoppenrath vertraut ihm das Projekt »Wire Card 2.0« an. Vom Erfolg dieses Projekts habe damals das Wohl der ganzen Firma abgehangen, sagt Hoppenrath heute. Die gesamte Bezahlplattform der Wire Card sollte neu programmiert werden. Die erste Version sei eine »wilde Sammlung« gewesen, weil sie ohne Konzept programmiert war. Die Version 2.0 sollte Wire Card noch schneller machen, noch breiter aufstellen. Regelmäßig habe er sich den Fortschritt berichten lassen, sagt Hoppenrath. Regelmäßig habe Marsalek ihm versichert, dass alles nach Plan laufe. Später aber sei aufgeflogen, dass es »eigentlich gar nichts« gab, sagt Hoppenrath. »Er hat mich monatelang angelogen.«

Ein damaliger IT-Kollege von Marsalek sagt: »Es ist nie so fertig geworden, wie es geplant war. Alles, was von Marsalek nachgepflegt werden sollte, Management-Tools, Verwaltungs-Tools, hat irgendwie gefehlt.«

Hoppenrath degradiert Marsalek, feuert ihn aber nicht. Das ärgert ihn noch heute. »Ich hätte vielen Menschen viel Ärger erspart.« Hoppenrath wirkt aufrichtig betroffen.

Der Gründer von Wire Card ist eher ein Visionär als ein Umsetzer. Seine Mitarbeiter nennen ihn damals wie heute »Hoppi«. Er selbst sagt: »Ich war viel zu unerfahren.«

Hoppenrath verzettelt sich. Er lässt die Programmierer entwickeln und entwickeln, will die perfekte Plattform, vergisst darüber hinaus aber, dass seine Firma auch Geld verdienen und die Plattform verkaufen muss. Anders als Bauers Truppe in Hallbergmoos kümmern sich die Wire-Card-Mitarbeiter zu wenig um den Vertrieb. Von Kunden aus der Pornobranche wollen die Münchner ohnehin nichts wissen. Hoppenrath lehnt diese Klientel grundsätzlich ab, wie mehrere aus der Firma berichten. Das ist ein großer Fehler, zumindest was das Finanzielle angeht.

Während Pornoanbieter und auch Betreiber von Onlinecasinos hohe Gebühren dafür akzeptieren, dass jemand ihre Zahlungen abwickelt, kann Wire Card mit seinen ersten Kunden wie dem Ticketversender CTS Eventim oder dem Supermarkt Spar nur einen Bruchteil von dem verdienen, was Bauers Truppe reinholt.

Wire Card wird bald einen zweistelligen Millionenbetrag verbrannt haben. Die Investoren werden nervös und fordern, dass sich Hoppenrath Hilfe holt. Der Vorstandschef engagiert die Unternehmensberater von KPMG, die im Oktober 2000 einen 30-jährigen Österreicher als Krisenmanager entsenden: Er heißt Markus Braun.

Braun hat Wirtschaftsinformatik in Wien studiert und Mitte der 1990er-Jahre seinen ersten Job bei einer Unternehmensberatung angetreten. Parallel schreibt er seine Doktorarbeit. Hierfür entwickelt er ein Modell, das die Geschwindigkeit von Computerprogrammen vorhersagen soll – »ein höchst anspruchsvolles Thema«, sagt Gabriele Kotsis, Informatikprofessorin an der Universität Linz und damals Betreuerin von Brauns Dissertation. »Aber der Markus hat sich da durchgebissen.« Er habe sich sehr intensiv und angestrengt in das Thema gekniet, sodass sein Kopf hochrot gewesen sei. Ihn habe auch der Vergleich mit seiner Schwester angespornt, die sich für ein Jurastudium entschieden hatte und mit scheinbar weniger Aufwand vor ihm zu einem Abschluss kommen konnte, sagt Kotsis. »Er hat einen beeindruckenden Ehrgeiz, der letztendlich auch mit einer sehr guten Beurteilung der Arbeit belohnt wurde.« Sein erster Chef in der Unternehmensberatung Contrast Management Consulting ist genauso beeindruckt: »Es war schon damals absehbar, dass Markus Braun nach Höherem strebt«, sagt Werner Hoffmann.

Auch Hoppenrath ist begeistert von dem Österreicher. »Er war fachlich über alle Maßen kompetent.« Braun rettet das Projekt Wire Card 2.0, und Hoppenrath ist überglücklich, jemanden an seiner Seite zu haben, der die Probleme löst. Er wirbt Braun ab, ernennt ihn zum Vorstand der Wire Card für ein Jahresgehalt von etwa 200 000 D-Mark im Jahr.

Bei den Kollegen kommt Braun hingegen nicht so gut an. Er sei menschenscheu gewesen, unnahbar, heißt es. »Als er vor versammelter Mannschaft etwas sagen musste, war das wie ein missglücktes Referat eines Sechstklässlers«, sagt einer, der damals dabei war. Versuche Brauns, auf jovial zu machen, seien gründlich in die Hose gegangen.

Womöglich kommt Braun bei den neuen Kollegen aber auch nur deshalb nicht so gut an, weil er Wire Card als Erstes ein Sparprogramm verordnet. Hoppenrath muss viele seiner Weggefährten entlassen. Marsalek aber darf bleiben. Intern wird er bald »Brauns Sekretärin« genannt. Die beiden Österreicher hätten sich auf Anhieb prächtig verstanden, berichten ehemalige Kollegen.

Hoppenraths Verhältnis zu Marsaleks Mentor Braun jedoch verschlechtert sich schnell. »Aus meiner Sicht hat er angefangen, an meinem Stuhl zu sägen«, sagt Hoppenrath. Braun habe hinter seinem Rücken mit dem Aufsichtsrat und Investoren kommuniziert.

Hoppenrath will Braun dann zum Rapport bestellt und ihm Vorhaltungen gemacht haben: »Er hat das schweigend zur Kenntnis genommen und weitergemacht.« Einen Eklat kann sich der Gründer der Wire Card aber nicht leisten. Also reißt sich Hoppenrath zusammen.

Die Firma braucht dringend frisches Geld von ihren Investoren, um weitermachen zu können, und die Zeit für eine neue Finanzierungsrunde könnte nicht schlechter sein: Nach den Terroranschlägen des 11. September 2001 brechen die Kurse börsennotierter Unternehmen weltweit ein. Der Hype um junge, hippe Internetunternehmen findet ein Ende. Investoren werden insgesamt vorsichtiger. Finanzierungen platzen. Viele Start-ups melden Insolvenz an.

Hoppenrath und Braun stehen vor einem Problem: Die Existenz ihrer Firma ist bedroht.

KAPITEL 3

ZWEI MÄNNER, EINE MISSION

Paul Bauer und Markus Braun bündeln die Kräfte – und stürzen sich in das Glücksspielgeschäft

Markus Braun steht neben dem Besprechungstisch im Konferenzraum der Wire Card AG, die mittlerweile in einem Bürokomplex in Aschheim sitzt. Er wirkt nervös, reibt sich permanent den Hinterkopf – eine Gewohnheit übrigens, die er viele Jahre beibehält. Er doziert, preist die Vorteile der Firma an. Zu seiner Unterstützung hat er einen jungen Mann mitgebracht, er sitzt zu seiner Rechten: Jan Marsalek. Es geht um viel. Wire Card steht kurz vor dem Ende.

An der gegenüberliegenden Seite des Tisches sitzen an diesem Tag im Jahr 2001 EBS-Chef Paul Bauer, sein Finanzmann Alexander Herbst und der Wirtschaftsprüfer von Bauers Firma. Nachdem Braun und Marsalek mit ihren Ausführungen fertig sind, gehen die drei EBS-Vertreter vor die Tür.

Alexander Herbst erinnert sich: »Alle waren total nervös. Bauer und ich rauchten zwei Kippen. Immer wieder fragte einer von uns:

›Was machen wir jetzt, was machen wir jetzt? Die Technologie wäre für den nächsten Schritt mehr als nützlich, die brauchen wir.« Einer sagt: ›Komm, die sind pleite. Jetzt übernehmen wir den Laden.‹«

Am 1. Oktober 2001 schickt Bauer ein Fax an Markus Braun. Bauer bestätigt in dem Schreiben »gerne«, dass er »an einem Investment/Beteiligung/Übernahme der Wire Card AG interessiert« sei. Das Fax markiert den Beginn eines Zweckbündnisses zweier Männer, die unterschiedlicher nicht sein können: auf der einen Seite der schillernde, kreative EBS-Gründer Paul Bauer, dessen Firma zwar Kunden hat, aber keine technisch ausgereifte Bezahlplattform, um vom aufstrebenden Internethandel im großen Stil profitieren zu können. Auf der anderen Seite der nüchterne, rationale Markus Braun, Vorstand der Wire Card AG, der zwar ein technisch weit entwickeltes Produkt hat, aber keine Kunden. Die beiden wollen sich zusammenschließen.

Sie haben nur ein Problem: Unternehmensgründer Detlev Hoppenrath. Der hat sich nach eigenen Angaben mit seinen Aufsichtsräten und auch Vorstand Braun zuvor überworfen, weil vor allem Braun von ihm verlangte, viele Mitarbeiter zu entlassen. Hoppenrath meint dazu: »Diese Firma war nicht nur eine Firma. Die Hälfte meiner Freunde hat da gearbeitet. Dann musste ich diese Menschen entlassen. Anschließend saß ich am Schreibtisch und habe geheult wie ein Schlosshund.« Erst habe er seinen Freunden gekündigt, dann sich selbst, sagt Hoppenrath. Im Juli 2001 wechselt er vom Vorstand in den Aufsichtsrat. Er ist gegen den Verkauf seiner Wire Card an Bauer, kann aber letztlich nichts mehr ausrichten. Im Oktober verlässt er auch den Aufsichtsrat.

Die Rettung der Wire Card AG scheitert vorerst trotzdem: Am 23. November 2001 meldet die Firma Insolvenz an.

Im Januar 2002 erstattet Hoppenrath bei der Münchner Staatsanwaltschaft Strafanzeige gegen den Vorstand der Wire Card AG, unter anderem »wegen des Verdachts auf Konkursbetrug«. Hoppenrath berichtet den Ermittlern, dass es rätselhafte Einbrüche bei Wire Card gegeben habe: Am 20. November 2001 wurden die Laptops von Braun und Marsalek aus ihren Büros am neuen Unternehmenssitz in Aschheim gestohlen. Auf den Rechnern sollen wichtige Informationen gewesen sein, Vermögen der Firma also.

»Da keine Gewalt angewandt wurde und auch keine anderen Laptops entwendet wurden, ist davon auszugehen, dass dieser Diebstahl von einem Insider ausgeführt wurde«, schreibt er in seiner Strafanzeige. Er hat den Verdacht, »dass die Insolvenz möglicherweise dazu missbraucht wird, den Geschäftsbetrieb der Wire Card möglichst ›kostenneutral‹ in die EBS AG zu überführen, aus welchen Motiven auch immer«. Zu einer Anklage kommt es nicht. Die Staatsanwaltschaft stellt die Ermittlungen wenige Monate später ein. »Der Verdacht ist haltlos«, erklärt Brauns Anwältin zu Hoppenraths Vorhaltungen. »Der Verdacht hat sich nicht bestätigt.«

Am 16. Januar 2002 verkündet die EBS in einer Pressemitteilung, dass ein »sorgfältig geplanter Deal rechtswirksam« geworden sei: Die EBS und der Kern der alten Wire Card werden eins.

Später wird Wirecard in einem Wertpapierprospekt die Rolle Brauns in dieser Zeit so beschreiben: Er habe als »Turn-around-Manager« bei der alten Wire Card AG gearbeitet, »diese bis zur Eröffnung des Insolvenzverfahrens im Januar 2002 begleitet und ist verantwortlich für die Weiterführung der Wire-Card-Idee durch den Abschluss« eines Deals mit der EBS.

»Unsere Technologie von damals war eine Goldmine für die spätere Wirecard«, sagt Wire-Card-Gründer Hoppenrath bitter. »Eine Schlüsseltechnologie, die hohe Umsätze garantiert, wenn sie mit dubiosen Kunden in Kontakt kommt, die hohe Gebühren zahlen.«

Brauns Truppe zieht vom damaligen Wire-Card-Stammsitz in Aschheim in die EBS-Zentrale nach Hallbergmoos um. Braun wird dort gemeinsam mit seinem Vertrauten Jan Marsalek ein Büro beziehen, ganz oben. Marsalek wird in dieser Zeit wie ein Assistent von Braun wahrgenommen. Ehemalige Investoren erinnern sich an ihn als eine Art Aktenträger, »ein ganz kleines Licht«.

Das Zweckbündnis zwischen Bauer und Braun ist besiegelt. Sie kämpfen vorerst für eine gemeinsame Sache. Obwohl die beiden sehr unterschiedlich sind, klappt das Zusammenspiel, weil die Rollenverteilung klar ist. Bauer ist der Chef, und alle in der Firma machen, was er sagt. Da heißt es dann: »So, jetzt mal alle in mein Büro.« Jeder muss dann sofort alles liegen lassen und kommen. Selbst Braun. Er ist der Übernommene, der nur eine von mehreren Sparten in Bauers Firmenreich leitet. Und wenn Braun in einer Sitzung dozieren will, geht Bauer auch mal mit einem Satz dazwischen. Bauer habe Braun wie einen Angestellten behandelt, ihn aber respektiert, sagen Mitarbeiter, die zu dieser Zeit in der Firma arbeiten. »Bauer hat bei Braun immer gern das abgeladen, wozu er selbst keine Lust hatte. Lange Verhandlungen, bei denen es darum ging, das Kleingedruckte zu lesen oder sich mit gesellschaftsrechtlichen Themen zu befassen, das war dem Bauer zuwider. Sowas hat er den Braun machen lassen.« Technische Details? »Darum sollte sich auch der Braun kümmern.« Braun hat die Rolle angenommen. Eine Kollegin von damals sagt: »Bauer war für ihn einer, den man einfach noch ein paar Jahre braucht. Das konnte er aussitzen.«

Wire Card und die EBS zu verbinden, erweist sich als genialer Schachzug. 2002 setzt der EBS-Konzern rund 72 Millionen Euro um, bei einem Gewinn vor Steuern von fast 9 Millionen Euro – eine Marge, die sich sehen lassen kann. Bauers Kunden und Brauns Technik ergänzen sich prächtig.

Es dauert aber nicht lange, bis die beiden einen Rückschlag erleiden – der letzte übrigens, zu dem sich die Firma bekennen wird, bevor es 17 Jahre lang offiziell nur noch bergauf geht: 2003 fällt das Todesurteil für die Dialer. Die Gesetze werden verschärft. Unter anderem müssen die Kunden künftig besser über die Kosten aufgeklärt werden, so will es die Regierung. Die traumhaften Gewinne der Branche, die darauf basieren, dass viele Konsumenten der kostenpflichtigen Seiten erst merken, wie viel Geld sie ausgegeben haben, wenn es zu spät ist, sind damit Geschichte. Das trifft vor allem die Pornobranche, die viel über Dialer abgerechnet hat und die zu dieser Zeit ohnehin von den Kreditkartenunternehmen ins Visier genommen wird. Visa und Mastercard sperren Zahlungen für bestimmte Sex-Seiten.

Das spürt auch der EBS-Konzern: 2003 fällt der Umsatz, verglichen mit dem Vorjahr, um 40 Prozent auf rund 45 Millionen Euro. Bauer muss das Geschäftsmodell seines Unternehmens dringend breiter aufstellen. Der Konzern teilt mit: »Um den Wegfall des entsprechenden Transaktionsvolumens kompensieren zu können, verstärkt die ebs Electronic Billing Systems AG ihre Kundenakquisitionen in anderen Nischenbereichen.«

Die Nischen, die in Zukunft eine nicht ganz unwichtige Rolle spielen werden, sind Wetten und Glücksspiele im Internet – ein äußerst lukratives Geschäftsfeld. Die auf Glücksspiel spezialisierte US-Beratungsgesellschaft Christiansen Capital Advisors schätzt, dass die Spieleanbieter im Netz im Jahr 2002 weltweit etwa 4 Milliarden US-Dollar umsetzen und sich die Zahl innerhalb von zwei Jahren verdoppeln wird. Mehr als die Hälfte dieses Umsatzes soll auf Sportwetten entfallen. Die größten Wachstumsraten prognostizieren die Experten den Anbietern von Onlinepoker.

»Mit den Onlinecasinos wollten damals fast alle Zahlungsabwickler ins Geschäft kommen«, erzählt ein Branchenkenner. »Der Markt war noch größer als das Pornogeschäft, und es gab noch mehr Transaktionen.«

Was für ein steiles Wachstum für einen Zahlungsabwickler drin ist, der sich auf diese Branche konzentriert, konnte Bauers Truppe bei Neteller sehen, einem kanadischen Zahlungsabwickler, der später auf die Isle of Man umsiedelt und fast ausschließlich die Spieleindustrie im Netz bedient. Während Neteller im September 2002 nach eigenen Angaben noch etwas weniger als 900.000 US-Dollar im Monat umsetzt, sind es im Dezember 2003 schon 4,3 Millionen US-Dollar. Abzüglich direkt mit den Transaktionen verbundenen Kosten bleiben davon im Jahr 2003 mehr als 60 Prozent als Bruttomarge hängen.

Platzhirsch – auch bei den Glücksspielzahlungen – ist zu jener Zeit aber der US-Konzern PayPal. Das einfache Bezahlen mit E-Mail-Adresse und Passwort begeistert immer mehr Nutzer.

Ob das Treiben der Onlinecasinos seinerzeit legal ist, weiß keiner so genau. In den meisten Staaten der Welt gibt es strenge Gesetze für die Glücksspielindustrie: In vielen Ländern brauchen die Anbieter eine Lizenz. Die Gesetze aber wurden einst für stationäre, nicht für virtuelle Casinos gemacht, für Anbieter also, die in dem Land sitzen, in dem sie auch ihr Glücksspiel anbieten. Illegale Spielhöllen kann der Staat einfach dichtmachen. Aber wie sieht es aus, wenn ein Betreiber in der Karibik sitzt und sein Angebot deutschen Spielern über das Internet zugänglich macht? Ist es illegal, wenn er dafür in Deutschland keine Lizenz hat? Und was ist mit Poker? Ist Poker ein Glücksspiel oder ein Geschicklichkeitsspiel, für das sowieso andere Regeln gelten?

Diese Fragen sind unter Experten umstritten. Nicht nur die Anbieter von Glücksspielen im Netz wissen lange nicht, wann sie sich strafbar machen. Dasselbe gilt für die Zahlungsabwickler, die den Onlinecasinos ermöglichen, Geld bei Spielern in Ländern einzusammeln, in denen das Glücksspiel reguliert ist. PayPal weist seine Investoren etwa auf das Risiko zivil- und strafrechtlicher Konsequenzen unter anderem wegen Geldwäsche hin, weil der rechtliche Status vieler Hochrisikokunden wie Onlinecasinos unsicher sei.

Anbieter, die trotz dieses Risikos bereit sind, Zahlungen für die Onlinecasinos abzuwickeln, lassen sich dieses Risiko fürstlich entlohnen. Neteller verlangt etwa von den Anbietern eine Gebühr in Höhe von bis zu 7 Prozent des Betrags, den die Spieler dort einzahlen. Lässt sich der

Spieler später Geld auszahlen, werden weitere 2,5 Prozent dieses Betrags als Gebühr fällig. Hinzu können weitere Abgaben kommen, die die Spieler direkt an Neteller zahlen.

An diese Traumumsätze will auch die Truppe um Bauer ran. Ex-Finanzchef Alexander Herbst berichtet: »Wir haben damals unzählige Gutachten zur Rechtslage und den Risiken in Auftrag gegeben, so wie die gesamte Branche. Alle sind zu dem Schluss gekommen, dass Geschäfte mit den Onlinecasinos zumindest nicht illegal sind, da wir hauptsächlich Poker machen wollten, was als Geschicklichkeitsspiel gilt. Die Anwälte haben aber auch immer gesagt: ›Es kann sein, dass die Behörden das anders sehen.‹«

Das Geschäft mit dem Glücksspiel im Netz ist lukrativ, gerät aber auch zunehmend unter Beschuss der Behörden. Für viele Staaten sind Casinos wegen der teils hohen Abgaben, die sie zahlen, eine lukrative Einnahmequelle. Diese Einnahmen sind gefährdet, wenn Spieler ins Netz abwandern. Viele Staaten bereiten Gesetze vor, um den Onlinewildwuchs einzuschränken.

Viele namhafte Finanzinstitute kappen prophylaktisch ihre Beziehungen zu den Seitenbetreibern, vor allem in den USA. Auch PayPal zieht sich zurück, nachdem der Zahlungsanbieter von eBay übernommen wird. Jetzt ist Platz für Spezialisten, die das Risiko nicht scheuen.

Das ist ein typischer Paul-Bauer-Moment. Im Februar 2003 meldet seine EBS mehr als 1000 Kunden. Onlinecasinos, Wettanbieter und Lotterie-Seiten machen zwar weniger als die Hälfte der Kundschaft aus, stehen jedoch für den wesentlichen Teil der Transaktionen, die die EBS jetzt abwickelt.

Und wieder bedient sich Bauer seiner Partner. Sie sind es, die dann eine direkte Geschäftsbeziehung zu den Seitenbetreibern haben – nicht er. Die Partner rechnen mit den Kunden ab und nutzen nur die Systeme der EBS, quasi als Dienstleister. Das scheint mehr die Regel als die Ausnahme: In einem Börsenprospekt aus dem Jahr

2003 heißt es, die Transaktionen über Partnerfirmen hätten eine »starke Präsenz« im Gesamtgeschäft des Unternehmens.

Doch das neue Fundament wackelt bereits. Ein wesentlicher Anteil des Umsatzes der EBS stammt aus Transaktionen für Spieler in den USA, wie das Unternehmen 2003 selbst in dem Börsenprospekt preisgibt. Zu jener Zeit aber ist der wohl wichtigste Glücksspielmarkt der Welt schon in Gefahr.

Im Jahr 2000 scheitert im Parlament eine Gesetzesvorlage, die das Glücksspiel im Netz weitgehend für illegal erklärt hätte. Einige Zeit später aber wird es zu einem neuen Vorstoß kommen. Ein damaliger Mitarbeiter sagt: »Wirecard ging es wie der gesamten Industrie. Die USA war der größte Onlineglücksspielmarkt der Welt. Das Damoklesschwert hing über uns.«

Käme die Gesetzesvorlage diesmal durch, würde es bedrohlich für die EBS. Das räumt das Unternehmen selbst ein: Die EBS könne in Ländern, in denen das Glücksspiel eingeschränkt oder verboten wird, »behördlichen Ermittlungen oder Klagen ausgesetzt sein«. Dies wiederum könne sich »erheblich nachteilig auf die Einnahmen und die Finanzlage auswirken«. Dafür müsse die EBS nicht einmal direkt betroffen sein. Die EBS kann seinerzeit Finanztransaktionen noch nicht allein abwickeln. Sie braucht für jeden einzelnen Geldtransfer einen Bankpartner. Und die EBS-Manager halten es zumindest nicht für ausgeschlossen, dass sich die Banken wegen der Glücksspielkunden der EBS künftig auch weigern könnten, Zahlungen von anderen EBS-Kunden abzuwickeln.

Diese Gedankenspiele beschäftigen Bauer und Braun durchaus, doch sie gehen das Risiko ein. Sie haben große Pläne.

KAPITEL 4

MACHTWECHSEL

Markus Braun steigt zur Nummer eins bei Wirecard auf – und lässt erkennen, mit welchen Methoden er sich durchsetzt

Lüneburg, 60 Kilometer südlich von Hamburg, ein Freitag Ende Juli 2020: Bernd Menzel hat in das Verwaltungsgebäude der New-York Hamburger Gummi-Waaren Compagnie eingeladen. Nebenan, in der Fabrik, lässt er Kämme aus Naturkautschuk, Urnen aus Flüssigholz oder Kautschuk sowie Fagottrohre aus Hartgummi herstellen. Ein Sortiment, das symbolisch ist für sein Berufsleben: Es ist sehr bunt.

Menzel, ein bulliger Typ von 58 Jahren, kahlgeschorener Kopf, Freizeithemd, bittet in einen Konferenzraum und legt eine 4XL-Packung Marlboro vor sich auf den Tisch. Er wird sich während des Gesprächs ab und zu bedienen und rauchen. Menzel will über seine Zeit mit Paul Bauer und Markus Braun sprechen, es wird ein Gespräch über den Aufstieg von Wirecard – und über den Aufstieg von Markus Braun zur Nummer eins in der Firma.

Menzel zählt zu den Investoren der ersten Stunde. Im Jahr 2000 hatte sich der ehemalige Banker, der durch einen Immobiliendeal zu Geld gekommen war, mit anderen Hamburger Investoren an Bauers

EBS beteiligt. 20 Prozent der Anteile hielt die Gruppe, deren Sprecher er war, sagt Menzel. Damals habe er den Wert der EBS ermitteln lassen: 22,5 Millionen Euro.

Der Kontakt zu Bauer, sagt Menzel, sei über Bauers Vater Gottlieb zustande gekommen. Bauer Senior war ebenfalls Unternehmer, er handelte mit Schallplatten. Bauer Senior habe gesagt, er solle doch mal seinen Sohn kennenlernen, erinnert sich Menzel. Bauer Junior habe ihn dann für seine Idee, ein Bezahlsystem fürs Internet aufzuziehen, begeistert. »Und Erotik und Glücksspiel waren nun mal die Bereiche, wo es die höchsten Margen gab, mit 3,4 Prozent von der Abrechnungssumme«, sagt Menzel. Hatte er damals Bedenken? »Nein, das hat uns überhaupt nicht gestört. Irgendeiner macht das eben. Wir haben die Zahlen gesehen und gesagt: ›Boah, toll, passt.‹«

Menzel begeistert damals auch noch eine Reihe anderer betuchter Hamburger, ihr Vermögen in das aufstrebende Unternehmen zu stecken. Unter ihnen ist der mittlerweile verstorbene Betreiber des Hamburger Fischereihafenrestaurants, Rüdiger Kowalke. Sie alle glauben an die Wachstumsgeschichte, die vor allem der Mann glaubhaft präsentieren kann, der 2002 dazustößt: Markus Braun. »Er war total seriös, ein absoluter Spezialist. Der Mann hat uns überzeugt«, meint Menzel. Braun habe damals den Plan skizziert, einen Zahlungsanbieter aufzubauen, der langfristig nicht nur Schmuddelbranchen bedient, sondern die breite Masse an Internetshops, die damals reihenweise an den Start gingen. »Er wollte das große Geschäft.« Andächtig hätten Investoren an Brauns Lippen gehangen, wenn er von der Zukunft sprach, davon, auch mit niedrigen Gebühren seriöser Kunden große Geschäfte machen zu wollen. Über die Masse ließen sich auch mit solchen Kunden auskömmliche Margen verdienen. So haben Menzel und seine Leute Braun damals verstanden. »Er war ein meisterhafter Darsteller einer Materie, die uns nicht vertraut war«, sagt Menzel.

Der Investor erzählt, er habe anfangs mit Bauer und Braun ein gutes Verhältnis gehabt.

Das Trio ist geschäftlich – in unterschiedlichen Rollen – auch über andere Unternehmen verbunden. Etwa beim Spieleanbieter 10tacle, in den alle drei investieren und deren Aufsichtsratschef Braun ist, der aber später pleitegeht. Bauer engagiert sich auch bei Menzels Beteiligungsholding Patrio Plus AG – die später ebenso Insolvenz anmeldet.

Ein anderes gemeinsames Projekt ist der Hamburger Boxpromoter Arena, den Menzel und Bauer gemeinsam mit dem ehemaligen Boxer Ahmet Öner zu einem Schwergewicht in der Branche machen wollen. Der erwartete Erfolg tritt allerdings nicht ein: 2014 wird die Arena wegen Vermögenslosigkeit von Amts wegen gelöscht. Letztlich ist bis auf die EBS keines der gemeinsamen Investments dauerhaft erfolgreich.

Der Zahlungsanbieter aber wächst rasant und zählt 2004 schon über 300 Mitarbeiter. Die Büros in Hallbergmoos sind zu klein geworden, und das Unternehmen zieht in einen anderen Münchner Vorort um: Grasbrunn, im Südosten der bayerischen Landeshauptstadt. Der Geschäftssitz ist wieder ein langweiliges Bürogebäude, das einzig und allein wegen der türkisen Fensterrahmen auffällt.

Dafür ist die Truppe, die hier einzieht, umso spektakulärer: eine Horde von Individualisten und Grenzgängern. »Die Wirecard hat die Grenzen der Moral sehr ausgeweitet. Das ist die Kultur. Work hard, play hard«, sagt einer der Mitarbeiter von damals. Und Gründer und Vorstand Bauer, sei »noch wilder als die anderen gewesen«. In Bauers Büro stand seinerzeit ein wertvoller Bildband von Helmut Newton – mit Aktfotos.

Wer nicht spurt, muss um seinen Job fürchten. Bauer kann auch hart sein. »Der stand ständig unter Strom, hat jedem Angst gemacht«, sagt ein Ehemaliger. Markus Braun und Jan Marsalek seien »Diven« gewesen. In den Konferenzen habe jeder seine Rolle eingenommen. »Das war wie ein *Wolf-of-Wall-Street*-Film. Ein schlechter Film.« Bauer ist der Macher, der mit dem Kopf durch die Wand will. Braun ist der Vordenker, der die Strategie entwickelt, sich aber in der Hackordnung Bauer unterordnet – noch. Und Marsalek ist der Umsetzer, auch wenn er in den ersten Jahren noch »Elemente eines Halbstarken« aufweist, wie ein ehemaliger Untergebener sagt.

Auch der Banker Bellenhaus, ein geselliger Kerl mit kurz geschorenen Haaren, gehört zu der Zeit schon zum engeren Führungskreis. Er habe sechseinhalb Tage die Woche gearbeitet, sagen ehemalige Kollegen, wobei die Grenze zwischen Arbeit und Vergnügen fließend gewesen sei. In seinem Büro habe eine Spielkonsole gestanden. »Da hat er gezockt. Wie Frank Underwood in der berühmten US-Serie *House of Cards*«, sagt ein ehemaliger Kollege.

Eines Tages, so Bellenhaus' Ex-Kollege, habe man einen ganz besonderen Kunden gewonnen: LiveJasmin. Das Geschäftsmodell der Firma: Mädels machen vor der Live-Kamera das, was ihre Kunden ihnen sagen. »Das war der heißeste Scheiß damals. Das hat mehrere Millionen Zahlungsvolumen im Monat gebracht«, erinnert sich der Ex-Wirecard-Manager. Einer jedoch ist skeptisch. Er glaubt nicht, dass die Internetseite tatsächlich individuelle Live-Shows zeigt. »Also haben wir es ausprobiert, und natürlich auf dem riesigen Flatscreen in Bellenhaus' Büro.« Als ein junger Kollege hereinplatzt, freut man sich laut dem Ex-Kollegen sichtlich über dessen Verwirrung. Zu dritt stehen sie nun vor dem Bildschirm, auf dem eine blonde Frau zu sehen ist. Die drei laden mit einer Wirecard-Kreditkarte Guthaben bei dem Erotikanbieter auf. »Ich schrieb ihr: ›Touch your nose‹, und sie rieb ihre Nase genüsslich, als gäbe es hier irgendeinen erotischen Sinn«, erinnert sich der Wirecard-Manager. Der Beweis ist erbracht – und der Kritiker überzeugt. »Touch your nose« wird zum Insider-Scherz. »Wir haben nicht mehr viel mit der LiveJasmin-Dame gemacht, sie hat zwar ihre Brüste entblößt, aber stets dabei ihre Nase gerieben, was uns die ganze Zeit zum Lachen brachte. Ich schrieb ihr noch, nicht mehr ihre Nase zu berühren, aber sie kam immer wieder zur Nase«, sagt Bellenhaus' ehemaliger Kollege.

Die Truppe hat schon bald das nächste große Ziel im Visier: Sie will sich Geld für ihren Aufstieg an der Börse holen. Dabei helfen soll ein Start-up, von dem Bauers EBS schon im Jahr 2002 Anteile übernommen hat: Infogenie. Das Unternehmen aus Berlin vermittelt Rechtsberatung per Hotline – ein Relikt aus der Hochzeit der 0190er-Nummern. Doch die Dotcom-Krise hatte auch diese Firma fast in die Insolvenz getrieben. Operativ ist sie uninteressant, aber sie hat eine Eigenschaft, die für Bauer und Braun von unschätzbarem Wert ist: Die Infogenie ist börsennotiert. Wenn Bauer und Braun ihre Geschäfte dort einbringen, sind sie direkt an der Börse. Das ist in der Regel einfacher, schneller und günstiger als ein klassischer Börsengang.

Bevor Braun und Bauer jedoch dieses nächste Etappenziel erreichen, geraten die beiden Männer, die EBS und Wire Card bis hierher geführt haben, aneinander. Drei Jahre arbeiten sie jetzt schon zusammen, doch eine Männerfreundschaft ist nie entstanden. Jeder hat sein Ding gemacht, und Braun hat gegen seinen Chef Bauer nicht aufbegehrt. Bis zum Jahr 2004.

Als klar ist, dass Bauer nach dem Börsengang in den Aufsichtsrat wechselt, kommt nur Braun als Nachfolger infrage. Die wesentlichen Investoren sollen gemeint haben, dass unbedingt einer aus dem Unternehmen auf den Chefposten muss. Braun erkennt die Chance. Kaum ist seine Ernennung zum Chef öffentlich, nutzt er seine neu gewonnene Macht und fordert von Bauer Anteile am Unternehmen. Sonst will der frisch ernannte Vorstandschef gehen. Das berichten mehrere Personen, die damals dabei waren. Brauns Anwältin bestreitet heute hingegen den Vorgang. Was die einen als legitime Forderung werten, wird in Bauers Umfeld als eiskalte Erpressung gesehen, weil Braun gewusst haben muss, dass Bauer seinen gerade erst ernannten Nachfolger so kurz vorm Sprung aufs Börsenparkett nicht ziehen lassen kann. Es kommt zum Streit zwischen den beiden Männern, und Bauer gibt schließlich nach.

Klaus Rehnig, Bauers erster Investor und bis 2008 Aufsichtsratschef von Wirecard, bestätigt, dass er und Bauer dann einen bedeutenden Anteil am Unternehmen an Braun abgegeben haben. »Zum Vorzugspreis«, sagt Rehnig. »Es war nicht teuer.« Braun wird, nach einer Umwandlung der Gesellschaft, 8 Prozent an der neuen Wirecard halten. Ein ehemaliger Wegbegleiter schätzt, dass der Kaufpreis, den Braun für die Anteile zahlen musste, nur circa 20 bis 25 Prozent des tatsächlichen Wertes der Anteile entsprochen hat. Es habe noch Stress gegeben, »da Herr Braun ursprünglich noch nicht mal die Steuern, die bei dem Deal anfielen, selbst zahlen wollte«. Brauns Anwältin bestreitet dies.

Der damalige Investor Menzel sagt, er habe Brauns Wunsch nach Anteilen »voll unterstützt«. »Er war das Aushängeschild der Firma.«

Seit diesem Vorfall sei das Verhältnis zwischen Braun und Bauer angeknackst gewesen, sagen Weggefährten. Die beiden hätten zwar nicht gestritten. »Aber der Bauer hat dem Braun das nicht einfach so vergeben.« Investor Menzel bestätigt, dass Bauer wütend war: »Ein Paul Bauer gibt nicht gerne. Er nimmt«, sagt er.

Von den Streitereien hinter den Kulissen bekommen die Investoren nichts mit. Bei der Hauptversammlung der Infogenie, wo die Aktionäre über den Zusammenschluss von EBS, Wire Card und Infogenie abzustimmen haben, präsentieren sich Braun und Bauer als Team, das für eine gemeinsame Sache kämpft – und sich durchsetzt. Sie bringen die frühere Wire Card AG und weitere Töchter der EBS in die Infogenie ein, deren Vorstandschef Braun seit dem 1. Oktober 2004 ist. Das neu geschaffene Unternehmen bekommt den Namen Wire Card.

Wire Card betritt die Frankfurter Börse im Jahr 2005 also nicht mit Glocke oder Konfetti, sondern schleicht behutsam aufs Parkett. Ein Jahr später wird noch das Leerzeichen im Firmennamen verschwinden. Seitdem heißt das Unternehmen Wirecard AG.

Und Braun jubelt nach der Hauptversammlung in einer Mitteilung an die Presse: »Ich freue mich über die Zustimmung unserer

Aktionäre. Sie haben den Startschuss für die neue Wire Card AG gegeben, die als börsennotierte Gesellschaft ihre bedeutende Marktstellung im Bereich Zahlungsabwicklung im Internet international ausbauen wird.«

Investor Menzel verkauft seine Anteile. Er benötigt Geld für seine Gummiwarenfabrik. Damit verpasst er Wirecards Aufstieg, aber auch den Absturz.

Geschäftlich könnte es bei Wirecard zu dieser Zeit kaum besser laufen, zumindest verkauft das die umtriebige Pressestelle so. Wirecard präsentiert sich auf der Internationalen Tourismusmesse in Berlin, der ITB, begrüßt den Schweizer Ringier-Verlag und den Elektronikhändler ProMarkt als neue Kunden. Die Meldungen sollen zeigen: Wirecard hat seriöse Kunden und davon sehr viele. Das ist vor allem Braun sehr, sehr wichtig.

Er verkauft weiterhin die Idee, dass Wirecard auch mit seriösem Geschäft erfolgreich sein kann, wenn es nur genug davon gibt. Tatsächlich sind die namhaften Kunden zu dieser Zeit vor allem aus einem anderen Grund attraktiv: Die Zahlungsanbieter brauchen sie, um ihr Geschäft mit Problemkunden anzureichern. Die Betreiber von Pornoseiten, Internetcasinos oder zweifelhaften Onlineshops müssen auch deshalb so viel Geld für die Abwicklung ihrer Zahlungen ausgeben, weil es mit den Geldtransfers so viele Probleme gibt. Kunden, die ein Haarwuchsmittel im Netz bestellen, das dann doch nicht funktioniert, fordern regelmäßig später ihr Geld zurück. Dasselbe gilt für Kunden, die Diätprodukte abonnieren, oder für Glücksspieler, die ihr Erspartes verzockt haben. Wenn ein Zahlungsanbieter zu viele Seitenbetreiber im Bestand hat, die Stress mit ihren Kunden haben, bekommt er selbst Probleme mit Visa und Mastercard. Deshalb ist es sinnvoll, ganz gewöhnliche, langweilige, jedoch verlässliche Einzelhändler aufzunehmen, selbst wenn die nur wenig für den Service zahlen. Sie tragen dazu bei, dass die Quote der Problemkunden sinkt.

Das große Geld aber wird weiter woanders verdient, auch bei Wirecard.

Das Umsatzwachstum der Spieleseiten im Netz erreicht ihren vorläufigen Höhepunkt. Der Marktforscher Christiansen Capital Advisors in New York schätzt den weltweiten Umsatz der Branche im Jahr 2005 auf 12 Milliarden US-Dollar – doppelt so viel wie zwei Jahre zuvor. Etwa die Hälfte entfällt davon auf die USA. Rund 80 Prozent gehen auf Sportwetten, klassische Casinospiele und Poker zurück.

Die Goldgräberstimmung geht bereits in Hysterie über. Im Sommer 2005 geht der Anbieter PartyGaming in London an die Börse und wird von den Investoren bereits am ersten Handelstag mit 7 Milliarden Euro bewertet. PartyGaming ist damit mehr wert als die Fluglinie British Airways. Dabei warnen einige Analysten, dass der Umsatz der Firma von 1 Milliarde Dollar im Jahr 2004 schnell wegbrechen kann, weil das Flaggschiff des Unternehmens – die Seite Partypoker – 80 Prozent ihres Umsatzes in den USA erzielt und eine Verschärfung der Gesetze für die Onlineanbieter in den USA in vollem Gange ist.

Wirecard entwickelt mit Click2Pay ein maßgeschneidertes Produkt für die Spieleanbieter im Internet. Click2Pay ist vergleichbar mit PayPal. Der Nutzer meldet sich dort einmal mit seiner E-Mail-Adresse und seinen Kontodaten an und kann künftig auf Seiten, die Click2Pay akzeptieren, mit seinem Nutzernamen und seinem Passwort bezahlen. »Die Bezahlform konnte natürlich überall eingesetzt werden«, erinnert sich einer, der damals dabei war, »aber geschaffen wurde sie vor allem für die Glücksspielbranche.« Das Volumen sei vor allem von »Hoch-Risikokunden« gekommen, sagt ein ehemaliger Click2Pay-Manager. Die Marge mit dieser Klientel habe bei bis zu 10 Prozent gelegen.

2004 wird Click2Pay nach Wirecard-Angaben von 200 »volumenstarken Händlern« genutzt und bedient Endkunden in 107 Ländern mit »starker Dynamik im anglo-amerikanischen Markt« und »ersten Impulsen im kontinental-europäischen sowie asiatischen

Markt.« Click2Pay arbeitet bereits im Jahr der Markteinführung profitabel und trägt nach Angaben des Unternehmens »wesentlich zum positiven Konzernergebnis bei«. Im nächsten Jahr heißt es in einem Geschäftsbericht, das Bezahlverfahren stelle einen »wesentlichen Wachstumsmotor der Wirecard-Gruppe dar«.

Im Juli 2005 »gründet« Wirecard sogar extra eine Gesellschaft für seine Glücksspielkunden, im britischen Überseegebiet Gibraltar. Einige wichtige Kunden hätten Wirecard aufgefordert, »eine Niederlassung in der Hauptregion des Wett- und Spielemarktes« zu eröffnen, heißt es im Geschäftsbericht. Dies geschehe auch »aus Gründen der Risikodiversifikation im Hinblick auf eventuelle Rechtsrisiken«.

Wirecards Tochter in Gibraltar entwickelt sich nach den offiziellen Angaben zur Perle des Konzerns. Von 2006 bis 2009 wird keine andere Beteiligung in Summe so viel Gewinn erwirtschaften wie sie – zumindest auf dem Papier.

Es ist mehr als offensichtlich, dass der Erfolg von Wirecard ganz wesentlich vom Glücksspiel im Internet abhängt, was Wirecard einige Zeit später aber ebenso leugnen wird wie den Erfolg von Click2Pay. Das Geschäft mit den Zockern ist nicht wirklich schick, vor allem aber wird es irgendwann rechtlich sehr heikel.

Womöglich aus Sorge vor solchen regulatorischen Unwägbarkeiten baut Wirecard schon jetzt rund um Click2Pay eine Fassade auf. Wirecard schließt die Verträge mit den Seitenbetreibern, die Click2Pay nutzen wollen, nicht unbedingt selbst, sondern kooperiert mit Drittpartnern wie der Wafepay mit Sitz in Zypern. Mit dieser Gesellschaft hat Click2Pay beispielsweise einen Lizenz- und Vermarktungsvertrag für die Branchen »Gambling, Sportwetten und Glücksspiel«. Wenn also ein Seitenbetreiber Click2Pay nutzen will, wird er nicht unbedingt Kunde von Wirecard, sondern Kunde von Wafepay. Und Wafepay reicht dann einen Teil des Umsatzes an Wirecard weiter.

Einer, der in dieser Zeit für Wirecard tätig war, sagt, die Idee hinter den Partnerschaften sei oft folgende gewesen: »Falls sich herausstellen sollte, dass einer der Kunden Geschäfte betreibt, die vom Gesetzgeber als illegal eingestuft werden, konnte Wirecard die Verantwortung von sich weisen und sich darauf zurückziehen, doch nur die Lizenz für die Software vergeben zu haben. Schließlich würde man Microsoft auch keinen Vorwurf machen, wenn deren Software für kriminelle Zwecke genutzt wird.« Wie viel von Wirecards Umsatz über Wafepay kommt, lässt sich nicht nachvollziehen. Aber die Firma muss wertvoll für Wirecard gewesen sein. Wirecard sichert sich eine Option, die Firma zu kaufen, und will je nach Umsatz mit bis zu 3 Millionen eigenen Aktien bezahlen. Das entspricht seinerzeit einem Gegenwert von rund 9 Millionen Euro. Bis die Option 2006 ausläuft, steigt der Wert sogar auf fast 20 Millionen Euro – das war damals für Wirecard viel Geld.

Nicht nur die Umsatzbeteiligung (bei Crosskirk waren es 80 Prozent) legt nahe, dass es sich bei derlei Partnerfirmen manchmal eher um ausgelagerte Betriebsstätten der Wirecard denn um unabhängige Vertriebspartner gehandelt hat: Rund drei Monate, bevor die Kooperation mit Wafepay bekannt wird, gehört das Unternehmen noch der EBS Holding AG und damit zur Wirecard-Familie. Auf wen die Firma dann übertragen wird, ist ein Rätsel. Im Handelsregister ist als Eigentümer eine britische Gesellschaft eingetragen. Die britische Gesellschaft wiederum führt einen Münchner Kneipier als Eigentümer. Er ist seinerzeit auch für eine Firma tätig, die Onlinesportwetten vermittelt und Glücksspielautomaten aufstellt. Der Kneipier aber behauptet, er habe nichts mit Wafepay und auch nichts mit der britischen Firma zu tun. Auch die Geschäftsführerin des britischen Wafepay-Eigentümers sagt, sie sei ohne ihr Wissen als Geschäftsführerin eingetragen worden. Sie habe davon nur durch Zufall erfahren. Wer das veranlasst hat, weiß sie nicht. Sie weiß aber, wen sie anrufen muss, um sich zu beschweren: Wirecard. Die Geschäftsführerin sagt, sie habe damals regelmäßig für Wirecard-Kunden Gesellschaften in Großbritannien gegründet.

Es wird sich bis zuletzt durch die Geschichte von Wirecard ziehen, dass die Firma viel Geld mit Partnerfirmen verdient, von denen keiner weiß, wer eigentlich dahintersteht. Es wird viel Geld aus Wirecard herausfließen und nur ein kleiner Zirkel an Personen wird wissen, an wen die Millionen fließen.

So gut das Geschäft zu dieser Zeit auch läuft: Es gibt auch Probleme. Große Probleme, und zwar deshalb, weil das Geschäft so gut läuft.

Das hat mit Wirecards Abhängigkeit von einer Bank zu tun. Nur mithilfe der Bank kann Wirecard überhaupt Zahlungstransfers abwickeln. Wirecards wichtigster Partner zu dieser Zeit ist eine Gesellschaft namens Pago, eine Beteiligung der Deutschen Bank. Und mit der Deutschen Bank und der Pago hat Wirecard mittlerweile reichlich Stress. Zu viele Kunden der Glücksspielanbieter und Onlineshops, die Wirecard betreut, wollen ihre Zahlungen rückgängig machen. Das ist bei der Klientel, die Wirecard betreut, wie erwähnt nichts Ungewöhnliches. Für die Pago ist das in der Menge aber nicht akzeptabel. Die Pago feuert deswegen Wirecard-Kunden aus dem System. Das ganze Verhältnis gilt als zerrüttet.

Markus Braun hat ein Problem: Er braucht einen neuen Partner. Mit dem würde es früher oder später wahrscheinlich aber denselben Stress geben wie mit der Pago. Um es kurz zu machen: Braun braucht eine eigene Bank und lernt Matthias Albrecht kennen, der eine Bank hat, die er nicht unbedingt haben will.

Der groß gewachsene schlanke Albrecht mit dem kurzen, leicht ergrauten Haar kommt ursprünglich aus der IT-Branche. 1988 hat er das Unternehmen XCom gegründet, das vor allem Banken-Software programmiert.

Im Juli 2020 sitzt er an einem lang gezogenen Küchentisch aus Holz in seinem Haus bei Köln, wo die Familienkatze Bourbon sich gerade zum Mittagsschlaf ausgestreckt hat. Albrecht lehnt sich nach hinten, verschränkt die Arme hinter dem Kopf und wartet einen Moment, bis er auf die Frage antwortet, wie er seinen Verhandlungspartner

Markus Braun in Erinnerung hat. Albrecht setzt an: »Er ist ein ... nein, sagen wir es anders. Nein, wir machen das ganz anders«, sagt er und kramt in seinen Unterlagen. Bei wichtigen Gesprächen tippt Albrecht alles live mit. Die Telefonate mit Markus Braun sind also minutiös dokumentiert.

So wie es Albrecht notiert hat, dürfte Markus Braun seinerzeit kaum ein introvertierter Techniktyp gewesen sein, sondern eher ein eiskalter Verhandler, der von sich selbst sagt, dass er die Schlacht nicht scheut. Er gibt Sätze zum Besten wie: »Du bist naiv, wenn du glaubst, dass ein Vertrag dir Rechtssicherheit gibt« oder: »Ich will nichts vom Vertrag hören. Das ist mir alles wurscht. Ich werde mich in einigen Punkten an den Vertrag halten. In anderen Punkten werde ich abweichen. Du kannst das akzeptieren oder nicht.« Brauns Anwältin erklärt hierzu: »Die Dr. Braun zugeschriebenen (angeblichen) Zitate sind frei erfunden.«

Was war geschehen?

Als sich ein US-Broker, für den Albrechts XCom ein Bankensystem bauen soll, aus Deutschland zurückzieht, übernimmt Albrechts Firma kurzerhand die deutsche Tochter des Brokers. Sie hat eine Vollbanklizenz. Das Problem: Die Bank hat kaum Geschäft, kaum Umsatz und macht Verlust. »Um sie weiter betreiben zu können, brauchten wir Kunden. Wir haben einen Partner gesucht, der uns Geschäft bringt. Im Gegenzug wollten wir Anteile an der Bank abgeben«, sagt Albrecht. Wirecard hat das umgekehrte Problem: Der Zahlungsabwickler hat das gut laufende Geschäft und sucht eine Bank. »Die Bedingung, die Markus Braun an uns stellte, war: Ihr braucht eine Principal Membership von Mastercard und Visa«, berichtet Albrecht. Das ist der höchste Status, den die Kreditkartenorganisationen an Partner vergeben. Ein Principal Member kann nicht einfach nur Kreditkartenzahlungen abwickeln, sondern beispielsweise auch selbst Kreditkarten herausgeben. Um diesen Status zu erreichen, braucht man eine solide Organisation und Geschäft.

Albrecht erinnert sich: »Dass Wirecards Umsatz damals in nennenswertem Umfang aus dem Erotikgeschäft kam, war kein Geheimnis. Es war ein Geschäft, mit dem sich hohe Margen erzielen ließen. Und damit bekamen wir die Lizenz.«

Als klar ist, dass die XCom-Bank Principal Member wird, will Braun die Bank komplett. Albrecht sagt, das sei ihm recht gewesen. Ein anderer sagt, Albrecht habe genau gewusst, wie dringend Braun die Bank brauchte, und das in den Kaufverhandlungen für sich genutzt. Er treibt den Preis hoch – bis auf 13 Millionen Euro. Braun stimmt zu, wird aber später zurückschlagen.

Etwas mehr als die Hälfte des Kaufpreises fließt zeitnah. Etwas weniger als die Hälfte soll erst fließen, wenn die Bank auf Wirecard übergegangen ist. Bis es so weit ist, vergehen noch ein paar Monate. Das ist bei einer Bank nicht ungewöhnlich. Die BaFin muss einen Eigentümerwechsel genehmigen. So etwas kann dauern.

Zuständig für das Projekt ist damals Oliver Bellenhaus. Der Aufbau der Bank soll so etwas wie seine Bewährungsprobe sein. Und er besteht sie. Mit Auszeichnung. Noch Jahre später werden Wirecard-Manager erzählen, was er beim Kauf und der Expansion der Bank geleistet habe.

Mitarbeiter der Xcom erinnern sich noch, dass Bellenhaus sehr kindlich wirkte. Einer erzählt: Sich an Regeln zu halten, sei nicht seine Sache gewesen. »Wenn an der Kasse eine Schlange war, dann ging er vorbei. Und wenn er über den Standstreifen an einem Stau vorbeifahren konnte, dann tat er das.« Er habe die Dinge des Lebens nicht so ernst genommen. Das habe ihn sympathisch gemacht, sagt ein anderer. Zu Markus Braun habe er aufgeschaut. »Vor dem hat Bellenhaus gekuscht«, sagen viele aus dieser Zeit.

Kurz bevor die Bank Anfang 2006 auf Wirecard übergeht und Wirecard die letzten Zahlungen leisten muss, findet Braun den Kaufpreis für das Institut plötzlich nicht mehr angemessen. Vermutlich tat er das nie, aber in seiner Not stimmte er erst mal zu. Jetzt, da ihm die Bank so gut wie sicher ist, will er nachverhandeln. Braun behauptet nun, nach Albrechts Darstellung, das Institut sei schrottreif und voller Risiken. Brauns Anwältin streitet dies ab. Tatsächlich ist das Risiko, das Braun bei dem Deal eingeht, überschaubar.

Das Institut wurde vor dem Übergang mehr oder weniger leer gemacht und nur eine Hülle mit Banklizenz übergeben. Weder Kredite noch Einlagen von Kunden sind noch da, die Bilanzsumme ist auf schmale 5 Millionen Euro heruntergeschrumpft. Braun findet nun auch, dass die Bank für die Software der XCom zu viel Geld zahle. Brauns Anwältin erklärt dazu: »Eine derartige Aussage ist Dr. Braun nicht erinnerlich.« Die Konditionen sind jedoch später Gegenstand einer Klage, die die Wirecard-Vertreter unter anderem gegen Albrecht einreichen.

Die Konditionen kannte Braun schon vor Abschluss des Kaufvertrags. Seine Argumentation wirkt ein wenig wie ein Scheingefecht mit dem Ziel, den Kaufpreis nachträglich zu drücken. Albrecht habe Brauns Notlage maximal ausgenutzt, sagt ein Insider, der mit der Transaktion vertraut ist: »Ich glaube, jetzt wollte Braun zurückschlagen und vorführen, dass er so viel Geld trotzdem nicht zahlen muss.«

Dokumentiert ist, wie Braun in einer E-Mail an Albrecht droht: »Junge, ich habe die Faxen dicke« und »du wirst am Ende außer mit einer saftigen Schadenersatzklage mit nichts dastehen«. Anfang März 2007, also ein Jahr und drei Monate nach Übergang der Bank, setzt die Haus-und-Hof-Kanzlei von Wirecard dann noch eines drauf und fordert von Albrecht und anderen Führungskräften 9 beziehungsweise 3,2 Millionen – zahlbar innerhalb von maximal sechs Tagen, wegen Aushöhlung der Bank und Untreue. Es geht um die besagten Konditionen, die die Bank für Dienstleistungen an Albrechts Xcom zahlte. Aber Albrecht gibt einfach nicht nach. Er will sein Geld, und zwar genau den Betrag, der im Vertrag steht.

Wenig spricht dafür, dass Braun sich zu dieser Zeit tatsächlich auf einem Pulverfass sitzen sieht, das er eigentlich gar nicht mehr haben will. Denn rund zwei Wochen später sind plötzlich alle Anschuldigungen vom Tisch und Braun will den Deal zu Ende bringen. Albrecht erinnert sich: »Ich bin nach München geflogen. Braun hat mich in einem BMW 750 iL abholen lassen. Wir saßen hinten und sind zum ›Käfer‹ gefahren. In der Lounge hat er als Erstes einen Martini bestellt. Und dann hat er gesagt, ich sei sein härtester Gegner gewesen, weil ich selbst unter Druck nicht zurückgewichen sei. Und dann haben wir einen Vergleich verhandelt.« Albrecht meint: »Danach habe ich die Streitereien mit Braun fast vermisst.«

Markus Braun ist damit vorerst am Ziel: Er hat sich aus dem Schatten des Gründers Paul Bauer gelöst, er hat durch den Börsengang Zugang zu weltweitem Kapital erhalten – und jetzt hat er eine eigene Wirecard Bank, mit der er große Teile der Wertschöpfungskette der elektronischen Zahlungsabwicklung selbst abdecken kann. Doch sein geschäftlicher Erfolg hängt davon ab, dass Wirecard-Kunden weiterhin den größten Glücksspielmarkt bedienen können. Schon bald wird die ganze Branche durch Ereignisse in den USA erschüttert werden.

KAPITEL 5

HÖCHSTER EINSATZ, VOLLES RISIKO

Wirecard rettet ein gefährdetes Geschäftsmodell

München, im Juni 2020. Der Wirecard-Jäger wartet am Ausgang der U-Bahnstation Olympiazentrum. Ein mittelgroßer Mann Ende 40, schlank, Jeansjacke, Dreitagebart, Rucksack. Sein braunes Haar hat graue Strähnen, sein Gesicht ernste Falten. Dem Treffen hat er erst nach einigem Zögern zugestimmt und die Bedingung gestellt, dass sein wahrer Name nicht veröffentlicht wird. Er möchte in dieser Geschichte Bernhard Möls heißen.

Bekannt ist er sowieso nur als »jigajig«. Unter diesem Pseudonym hat er in Internetforen wie wallstreet:online sehr früh Zweifel an der Wachstumsgeschichte von Wirecard geäußert. »Jig-A-Jig« ist ein Lied der Band East of Eden aus den 1970er-Jahren, er hört es heute noch gern. Dass der Name im Englischen Geschlechtsverkehr bedeutet, erfährt er später, als er im Internet von aggressiven Wirecard-Fans angefeindet wird.

Möls läuft los, will seine Geschichte bei einem Spaziergang im Olympiapark erzählen. Wer er ist? Sein Beruf sei »sehr weit weg von Wirecard«. Er ist Sozialpädagoge, arbeitet mit Risikokindern. Mit seiner Frau und seinen Kindern lebt er irgendwo im Raum München. Dass er zum Wirecard-Jäger wurde, hänge mit seinem Gerechtigkeitssinn zusammen, sagt er: »Ich habe immer den Mund aufgemacht, wenn es ungerecht gelaufen ist.« Schon zu Schulzeiten und auch, als sein Neffe in die Sexfalle tappte. Die Geschichte über seinen 13-jährigen Neffen geht so: 2003 tippte er drei Buchstaben in seinen Computer: Sex. Danach wählte er den Google-Treffer mit dem Hinweis »gratis« an. Ein teurer Klick, wie seine Mutter später feststellte, als die nächste Telefonrechnung kam: Über 200 Euro sollte sie zahlen.

Der Junge hatte einen Dialer aktiviert, der von einer Firma namens Crosskirk gekommen sein soll. Und Möls fand heraus, dass Crosskirk mit Paul Bauer-Schlichtegroll zu tun hat, der einst den Wirecard-Vorläufer EBS gründete. Möls findet die Art und Weise, wie die EBS beziehungsweise Crosskirk ihr Geld verdienen, ungerecht. Seitdem befasst er sich mit Wirecard, sammelt alles, was er zu der Firma, ihren Aktivitäten und Managern finden kann. Und im Jahr 2007 stößt er nicht nur auf »ungerechte Geschäfte«, sondern auch auf Ungereimtheiten bei Wirecards Geschäften mit dem Glücksspielsektor.

Seine Recherchen fallen in eine Zeit, in der es für Wirecard-Chef Markus Braun scheinbar kaum besser laufen könnte. Unternehmensgründer Paul Bauer ist in den Aufsichtsrat abgezogen und kümmert sich nicht mehr intensiv um die Firma. Für Braun heißt das: Es funkt ihm keiner rein.

Mit Burkhard Ley hat Braun einen Finanzmann gefunden, den die Investoren lieben. Ley hat bei der Kreissparkasse Solingen eine Banklehre gemacht und nach einem Studium lange bei der Kölner Privatbank Sal. Oppenheim gearbeitet. Ley hat eine sympathische Ausstrahlung und im Gegensatz zu Braun fällt es ihm leicht, auf andere zuzugehen, zum Beispiel die Mitarbeiter. Ley sei ständig im

Unternehmen unterwegs gewesen, sagt ein ehemaliger Wirecard-Manager. »Der konnte nicht lange sitzen. Er hat den Kontakt zu den Mitarbeitern gesucht.« Wenn die Firma Weihnachten feiert, hält sich Braun abseits. Ley ist mittendrin. Dennoch ist er kein Kumpel, sondern eine geschätzte Respektsperson. Er ist einer der wenigen bei Wirecard, der ganz selbstverständlich von den Kollegen gesiezt wird.

So einer kann auch gut mit Investoren und Analysten sprechen. Wenn Wirecard später in die Kritik gerät, dann ist es Ley, der die Manager großer Fonds beruhigt; Braun können viele der Investoren nicht einordnen. Aber Ley, da sind sie sich sicher, dem kann man vertrauen. Es hat viel damit zu tun, wie Ley sich gibt. Er erscheint als konservativer und bodenständiger Banker. Er trägt keine eng geschnittenen Anzüge, sondern eher bequemere Modelle, und referiert über das Prinzip des ehrbaren Kaufmanns. Eine ehemalige Kollegin berichtet: »Er ist rhetorisch geschickt und hat immer viel mit den Händen gestikuliert. Wenn Investoren kritische Fragen stellten, dann hat er eben eine Geschichte erzählt und die Frage gar nicht unbedingt beantwortet.«

Dass Ley bei Wirecard selbst lieber Kasse machte, statt auf die glorreiche Zukunft zu setzen, hat die Investoren offenbar nicht gestört. Das Unternehmen ermöglicht Mitarbeitern wie Ley, in einem gewissen Umfang Aktien zur Hälfte des Börsenwerts zu kaufen. Ley nimmt die Aktien, verkauft sie aber meist sofort wieder.

Der heute 61-Jährige wirkt immer gelassen, egal wie kritisch die Fragen seines Gegenübers sind. Er zögert nie mit einer Antwort und schaut seinem Gesprächspartner tief in die Augen, wenn er redet. Manche Fondsmanager werden Ley auch später, als er schon nicht mehr Finanzchef ist und Wirecard mal wieder in der Kritik steht, noch anrufen. Die werden dann anderen sagen, dass alles in Ordnung sei.

Am 18. September 2006 wird Wirecard in den deutschen Technologieindex TecDAX aufgenommen – ein Ritterschlag für Braun.

Wirecard zählt nun zu den 30 wichtigsten Technologieunternehmen des Landes. Braun jubelt, dies sei »für uns ein wichtiger Meilenstein in der Entwicklung von Wirecard und wird die Attraktivität unserer Aktie weiter erhöhen«. Warum seine Firma so dynamisch wächst, erklärt er so umständlich wie wolkig: Die Entwicklung »beruht auf einer stark diversifizierten und internationalen Kundenbasis sowie einem breiten Produkt- und Dienstleistungsportfolio, das unser operatives Geschäft treibt und unser Wachstum nachhaltig festigt«.

Mit Freude und Stolz aber hält sich Braun nicht lange auf. Er gibt schon das nächste Ziel aus: einen Platz in der ersten Liga, dem Börsensegment DAX – die höchste Spielklasse des deutschen Aktienmarkts. So erzählen es Mitarbeiter von damals.

Wenn Bernhard Möls alias »jigajig« gewusst hätte, in welchen Dimensionen Braun denkt, dann hätte er den Wirecard-Chef wahrscheinlich für verrückt erklärt und ihn gefragt: »Markus, merkst du eigentlich nicht, was gerade um dich herum passiert?«

Im Oktober 2006 setzt US-Präsident George W. Bush seine Unterschrift unter den »Unlawful Internet Gambling Enforcement Act« (UIGEA). Das Gesetz verbietet es Banken und Kreditkartenfirmen, Zahlungsaufträge von Onlineglücksspielern in den USA abzuwickeln. Es ist eine Kampfansage der US-Behörden gegen Wettanbieter und Casinos im Netz.

Wie empfindlich das Gesetz die Branche trifft, wird an der Börse deutlich: Die Aktie des Spieleanbieters PartyGaming fällt binnen eines Tages um fast 60 Prozent. Das Unternehmen erklärt, die Entwicklung stelle einen signifikanten Rückschlag für die gesamte Branche dar. Wie wahr: Die Internet-Spieleindustrie erwirtschaftet rund die Hälfte ihres Jahresumsatzes von 12 Milliarden Dollar in den USA. Bei PartyGaming entfallen sogar 75 Prozent des Ertrags auf die USA, wo das Unternehmen 900 000 Kunden hat.

Und es dauert nicht lange, bis die Behörden zeigen, dass sie gewillt sind, die neuen Regeln auch durchzusetzen. Im Januar 2007 verhaftet das FBI die beiden Gründer des Zahlungsdienstleisters Neteller, der fast ausschließlich für die Glücksspielindustrie im Netz tätig ist. Allein im Jahr 2005 hat Neteller ein Transaktionsvolumen von mehr als 7,3 Milliarden Dollar abgewickelt, mit mehr als 80 Prozent aller Glücksspielfirmen der Welt ist das Unternehmen laut den Staatsanwälten im Geschäft. Die meisten Spieler kommen aus den USA. Der zuständige New Yorker Staatsanwalt Michael Garcia verkündet, dass den beiden Neteller-Gründern bis zu 20 Jahre Haft drohen, weil sie mehrere Milliarden Dollar illegaler Glücksspielerlöse transferiert hätten. Und er macht auch klar, dass er solche Taten auch dann verfolgt, wenn die Verdächtigen und ihr Vermögen außerhalb der USA ansässig sind.

»jigajig«, der zu dieser Zeit noch unter anderem Namen in Internetforen unterwegs ist, diskutiert nach der Verhaftung mit anderen Forennutzern die Auswirkungen des Gesetzes auf Wirecard. »Weiß jemand, wann das nächste Mal jemand vom Vorstand der Wirecard in den USA ist? Dann bitte einen Tipp ans FBI geben!«, schreibt einer.

Und, in der Tat, seitdem gilt bei Wirecard im oberen Management die Devise: Wir fahren nicht mehr in die USA. Das berichten mehrere Insider.

Während der Umsatz von Neteller nach dem Rückzug aus dem Onlineglücksspielmarkt USA um fast 70 Prozent auf 84 Millionen Dollar im Jahr 2007 abstürzt, verkündet Wirecard, vom Verbot nicht betroffen zu sein. Im Gegenteil. Markus Braun tut so, als sei nichts gewesen, und erklärt, für 2007 erwarte er »einen weiteren Anstieg des Ergebnisses vor Zinsen und Steuern (EBIT) von über 50 Prozent«.

Wie ist das möglich?

Kurz zuvor waren Internetglücksspiel und Poker noch ein wesentlicher Geschäftszweig von Wirecard und viel Geschäft stammte aus den USA, wie Wirecard in einem Börsenprospekt selbst preisgibt. Zu den Kunden zählten einige Branchengrößen, und Click2Pay ist bekanntermaßen ein beliebtes Zahlungsinstrument der Zockerbranche. Und das sollte jetzt auf einmal nicht mehr existieren?

Zwei Möglichkeiten sind denkbar: Entweder ist Wirecard doch jede Menge Geschäft weggebrochen – und dem Vorstand ist es gelungen, das irgendwie zu kaschieren. Oder die Glücksspielgeschäfte liefen einfach heimlich weiter. Womöglich stimmt einfach beides.

Auch wenn sich der Geschäftsbericht des Wirecard-Konzerns so liest, als sei die Erfolgsgeschichte ungebremst weitergelaufen: Es war nicht so. Das geht aus dem Jahresabschluss der Wirecard AG, also der Muttergesellschaft des gesamten Konzerns, hervor. Ihr Gewinn fällt von 2006 auf 2007 von 5,4 Millionen Euro um 96 Prozent auf 0,2 Millionen Euro. Einer der Gründe: Die Gewinnausschüttung der Tochter Click2Pay, dem beliebten Zahlungsmittel der Glücksspielbranche, ist um ein Drittel zurückgegangen. In der Erläuterung heißt es: »Durch den Marktdruck und durch die gesetzlichen Bestimmungen kam es in 2006 zu Änderungen in der Kundenstruktur. Diese Umstellungen zeigten nun in 2007 die Auswirkungen.« Mit anderen Worten: Wegen einer Gesetzesänderung sind Kunden weggebrochen und deshalb verdient man jetzt weniger Geld. Was soll damit anderes gemeint sein als die Folgen der neuen Gesetze in den USA?

Wie viel Geschäft Wirecard fortan noch mit Glücksspielanbietern macht, die in den USA aktiv sind, lässt sich nur mutmaßen. Zunächst einmal scheint es wahrscheinlich, dass die Branche insgesamt weiter sehr, sehr wichtig für Wirecard ist: Gibraltar ist das Mekka der Glücksspielindustrie, weil die Gesetze dort nicht so streng und die Steuersätze niedrig sind. Wirecard unterhält hier eine Tochtergesellschaft, ursprünglich unter anderem für die Glücksspielindustrie eingerichtet. Und in den Jahren 2007 und 2008 erzielt Wirecards Gibraltar-Gesellschaft mehr Gewinn als jede andere Tochtergesellschaft.

Auch die Einnahmen von Wirecard sprechen dagegen, dass der Zahlungsabwickler nur noch harmlose Zahlungen transferiert. Die hohen Gebühren, die das Unternehmen erzielt, lassen sich mit Kunden wie Schneider Versand oder dem deutschen Onlineshop des PC-Herstellers Dell üblicherweise nicht erzielen. Sie deuten darauf hin, dass Wirecard viele Kunden mit riskanteren Geschäftsmodellen bedient. Glücksspielanbieter zählen zu dieser Kategorie.

Und dann kauft Wirecard auch noch einen irischen Zahlungsabwickler namens Gateway Payment Solutions für fast 40 Millionen Euro. Im Netz ist relativ einfach recherchierbar, dass dieser Zahlungsabwickler ein Faible für Kunden aus der Glücksspielbranche hatte, genauso wie seine Geschäftsführer.

Das fällt auch Wirecard-Jäger »jigajig« auf, der ja bekanntlich alles sammelt, was er zu diversen Managern im Wirecard-Reich findet. »Ich sehe mich eigentlich als Wissenschaftler«, sagt er. Sein Problem: Er schafft es nicht, die vielen Informationen in einen Sinnzusammenhang zu bringen und daraus Schlüsse zu ziehen. Er stellt seine Funde völlig unstrukturiert in Diskussionsforen wie wallstreet:online ein, in der Hoffnung, jemanden zu finden, der mit diesen Informationen etwas anfangen kann und der den Teil der Analyse leistet, zu dem er nicht fähig ist. Er hofft allerdings vergeblich. Es wird noch Jahre dauern, bis er zu jemandem durchdringt. Bis dahin haben viele für »jigajig« nur Spott übrig. Von einigen Forenschreibern wird er für verrückt erklärt. Er wird beschimpft und beleidigt.

»Bezahlter Basher«, also Kursdrücker, ist da noch harmlos. Als »jigajig« mal ins Forum fragt, ob er darauf hinweisen müsse, dass sein letzter Beitrag Satire sei, antwortet »PaleAle«: »In Deinem speziellen Fall schon, weil die Dämonen gar nicht in Aschheim sitzen, sondern nur in Deinem Kopf.« Ein anderer veröffentlicht einen Link, der zur Pornoseite »jigajig« führt, und fragt: »Hat der etwa ein Faible für kleine Mädchen?«

Möls setzen die Angriffe zu. Er fühlt sich verfolgt. Regelmäßig speichert er seine Daten auf externen Festplatten, schickt diese an Bekannte, dort sollen sie sicher sein.

Zurück zum Fall Gateway Payment Solutions: Für »jigajig« sieht es so aus, als wollte die Wirecard-Führung kaschieren, was sie da eigentlich für eine Firma in Irland gekauft hat. Denn Wirecard kauft Gateway nicht einfach. Wirecard lässt erst eine deutsche Aktiengesellschaft mit dem Namen Trustpay gründen. Als der Onlinekritiker die Trustpay im Handelsregister sucht, kann er sie zunächst nicht einmal finden. Diese Trustpay wird dann die Gateway kaufen, was aber erst einmal gar nicht auffällt, weil der Name Gateway von Wirecard in der Regel nicht verwendet wird, sondern nur der neue Name der Firma: Wirecard Payment Solutions.

Wirecard wird später behaupten, es habe sich um ein für Akquisitionen »übliches Vorgehen« gehandelt, bei dem alle zu erwerbenden Assets in einem Akquisitionsvehikel, hier der Trustpay AG, »vor Erwerb strukturiert und gebündelt wurden«. Tatsächlich wurden über das Vehikel Trustpay auch noch zwei andere, kleine, Firmen für rund 3 Millionen Euro übernommen. In irgendeinem offensichtlichen Zusammenhang mit Gateway stehen sie nicht. Ansonsten kaufte Wirecard andere Firmen in der Regel auch direkt und nicht über ein Vehikel. Die Bündelung erscheint sinnfrei. Wer betreibt so einen Aufwand, wenn er nichts zu verbergen hat? Und wie wahrscheinlich ist, dass das, was er verbergen will, nichts mit Glücksspiel zu tun hat? »Beim Casino-Thema war es halt krass, dass es genauso lief wie bei den Dialern: Irgendwie war allen klar, dass das nicht legal ist, aber passiert ist nichts«, sagt Möls.

Auch Jochen Reichert erscheint das offenbar alles reichlich auffällig. Der Analyst der Hamburger Analysefirma SES Research wird später vor allem positive Analysen über Wirecard schreiben, bevor er sich mit einer Beratungsgesellschaft selbstständig macht und auch für Wirecard arbeitet. In dieser Phase aber scheint Reichert noch hellwach zu sein. Unter der Überschrift »what really matters« verfasst er eine brillante Analyse, die unter Wirecard-Kritikern noch heute herumgereicht wird. Zu Gateway etwa merkt er an, dass diese auf

Sicherheiten in Höhe von 60 Prozent des Umsatzes sitze. Bunkert ein Zahlungsabwickler hohe Sicherheiten, könnte das in der Tat ein Indiz dafür sein, dass seine Kunden riskante Geschäfte machen. Ansonsten wären hohe Sicherheiten nicht nötig. Und Glücksspiel gilt als riskantes Geschäft. Reichert schreibt auch, dass die Gateway den Großteil ihrer Umsätze in Dollar ausweist, die Kosten jedoch mehrheitlich in Euro. Er merkt an: »Viele Pokerseiten lassen Einzahlungen ausschließlich in US-Dollar zu.«

Setzt Wirecard also doch noch auf Glücksspiel in den USA?

Infolge der Gesetzesänderung in den USA haben sich einige Spieleanbieter wie etwa PartyGaming aus dem größten Glücksspielmarkt der Welt zurückgezogen. Aber das gilt eben nicht für alle. Mehrere große Pokeranbieter zum Beispiel bleiben. Sie argumentieren, dass Poker ein Geschicklichkeits- und kein Glücksspiel sei. Die Frage, wie Poker zu klassifizieren ist, wird die Branche und die Behörden noch über viele Jahre beschäftigen. Die Staatsanwaltschaft in New York wird ein paar Jahre später zunächst einmal deutlich machen, dass Poker für sie auch zu jenen Spielarten gehört, für die Zahlungsabwicklungen nicht erlaubt sind.

Für einige Pokeranbieter mit Geschäft in den USA scheint Wirecard weiter tätig zu sein. Auf der Internetseite von UltimateBet werden Spieler aufgefordert, ihre Einsätze auf ein Konto bei der Wirecard Bank einzuzahlen. Auch der Pokeranbieter Full Tilt, der nach dem Erlass des UIGEA-Act noch Kunden aus den USA annimmt, hat zwei Konten bei der Wirecard Bank mit den Endungen 7283 und 7249. Der Pokeranbieter bietet laut Homepage auch Click2Pay als Zahlungsmethode an und rät sogar dazu, auf die Bezahlform zurückzugreifen, falls Zahlungen per Visa oder Mastercard abgelehnt werden.

Insider sagen: »Click2Pay wurde in dieser Phase zum Problem.« Das Bezahlverfahren von Wirecard ist bei Glücksspielern beliebt, nur, »wenn es auf der Internetseite eines Pokeranbieters angeboten wurde, konnte man kaum leugnen, für den Betreiber Zahlungen abzuwickeln«, sagt einer, der damals für Wirecard gearbeitet hat. »Click2Pay musste sterben, um das Glücksspiel leugnen zu können.« Nachvollziehbar ist, dass über Click2Pay von Jahr zu Jahr weniger Geschäft läuft, bis die Ertragsperle 2010 Verlust macht.

Es mussten diskretere Wege geschaffen werden.

Einfach ist es für Zahlungsabwickler nicht, weiterhin Einsätze und Gewinne für Spieler in den USA abzuwickeln. Bereits 2001 haben die Kreditkartenfirmen einen neuen Code für Zahlungstransfers im Zusammenhang mit Glücksspiel eingeführt: 7995. Jede Zahlung von einem Casino wird damit markiert, sodass jede Bank sehen kann, dass das Geld aus Glücksspielgeschäften stammt. Als im Oktober 2006 in den USA die neuen Gesetze eingeführt werden, weigern sich die meisten US-Banken längst, Zahlungen mit diesem Code anzunehmen.

Wie erfinderisch die Branche daraufhin wird, lässt sich anhand der Klage des Bundesstaats New York gegen die drei Branchengrößen Pokerstars, Full Tilt Poker und Absolute Poker/UltimateBet rekonstruieren. Damit ihre Zahlungen an Spieler in den USA durchgehen, lassen die Pokeranbieter hiernach Scheinfirmen gründen. Die Firmen werden als Blumengeschäfte oder Tierfutterhändler registriert und betreiben auch Internetseiten wie www.petfoodstore.biz oder www.bedding-superstore.tv. Tatsächlich aber wird über diese Seiten nichts verkauft. Sie dienen nur der Tarnung.

Der Zahlungstransfer mit Kunden in den USA wird nun über diese Blumengeschäfte gelenkt, sodass die Zahlungen nicht mit dem Glücksspielcode 7995 versehen werden müssen und von der Bank des Spielers in den USA akzeptiert werden.

In einigen Fällen hatte das Blumengeschäft seinen Sitz in Consett, einem 21 000-Einwohner-Örtchen in der Grafschaft Durham im Norden Englands. Der Darsteller von *Mister Bean*, Rowan Atkinson, kommt von dort, aber das war es dann auch schon. Consett hat seine besten Zeiten hinter sich, seit das große Stahlwerk Anfang der 1980er-Jahre geschlossen wurde. Doch ein Mann aus Consett bringt

Schwung in das Städtchen: Simon Peter Dowson. 2004 hat er die Firma Brinken Merchants Incorporation (BMI) gegründet. Sie gründet und verwaltet schnell und unkompliziert britische Firmen – für 2500 bis 3000 britische Pfund im Jahr. Das sind Firmen, die später als »Blumenläden« fungieren sollen, das hat er gegenüber Reportern der Nachrichtenagentur Reuters selbst so erzählt. Alles, was er braucht, ist ein Firmenname, eine Adresse und regelmäßige Jahresabschlüsse. Als Direktor habe er zunächst selbst fungiert, später Familie und Freunde eingesetzt – und dann schließlich immer mehr Bürger aus Consett. Für ein paar Pfund geben sie ihre Namen und Adressen her und leiten geschäftliche Post an Dowson weiter. Welche Unternehmen sie repräsentieren, soll ihnen teilweise nicht bewusst gewesen sein.

Spätestens im Jahr 2007 kommt Dowson auch mit Wirecard in Kontakt, konkret mit Stefan Kaiser [Name geändert], der bei Wirecard als einer derjenigen gilt, die Kunden aus der Glücksspielbranche beschaffen. Kaiser wird als Menschenfänger beschrieben, der mit einer gehörigen Portion Dreistigkeit nicht nur Kunden, sondern auch Mitarbeiter für sich einnehmen kann. Ein ehemaliger Kollege berichtet, Kaiser habe ihn mal zu sich bestellt. »Er spielte gerade Poker an seinem Computer und sagte: ›Du, ich muss los zu einem Termin, übernimm mal für mich.‹«

Bei Wirecard steht Kaiser bald eine Frau zur Seite: Brigitte Häuser-Axtner, intern »Baxi« genannt. Irgendwann jedoch sei Kaiser immer weniger in die Firma gekommen und Baxi übernimmt seinen Job. Ihr Name taucht genauso wie der von Kaiser phasenweise auf der Liste der Anteilseigner der Brinken Merchants Incorporation von Simon Dowson auf.

In diesen Jahren wird Dowson ab und zu auch in Grasbrunn gesehen. Die Wirecard-Leute erinnern sich noch gut an den kleinen, lustigen Mann aus Consett. »Er war sehr unbürokratisch und serviceorientiert. Relativ genügsam und recht einfach gestrickt. Eher jemand, der offen für vieles und flexibel erschien«, sagt ein Wirecard-Mann, der mit ihm zu tun hatte.

Dienstleister wie Dowson sind für die Spieleindustrie und ihre Serviceanbieter überlebenswichtig. Weil die Banken den Schwindel mit den Blumenläden oft irgendwann erkennen – sofern sie ihn erkennen wollen –, brauchen allein die drei Pokergrößen Hunderte solcher Firmen, wie beispielsweise Dowson sie aufzog, um stets handlungsfähig zu bleiben.

Der Geldtransfer über diese Gesellschaften ist dann relativ trivial. Ein Geldbetrag, der ausgeschüttet werden soll, geht von der Bank des Spieleanbieters auf das Konto einer Briefkastenfirma in Consett, zum Beispiel der Bluetool Limited, die ein Konto bei der Wirecard Bank hat. Weil die Bluetool offiziell kein Glücksspielanbieter ist, kann sie Geldtransfers in die USA vornehmen, ohne dass es auffällt.

Falls der Spieler lieber einen Scheck haben will, dreht der Geldbetrag noch eine weitere Schleife über einen Mittelsmann. Michael Olaf Schütt, ein Deutscher und zu diesem Zeitpunkt noch keine 30 Jahre alt, ist so ein Mittelsmann. Er lebt in Florida, wo er Firmen und Bankverbindungen für Ausländer einrichtet. Insgesamt 428 Gesellschaften hat Schütt aufgesetzt. Wenn Kunden von UltimateBet Auszahlungen per Scheck wünschen (was in den USA zu dieser Zeit eine gängige Zahlungsmethode ist), dann wird beispielsweise Wirecard das Geld an Bluetool überweisen und es dann für Bluetool auf Konten von Schütts US-Firmen transferieren.

So steht es später in einer Anklage der Vereinigten Staaten von Amerika gegen Schütt.

Jeden Tag erhält Schütt Anweisungen per E-Mail, an welche Spieler er wie viel auszuschütten hat. Schütt stellt mehrere Tausend Schecks über insgesamt 70 Millionen Dollar aus, die er mit dem Paketdienst FedEx an die Spieler verschickt. Das Geld kommt überwiegend von der Bluetool, transferiert aber nicht nur von der Wirecard Bank, sondern auch über andere Kreditinstitute.

Immer wieder machen Banken Schütts Konten dicht, weil sie den Hintergrund der Ein- und Auszahlungen nicht nachvollziehen können und Schütt keine plausible Erklärung liefert. Wenn die Banker bei den Empfängern der Schecks nachfragten, kam ein ums andere Mal heraus, dass hinter den ominösen Einzahlungen Gewinne standen, die sie zum Beispiel bei ultimatebet.com erzielt hatten. Auch die FedEx-Mitarbeiter werden skeptisch, als Schütt beginnt, mehr als 150 Pakete pro Woche zu verschicken. Sie öffnen einige der Sendungen und finden die Schecks.

2010 wird Schütt vom Secret Service verhaftet und sitzt sechs Wochen lang in Untersuchungshaft in Fort Myers. Ausgang hat er einmal die Woche für drei Stunden. Ihm drohen bis zu 30 Jahre Haft. Weil er aber kooperiert, bleibt es letztlich bei einer Geldstrafe und 80 Tagen Haft. Die Details seiner Vereinbarung mit den US-Ermittlern bleiben geheim. An den deutschen Behörden ist der Fall und auch die Verwicklung von Wirecard darin nicht vorbeigegangen. Der Präsident der deutschen Finanzaufsicht Felix Hufeld erklärt im Jahr 2020: »Wir sind den verbotenen Transaktionen nachgegangen, die für in den USA tätige Glücksspielanbieter über die Wirecard Bank gelaufen sind. Es gab deshalb eine Prüfung wegen Geldwäscheverdachts. Wir haben die Transaktionen moniert und nach unseren Feststellungen wurde das dann auch abgestellt.«

Und Simon Dowson aus Consett? 2015 hat er seinen Firmengründungsservice BMI abgewickelt. Der britischen Tageszeitung *The Times* sagt er im Sommer 2020: »Was auch immer Wirecard am Ende gemacht hat, hat nichts mit mir zu tun.« Er habe lediglich die Firmengründungen angeboten – »und das war es«.

Wirecard-Jäger »jigajig« sagt selbstkritisch, dass er zwar eine Ahnung gehabt habe, dass Wirecard tief im Glücksspiel drinhängt. Er habe aber dem Thema zu wenig Bedeutung beigemessen. »Das lag wohl auch daran, dass sich Pokerspieler ja nicht betrogen fühlten. Die waren ja alle froh, dass sie spielen konnten.«

KAPITEL 6

»IRGENDWO IN DEN SCHNEE PISSEN«

Wirecard übersteht mehrere Attacken – und erfindet eine Strategie für zukünftige Schlachten gegen Kritiker

München, Ende Juli 2020. Tobias Bosler empfängt in den Geschäftsräumen eines befreundeten Architekten. Er hat den langen Besprechungstisch mit Aktenordnern vollgestellt. Sein Fall: Wirecard.

Bosler bittet an den Tisch. Er hat längere dunkelblonde Haare, trägt einen Stoppelbart, ein weißes Leinenhemd, blaue Chino, seine bloßen Füße stecken in Flipflops. Er sieht aus, als sei er im Urlaub. Doch das ist er nicht. Bosler hat dunkle Augenringe. Er kämpft darum, sein Renommee wiederherzustellen – es hat durch Wirecard Schaden erlitten.

Bosler hat vor Jahren darauf hingewiesen, dass mit Wirecard womöglich etwas nicht stimme. Er hat seine Erkenntnisse an die Staatsanwaltschaft und die BaFin weitergeleitet. Doch zum Helden taugt Bosler nicht, weil es ihm vermutlich weniger darum ging, ein kriminelles Unternehmen zu stoppen, als darum, von Unstimmigkeiten in Wirecards Bilanzen zu profitieren.

Boslers Geschäftsmodell: Er hat in Börsenbriefen positive Artikel über börsennotierte Unternehmen geschrieben – aber für sich behalten, dass er selbst Aktien dieser Unternehmen hielt und davon profitierte, wenn die Aktienkurse dieser Unternehmen stiegen. Andersherum lief es genauso: Er wettete darauf, dass die Aktienkurse bestimmter Firmen fallen, machte das Unternehmen dann öffentlich schlecht und profitierte davon, wenn der Kurs der Aktie daraufhin fiel. In Deutschland kann so etwas den Tatbestand der Marktmanipulation erfüllen.

Über Wirecard hat Bosler keine kritischen Artikel verfasst. Hier geht er anders vor. Er tat sich mit seinem Kumpel Markus Straub zusammen, der zu dieser Zeit stellvertretender Vorstandsvorsitzender der Schutzgemeinschaft der Kapitalanleger (SdK) ist, eines Vereins, der vor allem die Rechte und Interessen von Kleinaktionären vertreten soll. Auch Bosler ist schon als Sprecher für die SdK auf Hauptversammlungen gegangen. Ihre Kritik an Wirecard platzieren die beiden geschickt über die SdK. Sie spielen also über Bande.

Wegen seines Geschäftsgebarens gerät Bosler später ins Visier der Behörden, kommt ins Gefängnis und wird verurteilt. Nachvollziehen kann Bosler das nicht. Er sieht sich als Opfer. »Mein Vertrauen in die Justiz ist nahezu komplett weg«, sagt er 2020 und setzt sich.

Tobias Bosler attackiert Wirecard im Jahr 2008 und ein weiteres Mal zwei Jahre später. Aus heutiger Sicht muss man sagen: Bosler war für Wirecard ein Geschenk des Himmels. Einerseits brachte er Wirecard zwar in Erklärungsnot, weil er durchaus ein paar kritische Punkte fand. Aber weil die Umstände seiner Short-Attacke umstritten sind, kann Wirecard damals seine Kritik als Aussagen eines Kriminellen abstempeln, der nichts anderes im Sinn hat, als eine gesunde deutsche Firma schlechtzumachen, um sich daran zu bereichern. Bosler gibt Wirecard die Möglichkeit, sich als Opfer zu inszenieren. Immer wenn Wirecard in Zukunft angegriffen wird, wird Konzernchef Braun in diese Opferrolle schlüpfen.

Ein Shortseller oder Leerverkäufer wie Bosler leiht sich eine Aktie, verkauft sie sofort weiter und spekuliert darauf, dass er die geliehenen Aktien später zu einem günstigeren Preis wieder einkaufen und an den Verleiher zurückgeben kann. Die Differenz zwischen dem Verkaufspreis und dem Einkaufspreis ist sein Gewinn – abzüglich einer Leihgebühr versteht sich.

Solche Geschäfte sind legal, aber in Deutschland nicht unbedingt gut angesehen. Dabei können Leerverkäufer durchaus ein Korrektiv für den Aktienmarkt sein. Die seriösen Akteure platzieren ihre Wetten nicht ins Blaue hinein, sondern analysieren die Unternehmen zuvor gründlich. Im angelsächsischen Raum kommt es durchaus regelmäßig vor, dass Leerverkäufer ihre Meinung und ihre Rechercheergebnisse über ein Unternehmen öffentlich machen und damit den Kursrutsch erst auslösen. Das ist auch völlig legal, solange sich der Verfasser einer solchen Analyse nur auf öffentlich zugängliche Informationen stützt, bei der Wahrheit bleibt, nicht übertreibt, sagt, wer er ist – und deutlich macht, dass er selbst profitiert, wenn der Aktienkurs fällt.

Bosler, studierter Betriebswirt, ist in den 2000er-Jahren ein Investor, der Aktien kauft und short geht. Er beteiligt sich an Unternehmen, begleitet Börsengänge, immer auf der Suche nach dem Exit, dem goldenen Zeitpunkt des Ausstiegs. Außerdem schreibt er einen Börsenbrief, in dem er Aktien bespricht. Sein Selbstbewusstsein ist schon damals recht ausgeprägt, berichten Menschen, die mit ihm zu tun hatten.

Eigentlich, sagt Bosler, fand er Wirecard zunächst richtig gut. Er habe das Unternehmen 2004 in seinem Börsenbrief sogar zum Kauf empfohlen. »Die Story war gut.« Dann habe er sich jedoch gefragt, wie es sein könne, dass die Firma derart boomt.

Er schaut sich den Jahresabschluss des Jahres 2007 an. 70 Prozent des Umsatzes soll Wirecard in Deutschland erwirtschaftet haben, aber ein bedeutender Teil des Gewinns kommt aus Steueroasen. So hat Wirecard etwa auf Gibraltar eine gutgehende Beteiligung und hat dort auch noch viel Geld für den Ankauf von Kundenbeziehungen ausgegeben. Gleichzeitig hat Wirecard auch noch ein Unternehmen namens Marielle Invest mit Sitz auf den Britischen Jungferninseln übernommen, das so gut wie kein Vermögen hatte, außer einem Kundenportfolio im Wert von angeblich knapp 3,4 Millionen Euro. Ein Jahr später verschwindet Marielle wieder, ohne ein Wort der Erklärung.

Bosler sagt: »Ich habe mich gefragt: Wenn ein Laden so gut läuft – warum müssen die immer wieder Kunden kaufen?«

Er bespricht sich mit seinem Freund Markus Straub, dem SdK-Vorstand. Die beiden fühlen sich in ihrem Zweifel bestätigt durch einen Beitrag im Anlegerforum wallstreet:online. Dort hat am 1. Mai 2008 ein Nutzer mit dem Namen memyselfandi007 einen kritischen Beitrag zu Wirecard veröffentlicht. Titel: »Wirecard – Top oder Flop«. Der Beitrag ist bis heute über 20 Millionen Mal aufgerufen und rund 160 000 Mal kommentiert worden. Der Verfasser wundert sich über die Bilanzierung, vor allem die Bewertung von Firmen, die Wirecard übernommen hat. »Genaues weiß man nicht, aber es stinkt zum Himmel«, schreibt er.

Sowohl Bosler als auch Straub bauen damals Short-Positionen auf. Sie wetten auf einen Fall der Wirecard-Aktien. Bosler sagt heute, er habe damals nicht gewusst, dass Straub auch short war.

Bosler findet nichts Ehrenrühriges am Geschäftsmodell eines Shortsellers. »Shortseller haben nur in Deutschland einen schlechten Ruf. Ich glaube, das ist eine typisch deutsche Neidgeschichte«, sagt er. »Ein Shortseller sammelt Informationen wie ein Polizist oder Staatsanwalt. Er versucht, einen Betrug aufzudecken. Ermittler bekommen Geld dafür. Der Shortseller auch. Warum soll das moralisch verwerflich sein?« Der Vorwurf, er habe sich damals auf Kosten anderer bereichert, greife zu kurz. »Denn die Anleger von Wirecard, die durch den fallenden Kurs Geld verloren haben, hätten niemals Geld verdienen dürfen, weil der Kurs künstlich auf ein Niveau getrieben wurde, wo er nicht hingehört. Durch Betrug.«

Was in Boslers Version allerdings heute fehlt: Er hat bei Wirecard keinen Betrug aufgedeckt. Er hat einige Geschäfte kritisch hinterfragt, und zwar zu Recht. Mehr aber eben auch nicht.

Es gibt einen Termin, zu dem die kritischen Argumente öffentlich werden sollen: die Hauptversammlung von Wirecard, am 24. Juni 2008. Bei der SdK befasst sich nun auch der Vorsitzende Klaus Schneider mit Wirecard, Straub hat ihn auf Wirecard aufmerksam gemacht. Der Wirtschaftsprüfer findet in den Geschäftsberichten des Unternehmens die gleichen Problemzonen wie Bosler und Straub. Die SdK beschließt: Auf der Hauptversammlung soll Schneider das Unternehmen mit den Vorwürfen konfrontieren. Schneider sagt heute, er habe nicht gewusst, dass sein damaliger Vize Straub und Bosler short waren.

Für Wirecard-Chef Markus Braun hätte es eine der üblichen Jubelveranstaltungen werden können. Er führt den Aktionären in seiner Präsentation die Höhepunkte des vergangenen Jahres vor: Umsatz: plus 64 Prozent. Konzernüberschuss: plus 97 Prozent. Er gibt zum Besten, dass die Wirecard-Aktie im Jahr zuvor einen Kursanstieg von 40 Prozent hingelegt hat. Für das laufende Jahr 2008 kündigt er an, dass das Ergebnis vor Zinsen und Steuern um 45 Prozent wachsen und es »circa 30 bis 40 neue internationale Partner« geben soll.

Doch dann kommt Schneider und verdirbt Braun die Show. Schneider fragt, welche Kunden sich hinter den Portfolien verbergen, die Wirecard gekauft hat, ob das »Online-Gaming-Anbieter« seien. Wirecard mauert, es handele sich um 1000 Händlerbeziehungen »aus verschiedenen Geschäftsbereichen«. Schneider bohrt nach, fragt nach den größten Gewinnbringern von Wirecard, den Tochterunternehmen in Gibraltar und Irland, nach Geschäftsbeziehungen auf den Britischen Jungferninseln. Er fragt nach dem Kauf der Trustpay AG, die als Mantel vor allem für die irische Gateway fungierte – einer Gesellschaft mit Glücksspielgeschichte.

Vor allem einen Mann soll Schneiders Auftritt gehörig wütend gemacht haben: Paul Bauer. »Er fühlte sich hochgradig angegriffen«, sagt einer, der ihn auf der Versammlung getroffen haben will.

Schneiders schneidige Fragen verfehlen ihre Wirkung nicht. Viele Aktionäre sind nun offenbar verunsichert und verkaufen ihre Aktien. Der Kurs gibt innerhalb von drei Tagen um mehr als 30 Prozent nach.

Schneider sagt, er habe zum Zeitpunkt der Hauptversammlung immer noch nicht gewusst, dass sein Vorstandskollege Straub Short-Positionen hält.

Schneider gibt der Internetseite boerse.ard.de ein Interview, bezeichnet die Wirecard-Bilanz als »irreführend«. Der Kurs gibt noch mal nach.

Am 8. Juli erneuert die SdK in einer Pressemitteilung ihre Kritik, kündigt Wirecard einen Fragenkatalog an und rät Anlegern, »Abstand von der Aktie zu nehmen«. Die Anlegerschützer bereiten Klagen gegen Wirecard vor: Sie wollen die Beschlüsse der Hauptversammlung anfechten und darüber hinaus den Jahresabschluss für nichtig erklären lassen.

Kurzfristig geraten die Wirecard-Leute richtig unter Druck und versuchen die Lage zu deeskalieren. Sie bieten der SdK einen Deal an: Das Unternehmen werde darüber schweigen, dass Straub Short-Positionen halte. Das hatten die Wirecard-Manager offensichtlich mittlerweile herausgefunden. Im Gegenzug solle die SdK keine Klagen einreichen. Die kritische Presseerklärung vom 8. Juli solle gelöscht werden – dafür wolle man gemeinsam eine Presseerklärung veröffentlichen und »künftig ausschließlich konstruktive und positive Angaben über die jeweils andere Partei« machen.

Die SdK lehnt ab. »Ich lasse mich nicht erpressen«, sagt Klaus Schneider heute.

Jetzt wird es ungemütlich. Wie ungemütlich, lässt sich nicht ganz genau sagen, weil die Beteiligten den Vorfall doch recht unterschiedlich schildern. Fest steht wohl, dass Wirecard-Anwalt Jens R. bei Bosler angerufen hat und dass es in diesem Telefonat um Wirecard und die Short-Positionen ging. Die beiden sind per Du miteinander, ihre Büros liegen nicht weit voneinander entfernt, am Münchner Viktualienmarkt.

Bosler sagt, Jens R. habe ihm vorgelesen, welche Short-Positionen er, Bosler, erworben hatte. Bosler will erst in diesem Telefonat erfahren haben, dass auch sein Freund Straub short war.

Jens R. streitet das ab. Er sagt, er habe Bosler in diesem Telefonat nur um Hilfe gebeten, weil er sich einen Reim auf die damaligen Short-Positionen machen wollte. Sie vereinbaren ein Treffen für den 10. Juli.

Jens R. erklärt, dieses Treffen sollte ursprünglich in seiner Kanzlei stattfinden. Etwa 30 Minuten vorher seien dann überraschend zwei Herren in seinem Büro erschienen, die am Gespräch mit Bosler teilnehmen wollten. Offenbar war Jens R. wegen der beiden Besucher so beunruhigt, dass er dann »Herrn Bosler per SMS mitgeteilt« haben will, »der Termin finde nicht statt«. Er will seine Sekretärin gebeten haben, »in ein paar Minuten in das Zimmer zu kommen und zu sagen, Herr Bosler habe angerufen und den Termin abgesagt«. Das sei dann auch geschehen. Die beiden unangemeldeten Besucher seien daraufhin aus seinem Büro gestürmt, um zu Bosler zu gehen. Jens R. sagt: »Ich habe Herrn Bosler per SMS gewarnt und gesagt, was gerade passiert, er solle am besten nicht da sein.« Er ging den Herren dann nach, um – nach eigenen Angaben – zu deeskalieren.

Kurz darauf stehen Jens R., der ehemalige Boxer Ahmet Öner und ein Begleiter bei Bosler vor der Tür. Öner ist geschäftlich mit Wirecard-Gründer Paul Bauer verbunden. Beide sind an dem Hamburger Boxstall »Arena Boxpromotion beteiligt«, Jens R. ist zeitweise Aufsichtsratsvorsitzender.

Was dann passiert, schildert Bosler so: Er stellt sich vor sein Erdgeschossbüro, lässt die Besucher nicht rein. Die Boxer drängen ihn an die Wand und brüllen: »Wer steckt hinter der Short-Attacke? Wer ist noch short? Hör auf mit dem Scheiß!« Öners Begleiter habe gesagt: »In der Türkei sterben Leute wegen 1000 Euro, Mann, verstehst du.« Jens R. sagt, dass niemand eine solche Drohung abgegeben habe, »niemand wurde gegen die Wand gedrückt oder auch sonst körperlich berührt«.

Boslers Mitarbeiter beobachtet den Vorfall vom Büro aus und ruft die Polizei. Die ungebetenen Besucher gehen. Als die Polizisten da sind, verzichtet Bosler auf eine Anzeige: »Weil ich Angst hatte. Ich habe meine Short-Position dann auch zugemacht.«

Ahmet Öner räumt heute, im Jahr 2020 ein, damals bei Bosler gewesen zu sein, weil er seinem Geschäftsfreund, dem Wirecard-Gründer Paul Bauer, einen Gefallen tun wollte. Dieser sei wegen des Kursabsturzes von Wirecard »total verzweifelt« gewesen, »extrem traurig«. Öner sagt, er habe sich Hoffnungen gemacht, dass Bauer weitere finanzielle Mittel für die Arena Boxpromotion zur Verfügung stellt. »Dann hat er mir von diesem Blödmann da aus München erzählt, diesem Bosler. Dann habe ich das übernommen. Ich habe ihm gesagt, dass ich Bosler mal besuche und mit ihm reden werde. Ich kann nämlich sehr überzeugend sein.« Er sei dann zusammen mit einem seiner Leute und Anwalt Jens R. zu Bosler gegangen – und »ein bisschen laut geworden«. Bosler habe, konfrontiert mit den Short-Vorwürfen, »einen auf arrogant gemacht«. Da habe er ihn am Gürtelbund gepackt. »Dann hat er Schiss bekommen.«

Jens R. bestätigt heute zwar, dass er bei der Begegnung zugegen war. Aber: »Die Drohung, das Anbrüllen, ein Polizeieinsatz – all das hat es nie gegeben«, sagt er.

Wie auch immer es genau war, der Besuch war offenbar effektiv. Öner meint: »Kurz danach war alles revidiert, der Kurs ging wieder nach oben. Da hat sich Paul gefreut und weiter bei mir investiert.« Paul Bauer äußert sich hierzu nicht.

Für Paul Bauer-Schlichtegroll wird die spektakuläre Aktion eine der letzten im Zusammenhang mit Wirecard sein. Ein Jahr später, im Oktober 2009, wird er seinen Platz im Aufsichtsrat räumen,

»aus zeitlichen Gründen«. Tatsächlich konnte sich Bauer nie lange für eine Sache begeistern, und ein Unternehmen ist für ihn auch nur ein Vehikel, um Geld zu verdienen – und keine Herzensangelegenheit. So beschreiben es jedenfalls einige Personen aus seinem Umfeld. Bei Wirecard ist er kein Großaktionär mehr. Er hat neue Projekte im Sinn, vor allem Immobilien. Mit seinem Abtritt geht das erste Jahrzehnt der Wirecard-Geschichte zu Ende. Mit Bauer verabschiedet sich der Mann, der stets den richtigen Riecher für gute Geschäfte hatte, der das erste Geld und die ersten Kunden für das Unternehmen persönlich besorgte. Ohne ihn hätte es Wirecard nie gegeben und Braun wäre womöglich nie Chef eines DAX-Konzerns geworden. Dennoch: Wenn Braun später über Wirecards Geschichte referiert, wird er Bauer mit keinem Wort erwähnen und sich stattdessen selbst als Gründer bezeichnen.

Doch zurück zum Krieg zwischen der Wirecard AG und Bosler und der SdK. Infolge der Attacke des Vereins sinkt der Kurs der Wirecard-Aktie zwischen Mitte Mai und Mitte Juli von über 11 auf unter 4 Euro.

Es wirkt schon ein wenig verzweifelt, wie Wirecard in diesen Tagen versucht, die Aufmerksamkeit auf andere Themen zu lenken: auf neue Kunden. Middle East Airlines, Turkish Airlines und Jet Airways aus Indien gehören jetzt dazu, verkündet die Pressestelle – und dringt damit nicht durch.

Die Wochenzeitung *Euro am Sonntag* zitiert Braun mit den Worten, Wirecard habe »keinerlei Geldproblem«. Und: »Wir machen ausschließlich Geschäfte mit rechtskonform agierenden Firmen.« Der Umsatzanteil von Glücksspiel läge bei 20 bis 25 Prozent.

Am 18. Juli geht Wirecard dann so richtig in die Offensive und outet SdK-Vertreter Straub als Shortseller. In einer Presseerklärung heißt es: Die Motivation der SdK sei »von finanziellem Eigeninteresse der handelnden Vorstände geprägt«. Mit Leerverkäufen »dürften Gewinne im zweistelligen Millionenbereich erzielt worden sein«.

An diesem Tag stellt Wirecard bei der Münchner Staatsanwaltschaft Strafanzeige gegen Bosler, Straub und Schneider, wegen Insiderhandels und Marktmanipulation. Wenige Tage später werden die Büros von Bosler, Straub, Schneider und der SdK von der Polizei durchsucht.

Markus Braun braucht jetzt nicht mehr inhaltlich auf die Kritik der SdK einzugehen. Die Vereinsvertreter haben ihre Glaubwürdigkeit verspielt. Braun sagt, Wirecard sei von der SdK gezielt als Bilanzfälscher dargestellt worden, um mit dem Absturz der Wirecard-Aktie Geld zu verdienen. Solche Attacken seien »ein weltweites Phänomen«, »auf das die Regulierungsbehörden auch in Deutschland reagieren müssen«, zitiert ihn die Tageszeitung *Die Welt*.

Jetzt steht nicht mehr Wirecard im Rampenlicht, sondern die SdK. Dass mit Straub ein Vorstand davon profitiert, dass die SdK Krawall gemacht hat, sorgt für Empörung.

Am 23. Juli tritt Straub als Vize-Vorsitzender zurück. Er hinterlässt eine selbstbewusste Pressemitteilung, in der steht, dass ihm der Rücktritt »viele zusätzliche Freiheitsgrade« ermögliche. Im kommenden Winter wolle er, anstatt das »Schwarzbuch Börse« zu schreiben, Skifahren gehen, er werde »auf einer Hütte ein paar Bier trinken und dann wahrscheinlich irgendwo in den Schnee pissen«. Irgendein Schuldbewusstsein lässt Straub nicht erkennen. Der Imageschaden für die SdK ist gigantisch. Der Verein wird sich davon jahrelang nicht erholen.

Obwohl Wirecard die Schlacht schon fast gewonnen hat, will der Vorstand angeblich die Vorwürfe der SdK noch aus der Welt schaffen – und beauftragt im August 2008 die Wirtschaftsprüfer der renommierten Wirtschaftsprüfungsgesellschaft Ernst & Young mit einem Gutachten. »Um alle Zweifel oder etwaige Fragestellungen zum Geschäftsbericht 2007 restlos auszuräumen«, wie Wirecard in einer Pressemitteilung erklärt. Die Prüfer sollen »zu wichtigen Punkten des Geschäftsberichts« eine Sonderuntersuchung machen. Um den gesamten Geschäftsbericht geht es also nicht. Den Bericht, den sie erstellen, wird Wirecard nie veröffentlichen.

Im Geschäftsbericht des Jahres 2008 wird später stehen, dass sich »der Vorsitzende des Aufsichtsrats zusammen mit dem Vorstand« das Prüfungsergebnis habe erläutern lassen. »Dabei wurden einzelne Punkte angesprochen, welche jedoch die Aussagekraft und Richtigkeit des Konzernabschlusses und des Konzernlageberichts 2007 nicht wesentlich beeinträchtigen.« Zu lesen ist also nicht, dass der Wirtschaftsprüfer nichts gefunden hat, sondern nur, dass der Konzernabschluss deswegen nicht korrigiert werden muss.

Es ist der Beginn einer wunderbaren Freundschaft: Wirecard gewinnt einen Prüfer, der sich dem Unternehmen gegenüber äußerst wohlwollend zeigt. Und Ernst & Young, die sich später EY nennen, gewinnen einen guten Kunden.

Wirecard lässt das Jahr mit Jubelmeldungen ausklingen: Die seriöse Stiftung Warentest lässt Zahlungen per Kreditkarte künftig über Wirecard abwickeln. Malaysia Airlines wird als Neukunde gewonnen, genauso wie der Discounter Lidl. Der Angriff der Shortseller scheint überwunden. Der Kurs der Wirecard-Aktie klettert schon im August 2008 wieder über 6 Euro.

Für Tobias Bosler hingegen ist die Sache nicht erledigt. »Ich bin ein Wadenbeißer«, sagt er. Dass auch für Wirecard die Sache nicht erledigt ist, ahnt er da noch nicht.

Bosler geht 2008 oft aufs Oktoberfest. Er weiß, dass die Wirecard-Leute häufig einen Tisch im Käfer-Zelt haben. Vor dem Zelt will er zwei Wirecard-Mitarbeiter kennengelernt haben, sie sprechen Englisch. Er kommt mit ihnen ins Gespräch und erfährt angeblich Erstaunliches: Wirecard umgehe die strikte Glücksspielgesetzgebung der USA mit einem Trick – über sogenannte »Blumenläden«, also Zwischenfirmen, in denen Glücksspielumsätze umkodiert werden. »Sie haben sich darüber amüsiert, dass es in Deutschland keiner weiß. Jeder wisse das doch, haben sie gesagt«, behauptet Bosler.

Im Mai 2009 will Bosler auf einer privaten Feier dann auch noch ganz zufällig einen ehemaligen Wirecard-Mitarbeiter kennengelernt haben, der ihm die Sache mit den Blumenläden bestätigt haben soll: Stefan Kaiser, der Mann, der bei Wirecard einst für den Glücksspielvertrieb zuständig war.

Dann findet Bosler ein Schreiben im Internet, das angeblich von Mastercard stammt. Darin heißt es, dass die Wirecard Bank die Auflagen zu den Glücksspielumsätzen nicht einhält. Ob dieses Schreiben echt ist oder gefälscht, weiß man nicht. Mastercard äußert sich hierzu nicht.

Bosler jedenfalls sieht sich in seinem Verdacht bestätigt, dass Wirecard illegale Zahlungen für Glücksspielanbieter abwickelt, und wittert erneut die Chance, mit einer Wette auf einen sinkenden Wirecard-Kurs Geld zu verdienen. Er baut abermals mehrere Short-Positionen auf. Und wieder versucht er, die Erfolgschancen seiner Wette zu erhöhen.

Am 8. Februar 2010 stellt er per E-Mail Strafanzeige »wegen Geldwäsche in Milliardenhöhe bei der Wirecard AG«, nicht nur bei der Staatsanwaltschaft München I, sondern auch bei der BaFin. Er reicht die Anzeigen unter einem anderen Namen ein. »Ich musste das unter Pseudonym machen. Ich hatte ja bereits die Morddrohung bekommen.« Er meint damit den Besuch der Boxer vor seinem Büro. »Ich hatte schlichtweg Angst«, sagt er.

In seiner Anzeige schreibt Bosler: »Mit einer betrügerischen Manipulation ist es der Wirecard gelungen, US-Bürgern das Glücksspiel im Internet weiterhin zu ermöglichen.« Er meint damit die Umcodierung der Transaktionen für Glücksspielanbieter in Transaktionen harmloser Blumenläden.

Die Wirecard-Anwälte schlagen zurück. In den folgenden Wochen sorgen sie dafür, dass die Staatsanwälte weiterhin Informationen über Bosler und Straub bekommen. Laut den Ermittlungsakten sprechen der Anwalt Jens R. und ein Kollege am 26. März mit den Ermittlern.

In dem Gespräch werden die »Vermögensverhältnisse der Beschuldigten Bosler und Straub erörtert«. Bosler habe ein Vermögen im »höheren zweistelligen Millionenbereich« und »eine Yacht auf Mallorca (im Wert von mindestens 1 Mio.)«, Straub soll ein Vermögen um die 50 Millionen Euro besitzen. SdK-Chef Schneider wird bei der Wirtschaftsprüferkammer angeschwärzt, ein Wirecard-Anwalt beantragt ein Disziplinarverfahren: »Herr Klaus Schneider hat sich durch die beschriebenen Handlungen des Vertrauens und der Achtung, die der Beruf des Wirtschaftsprüfers erfordert, unwürdig erwiesen«, schreibt er und hält Schneider sein Auftreten auf der Hauptversammlung und in Interviews danach vor.

Bosler wiederum liefert den Ermittlern das Mastercard-Schreiben und Hinweise auf den Fall Michael Schütt in den USA, der in diesen Tagen in Deutschland bekannt wird. Er fragt schriftlich nach, was denn aus seiner Anzeige geworden sei, ob BaFin und Staatsanwaltschaft München zusammenarbeiten würden, ob Untersuchungen bei Wirecard liefen. Er ruft wiederholt an und nennt seinen richtigen Namen. Bald ist den Staatsanwälten klar, dass sie es mit dem Anonymen zu tun haben, der Strafanzeige gestellt hat. Und sie schöpfen einen Verdacht: Plant Bosler erneut eine Short-Attacke?

Der ermittelnde Staatsanwalt überlegt immerhin, ob er an Mastercard herantreten solle. Doch er entscheidet sich dagegen: »Es ist zu fürchten, dass eine Anfrage publik würde«, steht in den Ermittlungsakten. Das ist eine bemerkenswerte Notiz – und vielleicht auch ein Grund dafür, warum in späteren Jahren nichts gegen Wirecard unternommen wurde: Selbst die Staatsanwälte hatten Angst, dass das deutsche Unternehmen Wirecard durch Ermittlungen Schaden nimmt.

Als Bosler im April bei der BaFin nach dem Stand der Ermittlungen fragt, erfährt er, dass die Behörde prüft, »ob es Anhaltspunkte für Marktmanipulation in Aktien der Wirecard AG gibt«. Daraus schließt er, dass das Ermittlungsverfahren gegen ihn noch läuft. Später wird er erfahren, dass seine Bank der Staatsanwaltschaft seine neuen Short-Positionen gemeldet hat.

Wirecards Pressestelle dringt auch in diesem Jahr mit ihren Jubelmeldungen nicht durch: Dass Lekkerland, Mister Minit und der Shoppingkanal QVC ihre Zusammenarbeit mit Wirecard ausweiten, interessiert außerhalb des Unternehmens kaum jemanden.

Wieder zieht die Firma in den Krieg mit den Spekulanten. Das Droh-Szenario: Böse Shortseller greifen braven deutschen Konzern an. Eine Anwaltskanzlei wird auf die Münchner Staatsanwälte angesetzt, eine andere auf die BaFin. Teilweise, so steht es in den Ermittlungsakten, rufen die Anwälte fast zeitgleich in München und Bonn an, wo die BaFin ihren Sitz hat.

Die Anwältin, die auf die Staatsanwaltschaft München angesetzt ist, warnt, »dass die Hintermänner der Kursmanipulation weiter daran arbeiten werden, dem Ansehen und somit dem Kurs der Wirecard AG massiven Schaden zuzufügen«.

Die Anwälte präsentieren den Ermittlern etwa einen vermeintlichen »Tatplan« der Shortseller, das Dokument soll angeblich Wirecard anonym zugespielt worden sein. »Es beinhaltet einen ›Fahrplan‹, der richtungsweisend für den Versuch ist, die Wirecard AG in ein kriminelles Milieu zu verstricken«, schreibt die Wirecard-Anwältin. Das Fax enthält zunächst keine Fax-Absenderzeile. Wenig später liefert die Wirecard-Advokatin das »vollständige Dokument« nach, dieses Mal mit Fax-Absenderzeile. Der ermittelnde Kriminalhauptkommissar stellt in seinem Bericht die Frage, »warum auf dem 1. Fax diese ›Faxabsenderzeile‹ nicht vorhanden ist« und warum die Anwältin »nicht gleich das ›Originalfax‹ – also mit dieser Absenderzeile – der Staatsanwaltschaft zugesandt hat«.

Was das Mastercard-Schreiben angeht, sind die Anwälte auch nicht so recht entschieden. Erst soll es eine Fälschung sein, dann geben sie an, dass es »möglicherweise doch keine Fälschung darstellt«, wie der zuständige Staatsanwalt in den Ermittlungsakten vermerkt.

Darüber hinaus liefert Wirecard Studien einer IT-Detektei, die weitere Hintermänner der Short-Attacken ins Visier nimmt. »Ich darf Sie deshalb bitten, entsprechende strafprozessuale Maßnahmen zu ergreifen«, schreibt die Anwältin. Interessant ist, dass der langjährige Wirecard-Finanzvorstand Ley bis zum Jahr 2020 Aufsichtsrat der Muttergesellschaft ebenjener Hamburger IT-Sicherheitsfirma gewesen ist, die damals die Studien liefert.

Die Zeit vergeht und nichts passiert. Dann kommt der Morgen des 15. September 2010. Bosler ist zu Hause, er kommt gerade aus der Dusche, als es an der Tür klingelt. Es ist die Staatsanwaltschaft. Schon wieder eine Durchsuchung? Nein, dieses Mal ist es anders. Sie überreichen ihm einen Haftbefehl.

Die Staatsanwaltschaft München I sieht Bosler als Chef eines Netzwerks von Börsenbrief-Journalisten, die seit 2005 gezielt Aktien hoch- oder runterschrieben, um mit Wetten auf den Kurs Kasse zu machen. Bosler soll so mindestens 8,8 Millionen Euro Gewinn erzielt haben.

»Dann hatte ich erst mal einen Filmriss.« Der Haftbefehl, niedergeschrieben auf sechs Seiten Papier, wird erst real, als er die kalten Handschellen spürt.

Auch Boslers Freund Straub wird verhaftet. Mit ihrer Klage gegen Wirtschaftsprüfer Schneider und die SdK scheitert Wirecard aber vor Gericht.

Die Nacht verbringt Bosler im Münchner Polizeipräsidium in der Ettstraße, auf einer Holzpritsche. Nachdem er seine Fingerabdrücke abgegeben hat, geht es weiter in die Justizvollzugsanstalt Stadelheim im Münchner Osten.

Wirecard hat die Schlacht endgültig gewonnen. Von 2008 bis 2010 steigt der Wirecard-Umsatz von 197 auf 272 Millionen Euro. Der Aktienkurs legt nach dem Tiefpunkt im Jahr 2008 von unter 4 Euro bis Ende 2010 auf über 10 Euro zu.

Bosler erzählt, dass die Zelle kalt war und es kein warmes Wasser gegeben habe. Um nicht durchzudrehen, arbeitet er in der Knast-

Bibliothek und in der Küche. Und er arbeitet mit den Prozessakten, die er durch die Klappe in seiner Zellentür hereingereicht bekommt; weil der Aktenberg immer größer wird, bekommt er schließlich einen Laptop und die Unterlagen in elektronischer Form.

Je länger damals Boslers Prozess dauert, desto leiser und kleiner werden seine Vorwürfe. Im März 2012, nach 18 Monaten in Haft, stimmt er einem Deal zu: Bosler bekennt sich schuldig, in 47 Fällen in Börsenbriefen nicht ausreichend darauf hingewiesen zu haben, dass er als aktiver Investor Informationen über Aktien geliefert hat, die er selbst besaß. Das Wichtigste für ihn jedoch ist: Wegen Wirecard ist er damals nicht verurteilt worden. Und: »Ich habe nichts Unwahres über Aktien gesagt. Das steht sogar in meinem Urteil.«

Er muss 127 000 Euro Strafe zahlen – seine Börsengewinne aus dem Fall Wirecard und dem ebenfalls angeklagten Fall des Unternehmens Thielert (»ein einstelliger Millionenbetrag«) darf er behalten. Er habe aber mit anderen vor Gericht angeklagten Aktien-Deals Verluste in Millionenhöhe gemacht – unterm Strich sei er jedoch im »Plus« gewesen, so Bosler.

Ihm geht es schlecht nach der Freilassung. »Ich habe ein Jahr gebraucht, bis ich mich wieder auf einen öffentlichen Platz getraut habe. Im Februar 2013 war ich zum ersten Mal wieder auf dem Marienplatz und habe mich unsicher gefühlt. Ich habe gedacht, jeder zeigt mit dem Finger auf mich. Ich war ja ein abgestempelter Betrüger.« Einige Familienmitglieder und Freunde haben sich von ihm abgewendet. Dennoch sagt er: »Ich würde das, was ich getan habe, wieder tun. Ich bin mit mir im Reinen.«

Die deutsche Finanzaufsicht BaFin erklärt im Jahr 2020, dass sie nach Erhalt von Boslers Anzeige den Themenkomplex »Umkodierung von Kreditkartendaten« mit in »die ohnehin geplante« Geldwäsche-Sonderprüfung 2010 aufgenommen habe. »Vom damaligen Prüfer wurden diesbezüglich keine Verfehlungen der Wirecard Bank AG festgestellt.«

Das von Bosler ausgelöste Ermittlungsverfahren gegen Wirecard wird am 22. Februar 2012 eingestellt. Eine Sprecherin der Münchner Staatsanwaltschaft sagt: »Der durch die anonymen Anzeigen zunächst nahegelegte Verdacht hatte sich nicht erhärtet.«

KAPITEL 7

SPEZIALIST IN SACHEN WELTEROBERUNG

Jan Marsalek kauft Firmen rund um den Globus ein – der Nutzen ist zweifelhaft

Der 15. April 2011 wird als »Black Friday« in die Geschichte des Onlinepokers eingehen. An jenem Freitag gibt das US-Justizministerium bekannt, dass es die führenden Manager der drei Branchengrößen Pokerstars, Full Tilt Poker und Absolute Poker wegen Geldwäsche, illegalem Glücksspiel und Bankbetrug anklagen will. Gegen elf Personen wird Haftbefehl erlassen. Das Ministerium nimmt die Pokerseiten phasenweise aus dem Netz. US-Spieler können nicht mehr auf ihre Guthaben zugreifen.

Panik macht sich breit, auch außerhalb der USA. Spieler ziehen ihr Geld ab. Ein Teil des Geschäfts wandert zwar von Full Tilt und Co zu anderen Anbietern. Branchenmedien zufolge nehmen die Zugriffe auf Pokerseiten in der Folge jedoch weltweit zunächst insgesamt ab. Der Black Friday versetzt der gesamten Branche einen herben Schlag.

Auf Wirecard aber hat das Beben scheinbar keinen Einfluss. Zwei Tage nach dem Black Friday sagt Vorstandschef Braun: »Das aktuelle Geschäftsjahr steht im Zeichen dynamischer Entwicklungen im E-Commerce.« Und: »Ich bin überzeugt, dass wir auch in Europa erst am Anfang einer nachhaltigen Marktentwicklung stehen. In den nächsten beiden Jahren werden wir zudem von unserer stetigen Internationalisierung und Expansion im asiatischen Raum profitieren.« Im Juni sieht Braun immer noch kein Problem: »Für das aktuelle Geschäftsjahr erwarten wir einen sehr guten Geschäftsverlauf«, sagt er. Und tatsächlich: Die Firma wächst ungebremst weiter. Wirecard wickelt 2011 mit einem Volumen von 15,5 Milliarden Euro 23 Prozent mehr Zahlungen ab als im Vorjahr. Der Umsatz steigt um 20 Prozent auf 325 Millionen Euro. Es gibt kein Problem. Nirgends.

Wer genau hinschaut, sieht allerdings, dass es in einem Teilbereich des Konzerns rumort: Seit 2006 betreibt Wirecard wie bereits erwähnt eine Tochtergesellschaft im britischen Überseegebiet Gibraltar. Die Firma hat sie einst vor allem für die vielen Onlinecasinos eingerichtet, die dort ihren Sitz haben. Und die Geschäfte laufen prächtig. Ab 2007 weist die Tochter nicht nur jedes Jahr zwischen 12 und 16 Millionen Euro Gewinn aus, sondern überweist davon auch noch einen bedeutenden Teil an die Muttergesellschaft Wirecard AG. Bis 2012 werden es knapp 40 Millionen Euro sein.

Nichtsdestotrotz macht Wirecard die Gibraltar-Gesellschaft im Frühjahr 2013 dicht. Weder im Halbjahresbericht noch im Geschäftsbericht wird der Schritt begründet, was höchst ungewöhnlich ist angesichts der Bedeutung, die die Tochter für den Konzern hat. Intern heißt es, die Schließung sei aus steuerlichen Gründen erfolgt und die Kunden der Gesellschaft seien zur Wirecard-Tochter in Irland umgeschichtet worden. Dass das Gibraltar-Geschäft dort ungehemmt weiterläuft, darf allerdings bezweifelt werden: Wirecards Europa-Umsatz bricht daraufhin immerhin um 30 Prozent auf 128 Millionen Euro im Jahr 2013 ein.

Das deutet darauf hin, dass die goldenen Zeiten des Onlineglücksspiels auch für Wirecard vorbei sind. Doch auf den Konzern hat das scheinbar keinen Einfluss, denn plötzlich explodieren die Gewinne bei anderen Konzerntöchtern, anderswo auf dem Globus.

Die Jahre 2011 bis 2013 sind für Wirecard eine Phase des Umbruchs. War der Konzern bis dahin vor allem ein aus Europa heraus agierendes Unternehmen, baut Braun es nun zu einem internationalen Konzern um und startet Wirecards Expansion, weit über Europa hinaus. Es gibt also wieder eine neue Story: Wirecard, der Weltkonzern. Der Umsatz außerhalb Europas steigt von 8 Millionen Euro im Jahr 2010 um etwa das 17,5-Fache auf rund 140 Millionen Euro im Jahr 2013. Von fast 1200 Mitarbeitern sind Ende 2013 fast 40 Prozent in Asien beschäftigt. Der Konzern wird global und immer schwerer zu durchschauen, auch für die Mitarbeiter in Aschheim, wo Wirecard mittlerweile seine Zentrale hat.

Ein junger Mann spielt in dieser Zeit eine immer wichtigere Rolle: Jan Marsalek. 2010 ist er zum Vorstand aufgestiegen. Er ersetzt in dem Gremium Rüdiger Trautmann, der das Unternehmen »aus persönlichen Gründen« verlassen hat. Marsalek habe »die erfolgreiche Unternehmensentwicklung von Anfang an mitgeprägt«, feiert ihn die Pressestelle. Er sei als Bereichsleiter »für die gesamte Technik und Produktentwicklung und damit für einen Kernbereich des Wirecard-Konzerns verantwortlich«, darüber hinaus auch »Geschäftsführer verschiedener Tochterunternehmen« gewesen; seit 2009 habe er »wesentliche Führungsaufgaben im Vertriebsbereich wahrgenommen«.

Jetzt zahlt sich aus, dass Marsalek vorher für die gesamte Technik der Wirecard zuständig war. Er ist bestens mit der Materie vertraut. »Marsalek war fachlich der Fitteste von allen. Der wusste mehr über den Markt als die anderen Vorstände zusammen«, sagt ein ehemaliger Berater des Vorstands. Verbissen habe er auch an seinen Schwächen gearbeitet; so habe er anfangs kaum Englisch gesprochen, sagt einer – später jedoch habe ihm das keinerlei Probleme mehr bereitet. In der Branche ist er bald mehr als anerkannt.

Jetzt ist er nicht mehr der Jan, der herumläuft wie ein Werkstudent – in T-Shirt und Jeans. Er trägt nun eng geschnittene Anzüge, teure Uhren und ist immer weniger in Deutschland, weil er sich in der weltweiten Finanzindustrie vernetzt. Wann er eigentlich schläft, fragen ihn die Kollegen. »Im Flugzeug.«

In München geht Marsalek gerne feiern. Wenn er in der Firma ist, erleben die Mitarbeiter den freundlichen Wiener, den Kavalier. Vor allem seine rhetorischen Fähigkeiten fallen auf. »Wenn er wollte, konnte er Leute einnehmen und zu seinen Gunsten drehen. Ich weiß nicht, wo er das gelernt hat. Ich hätte einen Monat gebraucht, um Sätze so zu formulieren wie Jan«, sagt einer seiner ehemaligen Mitarbeiter.

Neben Braun ist Finanzvorstand Burkhard Ley sein wichtigster Ansprechpartner im Unternehmen. »Jan hat viel von ihm gelernt«, sagt eine ehemalige Mitarbeiterin von Marsalek. Ley sei sehr erfahren gewesen und habe gewusst, »wie man Deals strukturiert«. Gemeinsam treiben die beiden den Umbau von Wirecard vom bayerischen Tech-Start-up zum weltweit tätigen Konzern voran. Wirecard soll wachsen, das ist Marsaleks Mission. Er muss die Zahlen liefern, die zu Brauns Wachstumszielen passen. Dafür fliegt er um die Welt, immer auf der Suche nach neuen Firmen, mit denen Wirecard zusammenarbeiten oder die das Unternehmen gleich ganz übernehmen kann.

Für seine Geschäftspartner ist er rund um die Uhr erreichbar, er scheint mit allen Zeitzonen kompatibel zu sein.

Eines dieser neuen entscheidenden Zentren außerhalb Europas entsteht mitten in Dubais Internet City. Dort sitzen zwei Töchter von Wirecard. Die wichtigere von ihnen, die Card Systems Middle East, kümmert sich nach offiziellen Angaben um »den Vertrieb von Affiliate-Produkten sowie verbundenen Mehrwertdienstleistungen«. Was das sein soll, wird im Geschäftsbericht nirgends erklärt – wie vieles andere auch nicht. Selbst langjährige Wirecard-Mitarbeiter können nicht sagen, was damit eigentlich gemeint sei.

Jahrelang führen die Gesellschaften ein Schattendasein. Obwohl sich am offiziellen Geschäftszweck nichts ändert, explodiert der Gewinn der Wirecard-Tochter Cardsystems mit jenen »Affiliate-Produkten und Mehrwertdienstleistungen« plötzlich. Der Gewinn steigt von 1,7 Millionen Euro im Jahr 2012 auf 34,6 Millionen Euro im Jahr 2013. Den Grund hierfür werden die Aktionäre erst viele Jahre später erfahren: Wirecard entdeckt das lukrative Geschäft mit Drittpartnern – es wird den Konzern schließlich ruinieren, aber bis dahin vergehen noch viele Jahre.

Markus Braun und Jan Marsalek lassen sich die Expansion einiges kosten. Inklusive erfolgsabhängiger Prämien gibt Wirecard zwischen Dezember 2009 und März 2016 rund 700 Millionen Euro für den Kauf ausländischer Firmen aus.

In dieser Zeit gehört es bei Wirecard auch fast schon zum Standard, dass zweistellige Millionensummen für Kundenkäufe ausgegeben werden. Das ist grundsätzlich nicht anrüchig. Ungewöhnlich ist mitunter der Kaufpreis. Teilweise zahlen die Wirecard-Manager das Zehnfache des Ergebnisses vor Zinsen und Steuern, das sie mit einem Kunden erwirtschaften, als Provision an den Verkäufer. Ein solch hoher Kaufpreis ist verrückt, stellt er doch sicher, dass Wirecard sehr lange gar nichts an dem Kunden verdient. Ungewöhnlich ist auch, dass die bezahlten Summen regelmäßig in intransparenten Strukturen verschwinden, sodass nicht nachvollziehbar ist, wer das Geld erhält. Das ist übrigens ein Muster, das sich in der Historie von Wirecard immer wieder zeigt.

In den Jahren 2010 und 2011 kauft Wirecard etwa von einem Geschäftspartner Kundenkontakte. Der Kaufpreis entspricht dem Zehnfachen dessen, was Wirecard später vor Zinsen und Steuern mit diesen Kunden verdient. Es geht um einen Betrag von 17,25 Millionen Euro. Der Betrag wird nicht direkt an den Verkäufer ausgeschüttet, sondern von Wirecard auf ein Treuhandkonto eingezahlt. Von dem Treuhandkonto sollen jedoch nur 4,25 Millionen Euro an den Verkäufer des Kundenportfolios geflossen sein. Das sagt jedenfalls der Verkäufer.

Was ist mit dem restlichen Geld passiert?

Der Treuhänder behauptet in einem Schreiben an Finanzvorstand Burkhard Ley einige Zeit später, insgesamt 13 Millionen Euro an den Verkäufer des Kundenportfolios ausgeschüttet zu haben. Nur: Der Verkäufer sagt, er habe davon eben nur die 4,25 Millionen Euro erhalten. Er hat den Treuhänder mittlerweile verklagt. Der Treuhänder, der für Wirecard seit den Anfangsjahren viele Dienstleistungen erbracht hat, äußert sich hierzu nicht.

Die Angelegenheit fliegt erst Jahre später auf, nachdem ein Betriebsprüfer des Münchner Finanzamts Nachweise über die Auszahlungen in Höhe von 17,25 Millionen Euro fordert, die der Verkäufer des Kundenportfolios nicht liefern kann, weil er das Geld nach eigenen Angaben ja nie erhalten hat. Was aus den 13 Millionen wurde, wo sie hinflossen, wer sie aktuell hat, lässt sich nicht genau sagen. Im Wirecard-Umfeld heißt es, dass 4 Millionen Euro an Wirecards Gibraltar-Tochter und der Rest an drei externe Firmen geflossen sei. Einer dieser externen Geldempfänger soll Wirecards früherer Drittpartner Wafepay (siehe Kapitel 4) sein. Eigentümer der Wafepay ist mittlerweile eine Gesellschaft mit Sitz auf den British Virgin Islands. Wem diese Gesellschaft wiederum gehört, lässt sich im Unternehmensregister der Insel nicht nachprüfen.

Festzuhalten ist: Laut Wirecards Buchhaltung sollten 17,25 Millionen Euro an einen Geschäftspartner von Wirecard geflossen sein, der der Firma ein Kundenportfolio verkauft hat. Tatsächlich scheint der Großteil dieses Betrags aber ganz woanders hingegangen zu sein.

Nicht minder schummrig muten Wirecards millionenschwere Einkäufe in Asien an. Die Firma Systems@Work beispielsweise ist ein in Singapur und Malaysia tätiger Anbieter von Zahlungslösungen. Wirecard zahlt knapp 47 Millionen Euro für das Unternehmen, das im Jahr der Transaktion ihren eigenen Veröffentlichungen zufolge gerade einmal 3,5 Millionen Euro Umsatz und 500 000 Euro Gewinn macht. Die erste Tranche des Kaufpreises zahlt Wirecard schon mehr als ein Jahr, bevor der Kauf vollzogen wird, was völlig unüblich ist.

Besonders bezeichnend aber ist, dass Wirecard der Systems@Work vor dem Kauf zusätzlich noch einen Kredit über 12 Millionen Euro genehmigt. Von diesem Geld kauft Systems@Work dann Kundenportfolien – also letztlich Geschäftsbeziehungen etwa zu Internetshops.

Es ist aber nicht so, dass die Chefs der Systems@Work selbst auf die Idee gekommen wären, die Kunden zu kaufen, und Wirecard hätte dann schnell noch einen Kredit gegeben, damit auch nichts schiefgeht, bevor Wirecard die Firma übernimmt. Vielmehr sollen nach Angaben eines Insiders und eines Geschäftspartners Wirecard-Manager die Ankäufe der Portfolien für Wirecard verhandelt und die Portfolien dann unter anderem bei der Systems@Work kurz vor der Übernahme noch reingeschoben haben. Es wirkt so, als sollten die Firmen noch schnell hübsch gemacht werden.

Ob diese Maßnahmen nachhaltig waren, ist zweifelhaft: Systems@Work hatte einen Vertrag mit einem Geschäftspartner, wonach er 17,25 Millionen Euro dafür erhalten sollte, dass er der Gesellschaft Kunden liefert. Die Namen der Kunden werden auch im Vertrag aufgeführt. Zum Teil handelte es sich hierbei allerdings um Kunden, die zuvor schon von einer anderen Wirecard-Tochter gekauft worden waren. Nach Auskunft des Verkäufers wurde der Vertrag später von beiden Parteien nicht erfüllt. Der Verkäufer lieferte keine Kunden und bekam auch kein Geld. Trotzdem finden sich die Kundennamen aus dem Vertrag auf Kundenlisten der Systems@Work.

Dasselbe Prinzip findet sich auch bei der Trans Infotech, einem Zahlungsabwickler ebenfalls mit Sitz in Singapur, der auch in Kambodscha und Vietnam tätig ist. 2012 übernimmt Wirecard das Unternehmen. Im Jahr der Transaktion macht Trans Infotech dem Geschäftsbericht der Gesellschaft zufolge Verlust bei schmalen 3 Millionen Euro Umsatz. Der Wirtschaftsprüfer hat »erhebliche Zweifel«, dass Trans Infotech ihre Geschäfte fortführen kann. Wirecard zahlt trotzdem, inklusive erfolgsabhängiger Prämie, 25,5 Millionen Euro für Trans Infotech.

Und auch diese Gesellschaft wird als Vehikel genutzt, um ein Kundenportfolio einzuschleusen. Just an dem Tag, an dem Wirecard den Kauf von Trans Infotech verkündet, kauft die neue Tochter aus Singapur für fast 17 Millionen Euro Kundenverbindungen. Sie bezahlt mit einem Schuldschein, den Wirecard später ablöst.

Bei einem der Verkäufer des Portfolios, der dann auch unter den Empfängern der 17 Millionen sein dürfte, soll es sich nach Auskunft eines Mannes, der mit der Materie vertraut ist, um eine Gesellschaft mit Sitz auf den Britischen Jungferninseln handeln. Auch hier lässt sich über das Handelsregister nicht nachvollziehen, wer hinter der Gesellschaft steht.

Eine Firma, die Wirecard in Indonesien, und eine andere, die das Unternehmen in Neuseeland erwirbt, kaufen nach demselben Prinzip wie die Systems@Work Kundenportfolien ein. In einem Fall soll der Verkäufer wieder eine Gesellschaft mit Sitz auf den British Virgin Islands sein. Aus dem Handelsregisterauszug ergeben sich keine Hinweise darauf, wer hinter dieser Gesellschaft stehen könnte. Im zweiten Fall soll der Verkäufer eine Firma mit Sitz in Panama sein. Wer letztlich hinter dieser Firma steht, ist ebenfalls nicht einsehbar.

Ob sich der Kauf der asiatischen Firmen und die vielen Millionen, die das Unternehmen für Kundenkontakte ausgegeben hat, nicht nur für den Verkäufer, sondern auch für Wirecard jemals gelohnt haben, ist mehr als zweifelhaft, wie sich später zeigt.

KAPITEL 8

»DAS WAR EINFACH ZU SCHÖN, UM WAHR ZU SEIN«

Ein Wirtschaftsprüfer aus einem Vorort von Gladbeck kommt Wirecards dunklem Geheimnis früh auf die Spur

Thomas Borgwerth ist ein groß gewachsener, schlanker Mann mit dicker Brille und ruhiger Stimme. Wenn Borgwerth sich aufregt, wird er nicht laut. Nein, seine Waffe ist die Mathematik, und alles, was er braucht, um sie zu munitionieren, sind Zahlen, Zahlen und noch mal Zahlen.

Borgwerth hat Wirtschaftswissenschaften studiert mit Schwerpunkt Wirtschaftsprüfung und Controlling. 1991 trat er seinen ersten Job in der Revision des Logistikers Stinnes AG an. Dort prüfte er regelmäßig die Bilanzen der Konzerntöchter. »Da war ich auch mal an der Aufklärung einer Bilanzfälschung oder eines Betrugs beteiligt«, erzählt Borgwerth nüchtern. »Es hat mich damals überrascht, wie oft so etwas vorkommt.« Die meisten Fälle aber seien klein gewesen. »Da ging es mal um ein paar Tausend Mark. Die Fälle kamen auch nie an die Öffentlichkeit.« In dieser Zeit aber habe er sein Faible dafür entdeckt, solche Fälle aufzuspüren. »Die Arbeit des Buchhalters ist eigentlich sehr trocken. Aber wenn es um Bilanzfälschung geht, wird es spannend.«

2003 macht sich Borgwerth selbstständig. Mit einem Geschäftspartner betreibt er eine kleine Unternehmensberatung und verwaltet auch ein Aktienportfolio. Die beiden schauen sich immer wieder börsennotierte Unternehmen an, auf der Suche nach geeigneten Investments. 2013 ist erstmals auch Wirecard dabei.

Zahlungen abzuwickeln, scheint Borgwerth ein interessantes Geschäftsfeld zu sein. Immer mehr Menschen zahlen per EC- oder Kreditkarte statt in bar, der Internethandel wächst. Wirecard sollte davon profitieren können, findet Borgwerth damals.

Aber er will es genau wissen und macht das, was er immer tut, wenn er sich erstmals einem Unternehmen widmet: Er schaut sich den Lagebericht an, um ein erstes Verständnis für das Geschäft der Firma zu bekommen. »Ich kann mich noch gut daran erinnern, wie ich die ersten drei Seiten von Wirecards Lagebericht gelesen habe und dann über mich selbst lachen musste, weil ich kein Wort verstanden hatte. Das passiert mir nicht so oft. Also habe ich die Seiten noch einmal gelesen und war immer noch nicht schlauer. Das hat mich damals angefixt. Jetzt wollte ich es wissen. So fing das damals an«, sagt er.

Borgwerth wohnt im nördlichen Ruhrgebiet, bei Gladbeck, auf einem Hof, der seit Generationen in Familienbesitz ist, fernab von der Stadt, zwischen Bäumen und Wiesen. Das Einzige, was die Landruhe stört, ist die Autobahn 31. Doch davon ist hinter den dicken Mauern in Borgwerths Arbeitszimmer nichts zu hören. Zwischen 2014 und 2020 hat er hier mehr als 2000 Stunden seiner Lebenszeit dem Thema Wirecard gewidmet.

Der Geruch der vielen Zigaretten, die er in dieser Zeit geraucht hat, liegt in der Luft. Er rauchte umso mehr, je offensichtlicher wurde, was kaum einer sehen wollte: dass Brauns Geschichte vom pausenlos wachsenden Unternehmen, das nie irgendein Problem hat, nicht stimmen konnte.

In Borgwerths Arbeitszimmer stehen zwei Schreibtische und ein paar Aktenschränke. Aber nirgends liegen Papiere, Geschäftsberichte oder Notizzettel. Borgwerth braucht kein Papier, um zu erklären, warum er an Brauns Geschichte zweifelte. Borgwerth braucht nur ein Computerprogramm.

»Wenn ich ein Unternehmen analysiere, werte ich mindestens zwölf Quartalsabschlüsse aus und lege eine große Excel-Tabelle an, in der ich die Daten erfasse. Ich lasse zum Beispiel die Zahlen für die einzelnen Geschäftsbereiche einfließen oder sortiere das nach den Regionen, in denen ein Unternehmen aktiv ist. Ich kann Ihnen das mal zeigen ...«, sagt er, startet seinen Laptop und öffnet die Datei »Wirecard Wachstum reg EBITDA«.

»Hier sehen Sie das Ergebnis von Wirecard vor Zinsen und Steuern, sortiert nach Regionen«, sagt Borgwerth. »Sehen Sie, wie das alles hoch und runter geht?« Er zeigt auf den Bildschirm. Zu sehen ist, dass hiernach die Wachstumsraten in den einzelnen Regionen in den Jahren 2010 bis 2016 zwischen minus 40 und plus 70 Prozent schwanken. »Und in jedem Quartal ist es so: Wenn das Geschäft in einer Region extrem schwächelt, läuft es gleichzeitig in einer anderen Region super gut, sodass Wirecard über alle Geschäftsbereiche hinweg in jedem Jahr auf Wachstumsraten zwischen 25 und 30 Prozent kommt. Das war einfach zu schön, um wahr zu sein.«

Vor allem aber lieferte Wirecard für dieses Phänomen nie eine Erklärung, sagt Borgwerth. In den Geschäftsberichten anderer weltweit tätiger Konzerne stehe im Lagebericht immer etwas darüber, wie es in den einzelnen Regionen läuft, also bei der Tochter in Brasilien oder in Asien oder Dubai. »Der Geschäftsbericht von Wirecard sagte immer nur pauschal, dass alles großartig ist. Über die Probleme in den einzelnen Regionen stand dort nichts. Das kam mir verdächtig vor.«

Ein Verdacht ist jedoch kein Urteil. Deshalb will er damals erst einmal verstehen, was Wirecard eigentlich genau macht. Borgwerth lernt, dass Wirecard im Kern zwei Dienstleistungen anbietet, die im Zahlungsvorgang entscheidend sind.

Wirecard ist ein sogenannter Payment-Service-Provider (kurz: PSP). Ein PSP generiert aus den Informationen, die ein Kunde beim Bezahlen mit der Kreditkarte im Internet hinterlässt, einen Datensatz. Diesen Datensatz leitet der PSP weiter, sodass schließlich bei der Bank des Kunden die Information ankommt, dass ein bestimmter Geldbetrag vom Konto des Kunden abgebucht werden soll. Der PSP transportiert also ausschließlich Daten.

Wirecard ist aber dank eigener Banklizenz auch ein Acquirer. Der Acquirer kümmert sich um den Transport des Geldes. Empfängt er vom PSP die Information, dass ein Kunde im Internet per Kreditkarte gezahlt hat, fordert der Acquirer den Geldbetrag von der Kreditkartenorganisation des Kunden an und leitet diesen Betrag, abzüglich seiner eigenen Gebühr, an den Händler weiter. Der Acquirer steht auch für die Risiken gerade, die bei einer Kartenzahlung bestehen. Liefert der Händler die Ware beispielsweise nicht und fordert der Kunde deswegen später sein Geld zurück, muss der Acquirer dem Kunden das Geld erstatten, falls der Händler es nicht kann. Deshalb leitet der Acquirer den kompletten Betrag, den er von der Kreditkartenorganisation bekommen hat, auch nicht sofort an den Händler weiter, sondern behält zunächst einen Teil der Summe ein. Die zurückgehaltene Summe dient dem Acquirer als Sicherheit gegenüber dem Händler.

Um zu verstehen, warum Borgwerth Jahre vor vielen anderen Beobachtern sah, dass etwas mit Wirecards Zahlenwerk nicht stimmt, muss man verstehen, wie die Bilanz eines Acquirers normalerweise aussieht. Ein fiktives Beispiel hilft, die Sache zu verstehen.

Teil I:

Ein Mitarbeiter wird von seinen beiden Chefs beauftragt, ein Geburtstagsgeschenk für einen Kollegen zu organisieren, und ordert eine Flasche Wein für 50 Euro, die er aber nicht sofort bezahlt. Die Flasche Wein ist da, die Rechnung aber noch nicht bezahlt.

Der Mitarbeiter hat nun eine Verbindlichkeit gegenüber dem Weinhändler in Höhe von 50 Euro.

Weil er den Wein nicht selbst bezahlen will, sondern weil das Geld von seinen Chefs kommen soll, hat er gleichzeitig eine Forderung gegenüber seinen Chefs in Höhe von 50 Euro.
Der Verbindlichkeit von 50 Euro steht also eine Forderung von 50 Euro gegenüber.

Teil II:

Am nächsten Tag bekommt der Mitarbeiter von einem seiner Chefs 25 Euro für den Wein. Diese 25 Euro hat er also schon mal in cash im Portemonnaie. Weil der andere Chef nicht da ist, schuldet er dem Mitarbeiter weiterhin seinen Anteil. Gegen ihn hält der Mitarbeiter weiterhin eine Forderung von 25 Euro.
Der Mitarbeiter hat auf der einen Seite also nun eine Verbindlichkeit gegenüber dem Weinhändler von 50 Euro. Dem gegenüber steht ein Cash-Bestand von 25 Euro, weil einer seiner Chefs ja schon bezahlt hat, und eine Forderung von 25 Euro gegenüber dem zweiten Chef.

Seine Verbindlichkeit ist also genauso hoch wie die Forderung zuzüglich des Cash-Bestands.

Wirecards Rechnung im Acquiring müsste eigentlich genauso aussehen:

Teil I:

Ein Kunde bestellt ein Paar Schuhe für 100 Euro im Internet, die er mit Kreditkarte bezahlt. Sobald diese Information bei Wirecard ankommt, schuldet Wirecard als Acquirer dem Händler 100 Euro. In Wirecards Bilanz steht also eine Verbindlichkeit von 100 Euro.

Nun fordert Wirecard diese 100 Euro von der Kreditkartenorganisation an. Solange Wirecard das Geld noch nicht von Visa oder Mastercard erhalten hat, steht in Wirecards Bilanz der Verbindlichkeit von 100 Euro eine Forderung von 100 Euro gegenüber.

Teil II:

Sobald Wirecard die 100 Euro von der Kreditkartenorganisation bekommt, verschwindet die Forderung. Denn Wirecard hält den Betrag ja jetzt in bar auf dem Konto. Der Verbindlichkeit von 100 Euro gegenüber dem Händler steht stattdessen jetzt ein Cash-Bestand von 100 Euro gegenüber.

Weil Wirecard natürlich nicht nur eine einzelne Zahlung abwickelt, sondern ganz viele, und die Forderungen von den Kreditkartenorganisationen auch nicht alle gleichzeitig beglichen werden, geht es Wirecard genauso wie dem Mitarbeiter mit seinen Chefs. Wirecard hat Verbindlichkeiten gegenüber seinen Händlern. Und diesen Verbindlichkeiten stehen sowohl Forderungen als auch Cash gegenüber.

Wie beim Beispiel mit dem Weinhändler müssen Wirecards Verbindlichkeiten gegenüber den Händlern genauso hoch sein wie Wirecards Forderungen gegenüber den Kreditkartenorganisationen zuzüglich der Barmittel, die Wirecard von den Kreditkartenorganisationen schon bekommen hat. Würde man dies grafisch darstellen, wären beide Balken gleich groß.

»Bei Wirecard war das aber nicht so«, sagt Borgwerth. »Bei Wirecard waren die Forderungen zuzüglich des Cash-Bestands höher als die Verbindlichkeiten. Und das konnte nicht sein. Dann würde Wirecard in der Summe ja mehr Geld einsammeln, als das Unternehmen den Händlern schuldet. Die Forderungen waren einfach zu hoch. Als ich das begriffen hatte, war ich überzeugt, dass bei Wirecard etwas ganz gewaltig schiefläuft.«

Warum?

»Nehmen wir als Beispiel einen Kohlehändler. Wenn der Kohlehändler mehr Umsatz ausweisen will, als er eigentlich hat, dann schreibt er Rechnungen für Kunden, denen er nie Kohle geliefert hat. Dann steigt sein Umsatz. Weil diese Kunden die Rechnungen naturgemäß nie bezahlen werden, bekommt er nie Geld in die Kasse. Die Forderungen gegenüber den fiktiven Kunden werden immer höher. Wenn die Forderungen eines Unternehmens unnatürlich steigen, dann ist das ein Indiz dafür, dass etwas nicht stimmt. Das gilt für den Kohlehändler, aber auch für ein Unternehmen wie Wirecard. Und die Forderungen, die Wirecard gegenüber seinen Kunden aus dem Acquiring ausgewiesen hat, waren höher, als sie hätten sein dürfen.«

Nach Borgwerths Logik sind die Forderungen im Jahr 2015 um satte 250 Millionen Euro zu hoch, und das ist zu dieser Zeit für Wirecard ein gewaltiger Betrag. Er entspricht circa dem Gewinn des Unternehmens in den Jahren 2014 und 2015.

Der Bilanzexperte behält sein Wissen nun nicht länger für sich. Er spricht Journalisten an, von denen er weiß, dass sie sich mit Wirecard befassen, und weist auf die Diskrepanz hin.

Wirecard ist kein Industrieunternehmen; die Bilanz zu verstehen, ist nicht einfach. An der Uni wäre dafür sicherlich ein Semester nötig. Viele Analysten, die sich teilweise seit mehreren Jahren mit Wirecard befassen, erwecken jedenfalls bis zum Schluss nicht unbedingt den Eindruck, als hätten sie das Zahlenwerk jemals verstanden. Anders eben als Borgwerth. Und das Angenehme ist: Er haut nicht auf

Wirecard drauf und entwickelt auch keine Verschwörungstheorien wie manch anderer Kritiker, der in Börsenforen unterwegs ist. Borgwerth rechnet nur – mit den Zahlen aus Wirecards Geschäftsberichten. Über die Jahre wird er für jene, die Wirecard verstehen wollen, zum Mentor.

Im Herbst 2016 fragt der Journalist Heinz-Roger Dohms, der heute den Newsletter *Finanz-Szene.de* herausgibt, bei Wirecard nach, was es mit den von Borgwerth errechneten »überschüssigen« Forderungen auf sich hat.

Wirecard erklärt ihm daraufhin, dass das Unternehmen in den meisten Ländern außerhalb der EU nicht als Acquirer tätig werden dürfe, weil dem Unternehmen dafür die erforderliche Lizenz fehlt. Um dort trotzdem Zahlungen abwickeln zu können, arbeite Wirecard in diesen Ländern mit lokalen Banken zusammen. Damit den externen Partnern keine Verluste entstehen, wenn der Kunde, den Wirecard vermittelt, beispielsweise ein Betrüger ist, will Wirecard zugunsten dieser Partner Sicherheiten hinterlegt haben. In der Wirecard-Bilanz erscheinen diese Sicherheiten dann als Forderungen. Deshalb sollen Wirecards Forderungen aus dem Acquiring um 250 Millionen Euro höher sein, als es üblich wäre.

Wer sich in der Branche auskennt, hätte eigentlich sofort erkennen können, dass Wirecards Geschichte einen Haken hat. Wenn ein Acquirer eine Zahlung abwickelt, hält er einen Teil des Geldes, das er von einer Kreditkartenorganisation bekommt, immer eine Zeit lang zurück, bevor er es an den Händler weiterreicht. Der Acquirer hat also schon eine Sicherheit. Und wie sich Wirecards Geschäftsbericht entnehmen lässt, ist die Wahrscheinlichkeit »sehr gering«, dass dieser Sicherheitseinbehalt nicht ausreicht. Der Acquirer sollte also keine zusätzliche Sicherheit von Wirecard benötigen und vor allem nicht in Höhe von 250 Millionen Euro. »Andere Zahlungsabwickler stellen auch mal Sicherheiten. Aber da reden wir von kleinen einstelligen Millionenbeträgen, nicht von 250 Millionen Euro«, sagt Borgwerth.

Spätestens nachdem der Journalist Dohms über die »überschüssigen« Forderungen berichtet hat, müsste eigentlich jeder Analyst skeptisch werden, aber das ist nicht der Fall. Das Thema stößt nur bei ein paar Freaks auf Interesse.

Thomas Borgwerth hat keine gute Meinung von den Analysten: »Mir war klar, dass es dauern würde, bis auch andere merken, dass die Geschichte, die Markus Braun erzählt, so nicht stimmen kann. Aber dass es sechs Jahre dauert, hätte ich mir nie träumen lassen«, sagt Borgwerth. Er sucht eine Erklärung und findet sie in dem Märchen »Des Kaisers neue Kleider«.

Das Märchen handelt von einem Kaiser, der sich von zwei Betrügern für viel Geld neue Gewänder weben lässt. Nur existieren die Gewänder nicht. Die Betrüger machen dem Kaiser vor, die Kleider könnten nur von Personen gesehen werden, die ihres Amtes würdig und nicht dumm seien.

Aus Eitelkeit und innerer Unsicherheit sagt der Kaiser nicht, dass er die Kleider nicht sieht. Auch die Menschen, denen er seine neuen Gewänder präsentiert, geben sich begeistert von den schönen Stoffen, aus Angst, dass sie vielleicht nur zu dumm sind, um die Kleider zu sehen.

»Ich glaube, bei Wirecard war es ähnlich«, sagt Borgwerth. »Bestimmt fand auch so mancher Analyst das Zahlenwerk von Wirecard nicht plausibel. Aber weil alle anderen gejubelt haben, hatte keiner den Mut zuzugeben, dass er die Zahlen nicht versteht. Keiner wollte als Depp gelten, für den Fall, dass die Zahlen korrekt sind. Für mich hier in der Finanzdiaspora Gladbeck war das egal.«

Es dauert noch Jahre, bis offiziell wird, dass Borgwerth all die Jahre recht hatte und mit den »überschüssigen« Forderungen etwas nicht stimmt. Es sind Jahre, in denen Borgwerths Frau und seine Tochter oft auf ihn verzichten müssen, weil er wieder stundenlang in seinem Arbeitszimmer sitzt, Excel-Tabellen mit Zahlen füllt und dabei raucht. Er hat einmal damit angefangen und kann nicht mehr damit aufhören. Es sind Jahre, in denen ihm auch viele Freunde sagen: »Thomas, du hast dich da verrannt.«

Heute ist sicher, dass Wirecards Forderungen, mit denen für Borgwerth alles anfing, aus Geschäften mit zweifelhaften Partnern resultieren, die in Dubai, Singapur und auf den Philippinen sitzen. Diese Partner sollen angeblich Zahlungen für Wirecard-Kunden abgewickelt und die Provisionen, die sie Wirecard deswegen schuldeten, als Sicherheit zurückgehalten haben. Knapp 2 Milliarden Euro, die die Partner eigentlich hätten zahlen müssen, werden im Jahr 2020 fehlen. Borgwerth ist schon im Jahr 2014 mit seinem Computerprogramm auf eben jene dubiosen Deals gestoßen, die sechs Jahre später die Ursache für Wirecards Insolvenz sind.

KAPITEL 9

TAUSEND UND EIN ZWEIFEL

Wirecards dubioses wie überlebenswichtiges Geschäft mit Partnern in Dubai, Singapur und auf den Philippinen

Die Al Kazim Towers im Stadtteil Internet City in Dubai stechen wie zwei Raketen aus dem Wüstensand in den stahlblauen Himmel. In einem der Zwillingstürme, die so aussehen wie das Chrysler Building in New York, sitzt eine Firma, die dem deutschen Zahlungsabwickler Wirecard angeblich märchenhafte Gewinne beschert: Al Alam.

Der karge Internetauftritt nennt keine Ansprechpartner, aber diese Adresse. Es geht acht Stufen Marmortreppe hoch, vorbei an zwei Brunnen mit jeweils sieben Fontänen, durch eine Passage mit Geschäften und Restaurants. Der Aufzug von Turm A schwebt in den 19. Stock. Al Alam sitzt in Büro 1905 A, hinter einer Tür aus dunkelbraunem Holz. Eine üppige Repräsentanz kann es nicht sein, die großen Flächen auf dem Stockwerk werden von anderen Firmen genutzt. Die Klingel hallt durch das Büro hinter der Holztür. Es ist still. Niemand öffnet.

So beginnt die Spurensuche nach einem Geschäftszweig, der Wirecard den Stoff für seine atemberaubende Wachstumsgeschichte liefert. Es ist das Geschäft mit Drittpartnern, den sogenannten Third Party Acquirers (TPA). Mit Al Alam ist Wirecard nach eigenen Angaben seit 2013 im Geschäft. Die Einnahmen, die Wirecard mithilfe von Al Alam und anderen Partnern erzielt, sollen zum Schluss mehr als die Hälfte des Umsatzes von Wirecard und den kompletten Gewinn ausgemacht haben. Der gesamte Geschäftserfolg hängt an diesen Partnern.

Wofür braucht Wirecard die Drittpartner eigentlich?

Als die Öffentlichkeit davon erfährt, dass es diese Geschäfte überhaupt gibt, präsentiert der Wirecard-Vorstand folgende Geschichte: Wirecard kann innerhalb Europas einen Zahlungsvorgang in der Regel allein abwickeln, weil das Unternehmen die dafür erforderliche Lizenz besitzt. In Ländern, in denen Wirecard so eine Lizenz nicht hat, muss der Zahlungsabwickler mit Banken kooperieren, die so eine Lizenz haben. Die Aufgabe von Al Alam ist es, Wirecard mit diesen Banken zu verbinden. Al Alam und Co machen also letztlich nichts anderes, als Kontakte zu Banken zu vermitteln.

Diese Geschichte ist allerdings falsch.

Die Geschichte, die sich aus Wirecards interner Buchhaltung und einem mehrere Jahre später erscheinenden Bericht des Wirtschaftsprüfers KPMG ergibt, geht so: Wirecard hat Kunden, also zum Beispiel Internetshops, an Partner wie Al Alam vermittelt. Die Partner haben dann für diese Kunden Zahlungen abgewickelt. Im Gegenzug hat Wirecard abhängig vom Umsatz, den die Partner mit den von Wirecard vermittelten Kunden machten, eine Provision bekommen. Und diese Provisionen sollen zum Schluss eben mehr als die Hälfte von Wirecards Einnahmen ausgemacht haben.

Zentrale Figur bei dieser Art von Geschäft ist mal wieder Oliver Bellenhaus, der in den Anfangsjahren Wirecards Zahlenchaos in den Griff kriegen und später eine Bank integrieren sollte. Jetzt geht es für ihn in Dubai darum, die Wirecard-Tochter Card Systems Middle East aufzubauen. Sie ist eine wahre Goldgrube für Wirecard: Der Gewinn der Card Systems steigt zwischen 2013 und 2018 um das Siebenfache auf zuletzt 237 Millionen Euro. 2018 steuert Bellenhaus mehr als 60 Prozent zum Jahresgewinn bei.

Wofür Bellenhaus in Dubai bekannt ist, das ist seine Leidenschaft für schnelle Autos: Seinen Kollegen fällt der schöne weiße Mercedes Benz SLS AMG, Neupreis um die 200 000 Euro, auf, mit dem er durch die Stadt braust. Auch was das Wohnen angeht, mag er es spektakulär: Er soll in einem Apartment im höchsten Gebäude der Welt wohnen, dem Burj Khalifa, 828 Meter hoch.

Bellenhaus' Rolle in Dubai ist dubios. Insider berichten, er sei nicht nur die zentrale Figur bei Wirecard in Dubai gewesen, sondern auch beim angeblichen Partner Al Alam. Zeitweise saß Wirecard Dubai sogar in den Al Kazim Towers, nur wenige Schritte von Al Alam entfernt. Bellenhaus soll auch im Büro von Al Alam gearbeitet und nach Wahrnehmung von Mitarbeitern die Firma geführt haben. So soll er Anweisungen gegeben haben und auch über eine eigene E-Mail-Adresse bei Al Alam erreichbar gewesen sein. Die Anwälte von Bellenhaus wollen dies nicht kommentieren.

Was hat es mit Al Alam auf sich?

Abdallah Turki muss es wissen. Der 54-jährige Geschäftsmann ist im Libanon geboren und in Wien aufgewachsen. Er hält Beteiligungen an einem Wiener Zahlungsdienstleister und an einer Schweizer Energiefirma. Zurzeit lebt er in Katar und hat weitere Wohnsitze in Frankreich und Jordanien – ein Wandler zwischen den Welten, der Deutsch, Englisch, Französisch und Arabisch spricht. Er ist ein Freund von Oliver Bellenhaus.

Seine Geschichte geht so: In den 2000er-Jahren lernt Turki erst Bellenhaus kennen und kommt über ihn auch in Kontakt mit Markus Braun und vor allem Jan Marsalek, der für die Expansion in Asien verantwortlich ist. »Ich war immer stolz darauf, die Spitzenleute von Wirecard zu kennen. Immerhin war Wirecard das Wunderkind der deutschen Fintech-Industrie«, sagt Turki.

Im Jahr 2011 verkauft Turki eine Firma an Wirecard, an der er beteiligt ist: Procard, ein Zahlungsabwickler mit Sitz in Dubai und Kunden aus der Region. Nach dem Verkauf hätten Marsalek und Bellenhaus ihn gebeten, die Firma weiter zu beraten, sagt Turki. »Sie brauchten jemanden, der den Nahen Osten versteht.« Turki zeigt E-Mails von Wirecard-Mitarbeitern, die auf ihn zukommen und um Hilfe bitten: 2010 suchen sie Mitarbeiter in Dubai, 2012 in Kabul. Und Turki vermittelt auch Kunden. Er zeigt wieder ein Schreiben von Wirecard vor: »Gerne bestätigen wir Ihnen hiermit, dass Sie für die Vermittlung des Kunden [...] bis auf Weiteres eine jährliche Vermittlungsprovision« erhalten. »Ich habe die Türen geöffnet, das war meine Aufgabe. Sonst nichts«, sagt Turki.

Und dann, es muss um das Jahr 2011 herum gewesen sein, habe ihn sein Freund Bellenhaus wieder um einen Gefallen gebeten. Er brauche einen Mitarbeiter für eine neue Firma. Und Turki hilft. Er bringt Bellenhaus mit dem Jordanier Mohannad A. zusammen, der früher für Turki gearbeitet hat. Die Firma, die Bellenhaus laut Turki aufsetzen will, wird später den Namen Al Alam tragen. Die Anwälte von Bellenhaus äußern sich hierzu nicht.

Al Alam soll Transaktionen für Kunden abwickeln, die Wirecard nicht in den eigenen Büchern haben will. So habe er das verstanden, sagt Turki. Und so ist es in Wirecards Geschichte ja auch schon häufiger vorgekommen. Zwei Wirecard-Mitarbeiter erklären, Bellenhaus habe ihnen die Rolle von Al Alam genauso erklärt. Ein Mitarbeiter sagt: »Kunden, die Wirecard nicht über die eigenen Bücher laufen lassen wollte, waren zum Beispiel Onlineshops, die Haar- und Brustwuchsmittel mit zweifelhaften Erfolgsaussichten verkauften, oder aber unseriöse Partnervermittlungen.«

Mohannad A., Turkis ehemaliger Mitarbeiter, hat Al Alam dann gegründet. »Was ab da passiert ist, weiß ich nicht«, sagt Turki.

Mohannad A. bestätigt, dass er der Gründer und bis zuletzt der Eigentümer von Al Alam gewesen ist. Oliver Bellenhaus bezeichnet er als »Partner«. Mohannad A. sagt, dass die Firma mehrere Geschäftszweige hatte, in einem davon seien Transaktionen für Wirecard-Kunden abgewickelt worden. Was da genau für Geschäfte liefen und in welchem Umfang? Keine Antwort. A. war zwar bis 2017 Geschäftsführer von Al Alam, um diesen Bereich will er sich aber nicht gekümmert haben. Für Wirecard sei ein anderer zuständig gewesen: Gabor Varga [Name geändert]. Der Mann mit einem ungarischen Pass ist als Geschäftsführer im Unternehmensregister eingetragen. Zumindest in seinem Namen wurden auch E-Mails an Wirecard verschickt. Auf Anfragen antwortet Varga nicht.

Ein Mitarbeiter von Al Alam erzählt, dass in den Büros der Firma in den Al Kazim Towers nie mehr als eine Handvoll Mitarbeiter gearbeitet hätten – und selbst die nicht unbedingt von der Zentrale aus. Eigentümer Mohannad A. bestätigt das. Er spricht von maximal vier Angestellten, die die Firma gehabt habe. Mitarbeiter von Wirecard berichten, sie hätten bei Al Alam auch nur vereinzelt mal jemanden gesehen. Als Wirecards eigene Büroräume zu klein wurden, sollten sogar Mitarbeiter rüberziehen, weil die Büros bei Al Alam ja sowieso frei standen. Dazu kam es dann aber nicht. Unter der Telefonnummer, die auf Al Alams Homepage steht, ist über Monate niemand zu erreichen. Auf E-Mails folgt keinerlei Reaktion. Einige Mitarbeiter von Wirecard, selbst solche in Schlüsselpositionen, sagen, sie hätten nie verstanden, was in dem Unternehmen so genau vor sich ging. »Das war vielen in der Belegschaft auch egal«, sagt einer, der nach der Insolvenz schon einen neuen Arbeitgeber gefunden hat. »Sie haben gesagt: Da gibt es viel Geschäft in Dubai, das macht der Bellenhaus, das bringt viel Marge und Umsatz. Punkt.«

Ist Al Alam eine Scheinfirma?

Ein ehemaliger Mitarbeiter von Al Alam berichtet, Bellenhaus habe vor einigen Jahren mehrere Menschen ins Büro beordert, weil Besuch aus Deutschland kommen sollte. Die Personen, die an diesem Tag angeblich seine Kollegen waren, will der Ex-Mitarbeiter zuvor nie gesehen haben. Alle seien angewiesen worden, mehrmals zu Bellenhaus zu gehen und mit ihm über ihre Arbeit zu sprechen, solange der Besucher da war – um rege Betriebsamkeit zu präsentieren. Als der Besucher wieder weg war, habe Bellenhaus sehr erleichtert gewirkt. Der Ex-Mitarbeiter zeigt eine zerknitterte Visitenkarte des Besuchers aus Deutschland. Darauf steht der Name eines Wirtschaftsprüfers von EY, der für die Prüfung der Jahresabschlüsse von Wirecard zuständig ist. Auch Turki war bei dem Termin dabei. Die Anwälte von Bellenhaus äußern sich hierzu nicht.

Im Jahr 2017 hat Eigentümer Mohannad A. seinen Posten als Geschäftsführer bei Al Alam aufgegeben. Zu den Gründen teilt er nur mit: Er habe nicht genug von dem Geschäft verstanden. Wirecard-Berater Turki sagt, A. habe ihm anvertraut, dass er »kein gutes Gefühl« gehabt hätte. Turki will A. dann geraten haben: »Gehen Sie weg von dieser Firma und überlassen Sie alles dem Herrn Bellenhaus.« War Mohannad A. nur ein Strohmann? »Ich nehme an, dass die Firma von anderen geleitet wurde. Ob das der Herr Bellenhaus war oder andere, weiß ich nicht«, sagt Turki.

Ein Wirecard-Angestellter, der für Kundenakquise zuständig ist und in der Unternehmenszentrale sitzt, sagt: »Wir sahen, dass der Umsatz von Wirecard jedes Jahr deutlich stieg, aber von unseren Kunden kam der nicht. Wenn wir mal nachfragten, wo denn der neue Umsatz herkommt, dann hieß es nur: Das sind Geschäfte, die über Dubai kommen.«

In Dubai lief es genau umgekehrt. So manch ein Mitarbeiter der dortigen Wirecard-Tochter wunderte sich auch, dass der Gewinn in Dubai von Jahr zu Jahr stieg. »Wir sahen gar nicht, dass bei uns mehr Geschäft lief«, sagt einer, der an zentraler Stelle tätig war. »Die Transaktionen, die über unsere Bücher liefen, waren überschaubar. Der Rest kam über Aschheim.«

Obwohl Al Alam für den Großteil der Gewinne in Dubai verantwortlich ist und das Büro der Partnerfirma zunächst nur ein paar Schritte im gleichen Gebäude und später auch nur 15 Minuten Autofahrt von

Wirecards Büro entfernt liegt, ist Al Alam für viele Mitarbeiter in Dubai eine Blackbox. Nicht einmal der Finanzchef in Dubai weiß, was genau zwischen Al Alam und Wirecard läuft, obwohl die Provisionen, die Al Alam zahlen soll, offiziell in Dubai anfallen. Per E-Mail beklagt er sich Anfang 2018, dass »wir keine Transparenz über eine große Anzahl an Transaktionen haben« und dass viele Einnahmen und Kosten der Dubai-Tochter in München verbucht würden.

Wissen also die Münchner Buchhalter, was da in Dubai über die Bücher läuft?

Nicht wirklich. Von Al Alam und Co erhalten sie regelmäßig Abrechnungen über die Provisionen, die Wirecard zustehen, und sie geben die Zahlen dann auch als Einnahmen ins System ein. Aber viel mehr soll es zu den Transaktionen nicht geben.

Im Frühjahr 2020 werden die Geschäfte von Al Alam angeblich auf eine andere Firma mit einer anderen Adresse übertragen. Nachdem die *Financial Times* öffentlich machte, dass Wirecard einen bedeutenden Teil seines Umsatzes über Al Alam macht, die Redakteure aber genauso wenig Hinweise auf so große Geschäfte fanden wie die *WirtschaftsWoche*, soll Al Alams Reputation derart beschädigt gewesen sein, dass der Schritt unumgänglich gewesen sei. So berichten es Wirecard-Insider seinerzeit.

Im März 2020 sollen sich die Wirtschaftsprüfer von EY davon überzeugen, dass das für Wirecard alles kein Problem ist. Jan Marsalek und weitere Wirecard-Mitarbeiter begleiten die Prüfer in den 22. Stock des Wolkenkratzers Emirates Office Tower in Dubai, eine teure Adresse. An der Tür hängt ein Schild mit dem Firmennamen Symtric.

In den Büros soll eine zweistellige Zahl an Symtric-Mitarbeitern gesessen haben, sagt einer, der dabei war. Auch der Mann, der offiziell Geschäftsführer von Al Alam war, ist da: Gabor Varga. Man nimmt Platz in einem Besprechungsraum.

Ein Brite stellt sich als Strategiechef der Firma vor. Er erklärt, dass Symtric zur selben Unternehmensgruppe gehöre wie Al Alam. Einen

Vertrag hat Wirecard zwar mit einer anderen Gesellschaft aus diesem Verbund – der Al Alam Holding in Hongkong, eine Art Briefkastenfirma, die der Al Alam Solutions in Dubai gehört. Abgewickelt werden sollen die Transaktionen der Wirecard-Kunden aber nach wie vor in Dubai, von Symtric. Die Wirtschaftsprüfer stellen ein paar Fragen, bedanken sich und gehen. »Es war alles sehr überzeugend. Es gab keinen Grund, an der Seriosität der Firma zu zweifeln«, sagt ein Teilnehmer.

Ist Symtric nun eine echte Firma mit echtem Geschäft oder nur ein Potemkinsches Dorf, hochgezogen, um Prüfer und Wirecard-Mitarbeiter zu täuschen?

Ein früherer Symtric-Mitarbeiter erzählt, er habe nie mitbekommen, dass sich in der Firma jemand mit Zahlungsabwicklung befasse. Den Namen Wirecard will er auch noch nie gehört haben. Soweit er es habe überblicken können, sagt der Ex-Angestellte, seien bei Symtric nur Internetshops entwickelt worden. Gabor Varga, der ehemalige Al-Alam-Geschäftsführer, habe seiner Wahrnehmung nach nicht sehr viel in dem Unternehmen zu sagen gehabt. Von einem britischen Strategiechef will der Ex-Mitarbeiter auch noch nie etwas gehört haben. Die wesentlichen Entscheidungen seien von zwei anderen Männern getroffen worden, die von den Mitarbeitern nur »Chris« genannt wurden. Er schickt zwei Telefonnummern, unter denen einer der beiden »Chris« immer zu erreichen gewesen sein soll, eine mit der Vorwahl von Österreich, die andere mit der Vorwahl von Dubai. Niemand geht ran. Auf eine Anfrage per WhatsApp-Nachricht behauptet »Chris«, Kunde von Symtric gewesen zu sein. Er löscht die Nachricht danach jedoch schnell wieder und reagiert seitdem nicht mehr.

Der Ex-Mitarbeiter kann sich nach eigenen Angaben auch noch gut an die Delegation aus Deutschland erinnern. »Uns wurde gesagt, dass es sich um wichtige Investoren handelt. Alle sollten ins Büro kommen.« An dem Tag sei es voller gewesen als sonst. Es hätten Personen dort gearbeitet, die er vorher noch nie gesehen habe.

Kurz nach dem Besuch der Wirtschaftsprüfer, im Mai 2020, wird bekannt gegeben, dass sich Al Alam auflöst. Die Nachfolgegesellschaft Symtric wird Mitte Juni 2020 auch aus dem Unternehmensregister gestrichen. Im Emirates Tower hat die Firma nach Auskunft einer Rezeptionistin keine Büros mehr.

Verhalten sich so die Manager einer Firma, die angeblich mit Wirecard jedes Jahr einen Umsatz in dreistelliger Millionenhöhe machen?

Wirecards zweiter wichtiger Partner – Senjo aus Singapur – wirkt auch nicht sehr viel seriöser. Die Senjo Group, 2015 gegründet, präsentiert sich als Mischung aus Start-up-Investor und Zahlungsabwickler. Laut Eigendarstellung ist der Anspruch der Firma, ein »Weltklasse-Ökosystem« stark wachsender Firmen zu bilden. Angeblich gibt es Ableger in Japan, Indonesien, Malaysia, Myanmar, Thailand, Luxemburg und Großbritannien – nach eigenen Angaben ist das Unternehmen »auf den meisten großen Märkten« in Asien, Europa, Nordamerika und Afrika aktiv.

Ein festes eigenes Büro hat Senjo womöglich nicht: Im Gebäude unter der Adresse, die Senjo als Konzernzentrale angibt, kann man Büros mieten – auch nur stunden- oder tageweise.

Ein ehemaliger Manager von Senjo, der vor dem Jahr 2018 für das Unternehmen tätig war, sagt, dass er nie etwas davon mitbekommen habe, dass das Unternehmen Zahlungen für Wirecard-Kunden abgewickelt hat.

Im Handelsregister von Singapur finden sich viele Direktoren und zwei offizielle Eigentümer von Senjo, aber keiner von ihnen will sprechen – zum Beispiel darüber, wer bei Senjo etwas zu sagen hat. Tatsächlich soll ein alter Wirecard-Freund bei Senjo die Strippen ziehen: James Henry O'Sullivan, ein britischer Geschäftsmann. Als Eigentümer oder Geschäftsführer von Firmen tritt er nur selten offiziell in Erscheinung, im Hintergrund soll er aber die Fäden bei einer Reihe von Unternehmen ziehen, die unter anderem mit Wirecard Geschäfte abwickeln. Er ist ein Freund von Jan Marsalek.

Auch bei Senjo in Singapur taucht sein Name im Handelsregister an keiner Stelle auf. Tatsächlich aber, so berichten mehrere Personen, die mit Senjo geschäftlich zu tun hatten, soll O'Sullivan die wesentlichen Entscheidungen für die Firma treffen. Die Wirtschaftsprüfer von KPMG, die 2019 beziehungsweise 2020 das Drittpartnergeschäft von Wirecard durchleuchten, wollen auch O'Sullivan treffen – wohl nicht ohne Grund. Zu dem Treffen aber kommt es nicht. Ein Wirecard-Mitarbeiter bestätigt, dass O'Sullivan für Senjo aufgetreten sei. Hat es ihn nicht stutzig gemacht, dass für die Firma ein Mann die Geschäfte lenkt, der weder Chef noch Eigentümer ist? »Nein. O'Sullivan wollte eben im Hintergrund bleiben.« Das sei in der Branche üblich.

O'Sullivans Karriere lässt sich zu einem Zahlungsdienstleister zurückverfolgen, der, ähnlich wie Wirecard, ursprünglich vor allem für die Porno- und Glücksspielbranche tätig gewesen sein soll: Waltech. Auf der Homepage präsentierte sich O'Sullivan damals als »Managing Director«, der jahrelange Erfahrung »bei der Entwicklung und der Vermarktung von innovativer Technologie« habe, vor allem von Internetzahlungssystemen.

Vor allem mit Waltechs Zahlungsabwickler Walpay soll Wirecard schon in den 2000er-Jahren Zahlungen für Hochrisikokunden abgewickelt haben, bestätigt ein Mitarbeiter, der damals bei Wirecard für den Glücksspielbereich zuständig war.

Über einen Mitarbeiter, der von Walpay zu Wirecard wechselte, soll O'Sullivan in Kontakt mit Jan Marsalek gekommen sein. Wie man aus der Firma hört, verstanden sich die beiden prächtig. In einer E-Mail nennt O'Sullivan seinen Freund Jan »Sir Janus«. Als Wohnsitz hat O'Sullivan bei früheren Firmen eine Topadresse in Monaco angegeben. In der Nähe soll ihm auch ein Lokal gehört haben. Dort habe Marsalek ihn früher auch besucht. Daheim in Aschheim kursierten später dann Fotos von Champagner-Partys und Formel-1-Rennen, berichten Weggefährten.

Auch bei Wirecard schaut der Brite manchmal vorbei. Wie er aussieht? Ein kräftiger Typ mit dunkelblonden Haaren, die er mit viel

Pomade nach hinten frisiert. Das Hemd: sehr weit offen. »Ein Lebemann«, sagt einer, der O'Sullivan in Marsaleks Büro gesehen hat. Ihm seien die Champagner-Flöten aufgefallen, die vor den beiden gestanden hätten. Wenn Wirecard zum Oktoberfest einlädt, ist O'Sullivan offenbar manchmal dabei; auch zu einem Autorennen am Nürburgring soll der Brite angereist sein.

O'Sullivan, der zuletzt in Singapur gelebt haben soll, wird als höflich und zurückhaltend beschrieben. Er lasse oft lieber andere reden, erzählen Geschäftspartner. Die Verbindung zu Wirecard war sowohl in der Branche als auch bei Wirecard selbst kein Geheimnis. Nur was es für Deals waren, für die Wirecard den Briten brauchte, wollen viele in der Zentrale im bayerischen Aschheim nicht gewusst haben. Einiges deutet darauf hin, dass es große Geschäfte waren, die Marsalek und O'Sullivan verhandelten.

Die Firmenhistorie von O'Sullivans Waltech weist Parallelen zur Expansionspolitik von Wirecard auf: Die Firma betätigte sich nach eigenen Angaben ab 2008 in Südafrika, ab 2009 in Indien und ab 2011 auf Mauritius. In exakt den gleichen Regionen betätigt sich auch Wirecard.

Außerdem gibt es interessante Verflechtungen: Der Südafrikaner Peter S. etwa hat mit O'Sullivan einst den Zahlungsabwickler Pay2 aufgebaut – er ist später zwischenzeitlich Chef der 2014 gegründeten Wirecard-Tochter in Südafrika.

O'Sullivan selbst taucht 2009 auf der Liste der Direktoren der Waltech Asia Ltd. mit seinem Namen auf. Die Firma wird später in Bijlipay Asia umbenannt – und macht Geschäfte mit Wirecard. Bijlipay bekommt sogar einen Kredit von Wirecard. Im Jahr 2020 sollen die Schulden rund 7,5 Millionen Euro betragen haben.

Einen Kredit hat Wirecard auch an Senjo gegeben, um 2016 den Zahlungsabwickler Kalixa zu übernehmen. Heute heißt die Firma PXP Financial.

Wirecards dritter großer Partner ist PayEasy. Die Firma sitzt auf den Philippinen, genauer gesagt in einem Einkaufscenter in einem Vorort von Manila. Der Betrieb läuft bis 2020 auf den Namen von Christopher Bauer, Hauptgesellschafterin ist seine Frau Belinda, weitere Gesellschafter sind offenbar zwei Schwägerinnen und ein Schwager. Bauer war vor der Firmengründung Mitarbeiter von Wirecard. Er betreibt auch ein Busunternehmen namens Fröhlich Tours, das ebenfalls von dem Einkaufscenter aus operiert.

Welche Kunden PayEasy bedient, verkündet das Unternehmen 2011 noch freimütig im Internet: »Händler aus hochriskanten Geschäftsbereichen«. Internen Unterlagen zufolge soll PayEasy Solutions richtig viel Geschäft mit Wirecard gemacht haben. Ende Juni 2017 jedenfalls schuldet PayEasy seinem Partner Wirecard 123 Millionen Euro an Provisionen.

Aber die Zahlenwerke von PayEasy lassen Zweifel daran aufkommen, dass die philippinische Gesellschaft tatsächlich große Geschäfte machte: Allein im ersten Quartal 2017 will Wirecard mit PayEasy 39 Millionen Euro Umsatz gemacht haben, wovon 18 Millionen Euro bei PayEasy hätten bleiben sollen. Logisch wäre dann, dass PayEasy diese 18 Millionen Euro auch als Umsatz ausweist. Aber: Die PayEasy Solutions weist für 2017 gar keine Einnahmen aus.

Auf seiner Homepage gibt PayEasy an, dass die Fluglinie Emirates, die Hotelkette Holiday Inn sowie der Casinokomplex City of Dreams Manila zu den Kunden zählen. Auf Nachfrage erklären diese Firmen aber, nichts mit PayEasy zu tun zu haben.

Klingt das alles seriös?

Wirecard hat über angebliche PayEasy-Kunden Buch geführt und sie in Excel-Tabellen festgehalten. Internetsuchmaschinen werfen zu den Namen meist Pornoseiten aus. PayEasy soll laut Wirecards Kundenliste etwa mit dem Luxemburger Zahlungsdienstleister Escalion zusammengearbeitet haben – er gehört zur Docler-Gruppe, die hinter der Pornoseite LiveJasmin steht. Auf PayEasy angesprochen, erklärt Escalion jedoch: »Wir kennen diese Firma nicht.«

Im August 2020 wird bekannt werden, dass PayEasy-Chef Christopher Bauer gestorben ist. Der 44-Jährige soll nach Angaben der philippinischen Justizbehörde eines natürlichen Todes gestorben sein, laut der Mutter des Verstorbenen an einer Blutvergiftung. Es gebe keine Hinweise auf Fremdeinwirkung.

Das sind sie nun also – Wirecards wichtigste Drittpartner, die angeblichen Garanten für die wunderbare Wachstumsgeschichte. Aber die Geschäfte mit PayEasy, Senjo und Al Alam haben fast von Anfang an einen ganz entscheidenden Makel: Es fließt so gut wie gar kein Geld.

Die drei Partner müssten eigentlich Provisionen an Wirecard auskehren für Geschäfte, die sie mit von Wirecard vermittelten Kunden gemacht haben – 290,5 Millionen Euro allein für Transaktionen im Jahr 2016. Die Drittpartner aber halten das Geld in der Regel zurück – mit dem Einverständnis von Wirecard. Der offizielle Grund: Falls den Partnerfirmen aus den Geschäften mit von Wirecard vermittelten Kunden Verluste entstehen, sollen sie sich aus der zurückgehaltenen Provision bedienen können. Die Provisionen dienen sozusagen als Pfand. Aber nur temporär. Irgendwann hätten Al Alam und Co das Geld an Wirecard auszahlen müssen. Doch das geschieht in der Regel nicht.

Es fängt ganz klein an. Im Februar 2013 schuldet beispielsweise Al Alam Wirecards Dubai-Tochter Card Systems 442 000 Euro an Provisionen. Bis Dezember 2013 steigen die Provisionen auf mehr als 1 Million Euro im Monat. Es erfolgt jedoch keine Zahlung. Al Alam schuldet der Card Systems die aufgelaufenen Provisionen. Im nächsten Jahr läuft es genauso weiter. Die Provisionen aus dem Vorjahr werden nicht gezahlt, und jeden Monat kommen neue Provisionen hinzu, die Al Alam der Card Systems schuldet. Laut Wirecards Buchhaltung werden von den so entstandenen Schulden im Jahr 2014 nur 3,7 Millionen US-Dollar für Al Alam beglichen – aber nicht von Al Alam. Das Geld kommt von der Wirecard-Tochter in Gibraltar, die eigentlich 2013 geschlossen wurde. Die restlichen Schulden bleiben einfach stehen.

Das wäre irgendwann zum Problem geworden. In der Bilanz werden die Beträge, die Wirecard von den Drittpartnern zu bekommen hat, als Forderungen ausgewiesen. Und dass die Forderungen auffällig hoch sind, war dem Bilanzexperten Thomas Borgwerth auf seinem Landsitz bei Gladbeck schon 2014 aufgefallen, obwohl das Geschäft mit den Drittpartnern da noch vergleichsweise klein war. Wären die Forderungen im selben Tempo weiter gestiegen, dann wäre wohl selbst der wohlwollendste Aktienanalyst oder Investor irgendwann auf die Idee gekommen, dass Wirecard womöglich auf einem Berg unbezahlter Rechnungen sitzt.

Eine Lösung muss her. Und Wirecard findet sie: Treuhandkonten. Künftig wird so getan, als würden die Drittpartner die Provisionen, die sie Wirecard schulden, auch tatsächlich an Wirecard auszahlen, aber nicht direkt auf ein Geschäftskonto von Wirecard, sondern auf ein Treuhandkonto, zugunsten von Wirecard. Ende 2016 sollen PayEasy, Al Alam und Senjo laut Wirecards interner Buchhaltung in Summe 362 925 722 Euro auf die Treuhandkonten eingezahlt haben. Die Konstruktion wird angeblich gewählt, damit das Geld den Drittpartnern weiterhin zur Verfügung steht, falls diese Verluste mit Wirecard-Kunden machen.

Für Wirecard hat die Veränderung einen ganz entscheidenden Vorteil: In den eigenen Büchern häufen sich nun nicht länger unbezahlte Rechnungen von Al Alam und Co. Denn: Diese sind ja angeblich jetzt beglichen worden, per Einzahlung auf ein Treuhandkonto. Ergo häuft Wirecard nun – zumindest auf dem Papier – Guthaben auf Bankkonten an. Es sieht jetzt so aus, als sitze Wirecard auf jeder Menge Bargeld, als sei das Unternehmen kerngesund.

»Ich glaubte ja bis hierher, dass Wirecard womöglich Umsätze aus Geschäften ausweist, die es gar nicht gegeben hat, und dass Wirecards Forderungen deshalb unnatürlich steigen, weil für die fiktiven Geschäfte eben kein Geld fließt«, sagt Bilanzexperte Thomas Borgwerth. »Aber Wirecard hatte nun sehr viel Cash. Das war für meine These ein Riesenproblem.«

Denn: Der Cash-Bestand eines Unternehmens gilt unter Fachleuten als unmanipulierbare Größe in der Bilanz eines Unternehmens. Der Vorstand kann daran normalerweise nicht viel drehen. Entweder ist auf einem Konto Geld – oder nicht. Ein Wirtschaftsprüfer kann das auch ganz leicht überprüfen.

Ende 2019 wird sich das vermeintliche Guthaben auf den Treuhandkonten auf 1,9 Milliarden Euro belaufen. Kurz darauf wird sich herausstellen, dass das Geld nicht da ist. Die Konten sind leer.

Aus Wirecards Buchhaltung sowie einem Bericht der Wirtschaftsprüfungsgesellschaft KPMG geht hervor, dass die Mitarbeiter über die Jahre auch gar nicht genau nachschauen, ob tatsächlich Geld fließt. Sie buchen Einzahlungen auf diese Konten auf Basis von Abrechnungen der Partnerfirmen und Angaben des Treuhänders zum Kontostand. Ein Abgleich mit einem Kontoauszug? Fehlanzeige.

Ein Manager, der von den eigenen Buchhaltern mehr über die Treuhandkonten wissen wollte, erzählt, dass er folgende Auskunft erhalten habe: »Die Konten laufen auf den Namen des Treuhänders, das sind keine Kontoauszüge von uns. Das Geld brauchen wir als Sicherheit für das wachsende Drittpartner-Geschäft. Wie ein Sparbuch. Wie eine Mietkaution.«

Der noch größere Skandal aber ist: Wirecards Wirtschaftsprüfer sieht auch nicht genau nach, ob das Geld da ist.

Wenn ein Wirtschaftsprüfer die Jahresberichte eines Unternehmens prüft, dann darf er sich nicht allein auf die Angaben des Unternehmens verlassen. Gerade in Bezug auf Bankkonten sind die Regeln streng. Der Prüfer muss sich die Angaben eines Unternehmens von der Bank bestätigen lassen, und zwar direkt. Die Bestätigungen dürfen vorher nicht an das Unternehmen gehen. Sie müssen direkt von der Bank zum Wirtschaftsprüfer geschickt werden. Auch wegen dieser strengen Regeln gilt der Cash-Bestand einer Firma als quasi unmanipulierbarer Posten in der Bilanz eines Unternehmens. »Deshalb hatte ich auch über einen langen Zeitraum keinen Zweifel daran, dass die Barmittel, die Wirecard ausgewiesen hat, da sind«, sagt Borgwerth.

EY aber nickt Wirecards Bilanz für das Jahr 2018 ab, ohne eine solche Bestätigung direkt von den Banken eingeholt zu haben. In der

Konsequenz heißt das: EY bestätigt, dass auf Wirecards Treuhandkonten Ende 2018 (damals noch) 1 Milliarde Euro liegen, ohne ordentlich zu prüfen, ob das Geld da ist.

Zur Ehrenrettung von EY ist anzumerken, dass die Prüfer im Jahr 2018 immerhin veranlasst haben, dass Wirecards Treuhänder zu Testzwecken 50 Millionen Euro auf ein Geschäftskonto des Zahlungsabwicklers überweist, was am 19. Dezember auch erfolgte.

EY-Insider argumentieren, dass sich die strengen Prüfregeln nur auf Konten bezögen, die ein Unternehmen selbst unterhält, nicht aber auf Treuhandkonten. Andere Wirtschaftsprüfer wenden ein, dass man die Treuhandkonten von Wirecard dann aber auch nicht genauso hätte behandeln dürfen wie die firmeneigenen Konten. Wirecard hätte die Guthaben auf den Treuhandkonten dann eben nicht als Cash ausweisen dürfen. Ein Anleger müsse darauf vertrauen dürfen, dass jeglicher Cash einer Gesellschaft nach denselben strengen Regeln geprüft wird. Ansonsten müsse er darauf aufmerksam gemacht werden, dass dem nicht so ist.

Statt nachzusehen verlässt sich EY auf die Angaben eines kleinen rundlichen Mannes aus Singapur: Rajaratnam Shanmugaratnam, 54 Jahre alt. Seine Freunde nennen ihn »Shan« und erzählen, dass er im Stadtteil Little India die Tanzbar »Hedgehog« (zu Deutsch: Igel) betreibt. Sie sei sein ganzer Stolz.

Auf der Facebook-Seite der Bar kann man sich den Hausherren anschauen: ein Mann mit Glatze und Kettchen am Arm, mal im Trikot der Rugby-Nationalmannschaft von Neuseeland, mal im bunten Hemd. Ein Typ von nebenan, der offenbar gerne in Gesellschaft ist. Im »Hedgehog« lässt er leicht bekleidete Mädchen mit Federboas tanzen, Livemusik aufspielen und steht auch gerne selbst hinter der Theke.

Tagsüber ist er Geschäftsmann. Er ist gut bekannt mit Wirecards Asien-Chefin Brigitte Häuser-Axtner und auch mit Henry O'Sullivan. Die Familien Shanmugaratnam und Häuser nehmen 2018 an einem Marathon teil. Hauptberuflich ist Shanmugaratnam Eigentümer und

Chef der Firma Citadelle Corporate Services. Sein Büro befindet sich im Geschäftshaus Peninsula Plaza in Singapur. Auf fünf Etagen residieren hier Geldwechsler, Reiseagenturen, Telefonläden und Shops mit Lebensmitteln. Zum Komplex gehört auch ein 25 Etagen hohes Bürogebäude, das den Charme der 1980er-Jahre ausstrahlt. Die beste Adresse der Stadt ist es wohl nicht.

Von hier aus bietet Citadelle nach eigenen Angaben seit 1999 kleinen und mittelgroßen Unternehmen seine Dienste an. Citadelle gründet für Kunden Firmen, führt die Bücher, kümmert sich um die Steuern und hat eben auch Treuhanddienste im Programm. Bis Dezember 2019 führt Citadelle Wirecards Treuhandkonten – jene Konten also, auf denen Al Alam und Co bis Ende 2019 rund 1,9 Milliarden Euro eingezahlt haben sollten. Und EY verlässt sich auf die Unterlagen, die Shanmugaratnam zu diesen Konten vorlegt. Einem Insider zufolge trifft man sich etwa am 26. März 2019 in Aschheim, um die Unterlagen einzusehen. Am 12. April 2019 bestätigt Citadelle auch noch mal schriftlich, dass Ende 2018 auf Wirecards Treuhandkonten 1 Milliarde Euro liegen. Später wird der Chef von Citadelle allerdings behaupten, dass die Schreiben nicht von ihm stammten, dass er keine entsprechenden Guthaben auf Treuhandkonten bestätigt habe und dass er schon seit März 2017 nicht mehr als Treuhänder für Wirecard tätig sei. Die Staatsanwaltschaft in Singapur glaubt ihm offenbar nicht. Sie wirft ihm vor, Guthaben auf den Konten vorgetäuscht zu haben, die es tatsächlich nicht gab.

Fest steht: Die Mitarbeiter von EY und Wirecard haben sich zu sehr auf den kleinen rundlichen Kneipier verlassen. Mit fatalen Folgen, die aber erst im Jahr 2020 bekannt werden.

KAPITEL 10

DIE VERSCHWUNDENEN 320 MILLIONEN

Ein junger Londoner Hedgefonds hinterfragt einen dubiosen Indien-Deal – Wirecard lenkt mit einer bewährten Strategie ab

London im Juli 2020. Die U-Bahnen sind fast leer. In der Oxford Street, einer der Einkaufsmeilen der Stadt, sind nur wenige Passanten unterwegs. Die Stadt ist noch im Coronamodus. Genau hier in der Gegend soll er sitzen: »der Feind«, wie Jan Marsalek die Hedgefonds der Finanzmetropole bezeichnet.

Vere Street Nummer 1, zwischen den Kaufhäusern House of Fraser und Debenhams, dritter Stock. Der Fahrstuhl öffnet sich. Da steht er, der Feind: Er trägt kurze Hosen und Turnschuhe. Oliver Cobb und Bruce Emery, zwei Männer, jung und sportlich. Und Fia Di Liscia, langes dunkles Haar; nur nicht in kurzen Hosen, sie trägt schwarze Jeans, dazu ein Holzfällerhemd. Die drei sind höfliche Gastgeber. Sie lachen viel, das Betriebsklima scheint gut zu sein.

Willkommen bei Greenvale Capital, einem der hartnäckigsten Gegner von Wirecard.

Greenvale Capital, gegründet am 6. März 2015, ist einer von rund 200 Hedgefonds, die in jenem Jahr in Europa an den Start gehen. Die meisten Neugründungen überleben die ersten drei Jahre nicht. Hedgefonds werden mit dem Ziel aufgelegt, möglichst hohe Renditen zu erzielen, unabhängig davon, wie sich die Börsenkurse im Allgemeinen gerade entwickeln. Das heißt, sie spekulieren nicht nur auf steigende, sondern auch auf fallende Aktienkurse. Letzteres nennt man im Fachjargon »short gehen«. Bei ihren Wetten nehmen Hedgefonds in der Regel hohe Risiken auf sich, investieren wenig Eigenkapital und wetten stattdessen oft auf Kredit. Es ist ein »Alles-oder-nichts-Spiel«, das nur die besten überleben.

Mit Wetten auf einen Kursverfall der Wirecard-Aktie haben schon viele Hedgefonds vor Greenvale Capital Geld verloren. »Gegen ein Unternehmen, das permanent starke Zahlen veröffentlicht, kommst du einfach nicht an, auch dann nicht, wenn die Fakten dagegen sprechen, dass der Erfolg real ist«, sagt Bruce Emery. Er ist der Gründer und Investmentchef von Greenvale Capital.

Die Mitarbeiter des jungen Fonds müssten eigentlich die Finger von Wirecard lassen. Dennoch steht Wirecard ganz oben auf Greenvales Liste möglicher Short-Kandidaten, als die Firma im Frühjahr 2015 an den Start geht. Bis zum Herbst werden Cobb und seine Kollegen recherchieren.

Bruce Emery kennt sich in der Branche der Zahlungsabwickler aus. Eine ganze Zeit erscheinen ihm Wirecards gute Zahlen auch logisch zu sein. Im Porno- und Glücksspielsektor lassen sich eben hohe Margen erzielen. Nur: Diese Kundschaft hat für die Zahlungsabwickler eigentlich mittlerweile ausgedient. Pornos gibt es bei YouPorn und Co kostenlos, sodass es kaum noch Zahlungen abzuwickeln gibt. Das Geschäft mit den Internetcasinos ist, bedingt durch schärfere Gesetze, deutlich schwieriger geworden. Hinzu kommt: Waren Zahlungsabwickler in den 2000er-Jahren vielleicht noch rar, ist die Konkurrenz mittlerweile groß. Und weil das Produkt, das sie anbieten, mehr oder weniger austauschbar ist, wird der Kampf um Kunden über den Preis geführt.

Der Zahlungsdienstleister Concardis etwa sagt über das Geschäftsjahr 2015: »Vor dem Hintergrund weitgehend erschlossener Marktsegmente nimmt der Wettbewerbsdruck kontinuierlich zu.« Daraus resultiere ein »zunehmender Verdrängungswettbewerb«, der unter anderem »abnehmende Margen« zur Folge habe.

Nur Wirecard kann das scheinbar nichts anhaben. Das Unternehmen verdient an Zahlungstransaktionen viel mehr als seine Wettbewerber. Die Hedgefonds-Leute Cobb, Emery und Di Liscia stellen sich nur eine einzige Frage, die sich jeder hätte stellen sollen: Kann das eigentlich wahr sein? Und wenn ja: Wie geht das?

Di Liscia greift zum Telefon und fragt einfach mal bei den Wettbewerbern nach. »Die sagten alle dasselbe: ›Wir können uns das nicht erklären‹«, berichtet sie. Wirecard gewinnt zwar scheinbar Kunden am Fließband. Die Firma gibt zu jedem noch so kleinen Neuzugang eine Pressemitteilung heraus. Mit diesen Kunden aber seien solche Traummargen, wie Wirecard sie ausweist, nicht zu erreichen, verraten die Konkurrenten.

Gerade namhafte Händler wie etwa der Discounter Lidl gelten in der Branche eher als Last denn als Gewinn. »So ein Kunde bringt viel Masse, weil viele Kunden an der Kasse eben mit Karte zahlen«, sagt einer, der seit fast zwanzig Jahren im Geschäft ist. »Aber weil Lidl ja ein finanzstarkes Unternehmen und die Gefahr eines Zahlungsausfalls gering ist, zahlen die für die Abwicklung auch fast nichts.« Mit so einem Kunden käme man allenfalls gerade so in die Gewinnzone. Ein Kunde wie Lidl sei aber hilfreich, um riskantes Geschäft zu ergänzen und so das Gesamtrisiko aller Zahlungen eines Abwicklers einzudämmen, berichtet ein anderer Branchenkenner. Denn: Die Zahlungsabwickler bekommen Probleme mit Visa und Mastercard, wenn es bei ihren Händlern zu viele Rückbuchungen gibt. Das kommt immer dann vor, wenn Kunden der Händler nach dem Kauf ihr Geld zurückhaben wollen. Genau solche Hochrisikohändler jedoch sind – sofern es sich nicht um Betrüger handelt – äußerst attraktiv für die Zahlungsabwickler. Sie müssen nämlich hohe Gebühren dafür zahlen, dass überhaupt jemand ihre Zahlungen abwickelt. Solche Kunden bringen hohe Margen. Zu viele davon aber sind tödlich. Ein Kunde wie Lidl ist deshalb als Beimischung attraktiv.

Zudem steckt hinter den per Pressemitteilung verkündeten Deals oft weniger, als es zunächst scheint. Beispiel Aldi: Der Discounter lässt zwar in den deutschen Filialen Zahlungen von Wirecard abwickeln, aber nur wenn der Kunde per Kreditkarte oder ausländischer Debitkarte zahlt. In Deutschland jedoch sind vor allem EC-Karten und nicht Kreditkarten ein gängiges, bargeldloses Zahlungsmittel. Als Hedgefonds-Frau Fia Di Liscia die Kunden von Wirecard abtelefoniert, erfährt sie, dass das Phänomen Aldi eher die Regel denn die Ausnahme ist. Einige von Wirecards Jubelmeldungen entpuppen sich als Scheinerfolge.

Die Wettbewerber berichten Di Liscia auch, dass sich Wirecard nur selten unter den Mitbewerbern findet, wenn ein neuer Auftrag zu vergeben ist. Es klingt wie die typische Konkurrentenschelte, ist aber plausibel: Die *WirtschaftsWoche* hat die im Jahr 2016 hundert größten deutschen Konsumgüterhändler im Internet dazu befragt, wer ihre Zahlungen abwickelt. Da Markus Braun stets vorgab, Wirecard sei im Onlinehandel so gut vertreten, und da noch dazu Deutschland Wirecards Heimat ist, sollte das Unternehmen hier eigentlich auf hohe Marktanteile kommen. Das Gegenteil ist jedoch der Fall. 28 der 30 größten Onlineunternehmen haben auf die Umfrage der *WirtschaftsWoche* geantwortet. Danach arbeiten nur fünf Unternehmen mit Wirecard. Diese Kunden kommen zusammen auf ein Transaktionsvolumen von 1,1 Milliarden Euro, was einem Anteil von 5,5 Prozent am gesamten Transaktionsvolumen der 28 Unternehmen entspricht.

Ohne Marktführer Amazon, der mit Abstand den höchsten Umsatz aller Onlineshops macht, kämen die Wirecard-Kunden auf einen

Marktanteil von 9,3 Prozent. Wirecard wickelt damit weniger Zahlungen ab als Konkurrenten wie BS Payone oder Concardis.

Von den Top 50 der 100 größten Onlinehändler liegen der *WirtschaftsWoche* die Daten von 43 Shops vor, von denen wiederum acht Unternehmen Kunden von Wirecard sind. Ohne Amazon kommen die Wirecard-Kunden in dieser Gruppe auf einen Marktanteil von 11 Prozent.

»Alles, was wir fanden, passte nicht zu dem, was Braun erzählte, und es passte nicht zu Wirecards Zahlen«, sagt Oliver Cobb, Analyst und Gründungspartner bei Greenvale Capital. »Mit der Kundschaft, die Wirecard angeblich hatte, ließen sich Umsätze und Renditen, wie sie das Unternehmen darstellte, nicht erzielen. Es gab nur zwei mögliche Erklärungen. Entweder Wirecards Zahlen sind gelogen. Oder das Unternehmen arbeitet mit vielen zweifelhaften Kunden zusammen, die eben sehr viel höhere Margen als klassische Onlinehändler zahlen, dafür dass überhaupt jemand ihre Zahlungen abwickelt, und Wirecard betreibt womöglich Geldwäsche.«

Den Hedgefonds-Mitarbeitern drängt sich eine Parallele zu einem Fall in Indien auf: Dort steht 2015 der Techunternehmer Ramalinga Raju vor Gericht und wird schließlich zu sieben Jahren Haft verurteilt. Raju war der Superstar der indischen Techszene, hatte den Aktienkurs seiner Computerfirma mit einer Erfolgsmeldung nach der anderen nach oben getrieben, wurde von der Wirtschaftsprüfungsgesellschaft Ernst & Young gar zum Unternehmer des Jahres gekürt. Bis das Kartenhaus zusammenfiel und Raju zugab, dass er mittels gefälschter Rechnungen die Bilanzen des Unternehmens manipuliert habe. Raju zufolge hatte alles mit einer »marginalen Lücke« zwischen dem ausgewiesenen und dem tatsächlichen Betriebsgewinn angefangen, die Lücke wuchs im Laufe der Jahre immer weiter, bis das Ausmaß »unüberschaubar« wurde. Raju beschreibt es bildlich: »Es war, als würde man einen Tiger reiten, ohne zu wissen, wie man runterkommt, ohne aufgefressen zu werden.«

Ist Wirecard auch so ein Tiger?

Cobb sagt, vollends überzeugt seien sie gewesen, als Wirecard im Herbst 2015 in Indien die teuerste Übernahme der Firmengeschichte tätigte: Für mehr als 300 Millionen Euro (inklusive Erfolgsprämie) kauft Wirecard den Zahlungsabwickler Hermes. Zu einem bedeutenden Teil wird die Transaktion über Kredite finanziert.

Hermes bietet unter der Marke »ICash Card« in Indien Prepaid-Karten an, die Verbraucher in Kiosken (»Smart Shops«) aufladen können, um damit beispielsweise im Internet zu bezahlen. Mithilfe der ICash Card lässt sich auch Geld verschicken, etwa an Verwandte auf dem Land. In Indien besitzen viele Menschen, gerade außerhalb der Stadtzentren, kein eigenes Bankkonto oder eine Kreditkarte, weshalb das Geschäftsmodell sinnvoll und zukunftsträchtig erscheint.

Auch die Banken, die den Kauf mitfinanzieren, werden so geködert, und selbst von einer Banklizenz für das bevölkerungsreiche Land, das so viel Potenzial für einen Zahlungsabwickler bietet, wird in Aschheim schon geträumt.

Der typische Kunde des Smart Shops soll ein Wanderarbeiter mit geringem Einkommen sein, der kein Smartphone und in der Regel auch kein Bankkonto hat. Wirecard behauptet, 250 000 Menschen würden den Service täglich in Anspruch nehmen. Mehr als 10 000 Internetshops akzeptierten Zahlungen per ICash Card, und bei 150 000 lokalen Händlern ließen sich die Karten aufladen. Laut einer Präsentation sollen knapp 11 000 lokale Händler in Delhi, knapp 9000 in Mumbai und rund 8000 in Chennai zu finden sein. Das klingt verheißungsvoll.

Nur wie so oft bei Wirecard decken sich die Aussagen des Managements nicht mit der Realität. Nachdem wohl einige Investoren Skepsis an dem Indien-Deal zum Ausdruck brachten, machen sich die Analysten der US-Investmentbank Morgan Stanley mit externer Hilfe in Indien auf die Suche nach den lokalen Händlern, den »Smart Shops« – 90 Stunden lang an 30 verschiedenen Standorten. Das Ergebnis: Spontan finden sie nur einen einzigen Smart Shop, obwohl es – wenn Wirecards Angaben zu den Smart Shops stimmen – eigentlich einfacher sein müsste, einen solchen Shop zu finden als einen Geldautomaten. Sieben weitere Händler finden sie nach einer vorherigen Recherche im Internet. In vielen Läden seien sie statt auf die Dienste von Hermes auf die Zahlungsdienstleister Western Union und YesBank gestoßen, schreiben die Analysten. Sie bezweifeln, dass Hermes in Indien tatsächlich so gut vertreten ist, wie Wirecard behauptet. Das Management aber wischt die Bedenken weg: Viele Kioskbesitzer würden den Bezahldienst unter einer eigenen Marke anbieten. Zudem seien die angebundenen Shops auf einzelne Stadtteile konzentriert, in denen die Analysten vielleicht nicht gewesen seien. Ein ehemaliger Wirecard-Manager sagt, er habe damals selbst geschaut, ob es die Kioske gibt. Er habe welche gefunden. »Die Frage war eher: Wie aktiv sind die?«, sagt er.

Zwei Wirecard-Manager schauen sich das Indien-Projekt etwa ein Jahr nach der Transaktion auch noch einmal an. Einer von ihnen sei »völlig verstört« von einer Stippvisite zurückgekommen, berichtet ein Kollege. »Weil dort so viel Geld verbrannt wurde.« Insider und externe Experten schätzen, dass Wirecards indische Beteiligung vielleicht 40 Millionen, maximal aber 60 Millionen Euro wert gewesen sein dürfte, aber ganz gewiss nicht 320 Millionen Euro. Als die beiden Manager jedoch dem Vorstand berichtet hätten, was für eine Bruchbude Wirecard in Indien gekauft hat, sei ihnen nicht für ihre Offenheit gedankt worden. Vor allem Marsalek soll »nicht erfreut« gewesen sein, bestätigt einer der beiden Manager, der die Kritik damals vorgebracht hat. Drei weitere ehemalige Topleute bestätigen den Vorgang.

Ein Ex-Manager von Wirecard sagt: »Indien durfte keiner anfassen. Das war toxisch.« Er habe vorgeschlagen, das Geschäft dort aufzugeben, und sei brüsk abgewiesen worden.

Frühjahr 2016, Bilanzpressekonferenz; Burkhard Ley gibt sich entspannt. Der Finanzvorstand sagt, Wirecard habe bislang Unternehmen üblicherweise zum Zehn- bis Zwölffachen des Ergebnisses vor Zinsen, Steuern und Abschreibungen übernommen. »Das waren typischerweise Unternehmen, deren Wachstum bei 20 bis 30 Prozent im Jahr lag.« In Indien sei es anders. »Hier haben wir ein Unternehmen, das erkennbar noch im Anfangsstadium ist und das noch ein deutliches Wachstumspotenzial von 60 bis 70 Prozent vor sich hat. Das führt auf der Preisachse zu anderen Bewertungen als ein Unternehmen, das mit 20 Prozent wächst.« Aber ist bei einem jungen Unternehmen nicht auch das Risiko viel höher, dass es mit seiner Idee scheitert?

Hedgefonds-Gründungspartner Cobb sagt: »320 Millionen Euro für Hermes zu zahlen, ist verrückt. Für den Preis gibt es keine rationale Erklärung.«

In Aschheim spricht sich herum, dass an der Vere Street in London zwei Jungs und ein Mädel sitzen, die so denken. Finanzvorstand Ley bittet um einen Termin. Cobb sagt, Ley habe das Team sinngemäß mit den Worten begrüßt: »Wir wollten den aggressiven Shortsellern mal in die Augen schauen, die so schlecht über uns reden.« Das folgende Gespräch, sagt Cobb, habe er noch gut in Erinnerung. »Es war schockierend. Ley wusste nichts über das Indien-Geschäft. Er konnte nichts über die Transaktionsgebühren sagen und auch nichts über die Wettbewerber.« Wie aber wollte Ley dann beurteilen, ob der Kaufpreis von 320 Millionen Euro angemessen ist?

Cobb erzählt, dass die IT von Greenvale nach dem Besuch von Ley erstmals angegriffen wurde. Er habe eine E-Mail erhalten, die vermeintlich von seiner Frau stammte, angeblich mit Fotos von der gemeinsamen Hochzeitsnacht. Cobb öffnet sie nicht. Es kommt ihm suspekt vor. Seine Frau sagt, sie habe ihm keine E-Mail geschickt. Cobb lässt den Anhang der Mail untersuchen. »Sie enthielt einen Trojaner.« Mittels eines Trojaners verschaffen sich Hacker Zugang zu einem Computernetzwerk. Wird eine Datei geöffnet, die einen Trojaner enthält, bekommt der Hacker Zugriff auf das Netzwerk des Empfängers. Cobb sagt, Kollegen von ihm hätten ähnliche E-Mails bekommen.

Einige Zeit später wird sich herausstellen, dass Cobbs Zweifel am Indien-Deal berechtigt waren. Wirecard hat die 320 Millionen nicht an die ursprünglichen Eigentümer überwiesen, sondern an einen Fonds, der seinen Sitz auf der Insel Mauritius im Indischen Ozean hat. Der Fonds hatte die indische Firma selbst erst wenige Wochen zuvor erworben – für 40 Millionen Euro. Wer den großen Reibach gemacht hat, ist bis heute ein Geheimnis. Die Gesellschaft, die den Fonds aufgelegt hat, sagt nicht, wer dahintersteht.

Ein mit der Transaktion vertrauter Wirecard-Manager erklärt heute, man habe damals, im Sommer 2015, Gespräche mit dem Management von Hermes sowie Vertretern und Beratern des Fonds geführt. Den vergleichsweise hohen Preis habe man unter anderem wegen der Wachstumserwartungen in Indien als gerechtfertigt angesehen. Sie hätten zwar gewusst, dass Hermes zuvor den Besitzer gewechselt hatte, aber nicht zu welchem Preis. Wer wirklich hinter dem Fonds steckt? »Ich weiß es nicht«, sagt der Manager.

Glaubt man Personen, die sonst noch mit dem Fonds zu tun hatten, spielt dort ein alter Bekannter eine tragende Rolle: Henry O'Sullivan, der auch hinter Wirecards dubiosem Drittpartner Senjo stehen soll. Mehrere involvierte Personen sagen, dass O'Sullivan für den Fonds aufgetreten sei. Ein Geschäftspartner, der seinen Reiseanbieter auch an den Fonds verkauft hat, sagt, er habe bei den Verhandlungen zunächst vor allem mit O'Sullivan zu tun gehabt. In einer E-Mail, die sich nach Aussage eines Geschäftspartners auf den Mauritius-Fonds bezieht, was jedoch nicht eindeutig nachvollziehbar ist, wird »Henry« (gemeint sein soll Henry O'Sullivan) als »Architekt« bezeichnet. Aus anderen E-Mails geht hervor, dass O'Sullivan offenbar auch eine Mail-Adresse mit dem Namen des Fonds nutzte. Ein weiterer Geschäftspartner des Fonds sagt sogar, dass O'Sullivan hinter dem Mauritius-Fonds stehe. Nachprüfen lässt sich das aber nicht, und O'Sullivan äußert sich nicht.

Auch Wirecard-Vorstand Jan Marsalek hat offenbar mehr mit dem Fonds zu tun, als die Unternehmensvertreter jahrelang Glauben machen wollen. Der Chef des Reiseanbieters, der seine Firma an den Mauritius-Fonds verkauft hat, erklärt jedenfalls gegenüber dem Magazin *WirtschaftsWoche*, dass er sich eine Zeit lang fast einmal im Monat mit Marsalek und O'Sullivan getroffen habe. »Wir dachten, wir verhandeln mit Wirecard.« Der Mauritius-Fonds sei ihm als »Investment-Arm« des DAX-Unternehmens beschrieben worden. Ein anderer Branchenkenner, der mit dem Fonds zu tun hatte, bestätigt das.

Wirecard erklärt dagegen auf Anfrage jahrelang, Wirecard selbst habe nichts mit dem Fonds zu tun und auch die Vorstände des Unternehmens nicht. Mehr wisse man selbst nicht. Für einen Deal dieser Größenordnung ist das, vorsichtig ausgedrückt, mindestens erstaunlich.

Im März 2019 wird Marsalek vom Compliance-Ausschuss des Aufsichtsrats zum Indien-Deal befragt. Er erklärt, dass er nicht persönlich von dem Firmenkauf profitiert und auch kein wirtschaftliches Interesse an dem Fonds habe. Marsalek soll als Beleg eine Erklärung seines Steuerberaters vorweisen. Marsalek aber wird nicht liefern, auch auf mehrmaliges Drängen nicht. Vom Aufsichtsrat engagierte Anwälte werden dem Gremium im Frühjahr 2019 berichten, es gebe keine Hinweise darauf, dass der Vorstand in Sachen Indien schwerwiegende Verstöße gegen Gesetze oder die Satzung begangen hätte. Einige Aufsichtsräte wollen aber trotzdem noch eine Bestätigung von Marsaleks Steuerberater. Der Anwalt des Aufsichtsrats soll den Aufsichtsräten aber abgeraten haben, dem Vorstandsmitglied zu viel Druck zu machen. Denn wenn er dann immer noch nicht liefere, müsse das Gremium Konsequenzen ziehen. Und das wollen die meisten wohl seinerzeit nicht, weil Marsalek systemrelevant ist. Er ist schließlich für das Geschäft mit den Drittpartnern – und damit Wirecards Gewinnmaschine – zuständig. Im nachfolgenden Jahr verständigt sich der Aufsichtsrat mit Marsalek darauf, dass er eine eidesstattliche Versicherung abgibt. Die soll dann auch gekommen sein.

Wie aus einer Gerichtsunterlage hervorgeht, wussten die Wirecard-Manager, dass der Mauritius-Fonds lediglich 40 Millionen Euro für Hermes gezahlt hatte, auch wenn sie diese Information erst nach Abschluss des Kaufvertrags im Oktober 2015 erhalten haben wollen. Fühlen sie sich nun betrogen? Nein, natürlich nicht.

Der Wert sei angemessen, teilen die Pressesprecher des Unternehmens auf Nachfrage mit. Die Beratungsgesellschaft Baker Tilly habe Hermes schließlich gemeinsam mit den Kanzleien Osborne Clarke und BTG India vorab bewertet. Und wäre der Preis nicht angemessen gewesen, hätte Wirecard den Wert der Beteiligung ja auch längst herabsetzen müssen.

Theoretisch stimmt das. Kauft ein Unternehmen eine andere Firma beispielsweise für 50 Millionen Euro und stellt sich dann zwei Jahre später heraus, dass diese Firma nur 40 Millionen Euro wert ist, dann muss der Käufer den Wert seiner Beteiligung nachträglich heruntersetzen, abschreiben also. Er hat dann einen Verlust von 10 Millionen Euro.

Es ist nachvollziehbar, dass ein Unternehmen Abschreibungen möglichst vermeiden will. Rätselhaft ist nur, wie Wirecards Wirtschaftsprüfer EY das durchgehen lassen kann. Denn die Geschäfte bei Wirecards Indien-Tochter Hermes laufen alles andere als gut. Von den 75 Millionen Euro Umsatz, die Finanzvorstand Ley im Frühjahr 2016 ankündigt, ist Hermes weit entfernt. Und bald ist auch klar, dass es mit einer Vollbanklizenz nichts wird. Wie sollte das Unternehmen 320 Millionen Euro wert sein?

Hermes kommt 2017 überhaupt nur auf höchst verwunderliche Weise in die Gewinnzone. Von Januar bis November setzt Hermes nach internen Unterlagen durchschnittlich nur 1,4 Millionen Euro im Monat um – ein überschaubarer Betrag für eine Gesellschaft, die gut 320 Millionen Euro wert sein soll.

Im Dezember aber liegt der Umsatz auf einmal mehr als acht Mal höher. Da den zusätzlichen Erträgen laut den internen Unterlagen aber keine nennenswerten zusätzlichen Kosten gegenüberstehen, fällt das Ergebnis vor Zinsen, Steuern und Abschreibungen im Dezember 45 Mal so hoch aus wie im Durchschnitt der elf Monate zuvor. Grund für das Gewinnwunder am Jahresende sollen erhebliche Umsätze mit Software sein.

Mindestens genauso seltsam wie die plötzliche Umsatzsteigerung ist, woher der Umsatz kommt: Zwei Drittel der »Software-Umsätze« will Hermes ausgerechnet mit Gesellschaften erzielt haben, die von jenem Fonds auf Mauritius kontrolliert werden, der Hermes zwei Jahre zuvor mit großem Gewinn an Wirecard weiterverkauft hat.

Und eine dieser Mauritius-Gesellschaften soll 2017 sogar noch einen Kredit bekommen, für den die Wirecard AG bürgen soll. Die damalige Aufsichtsrätin Tina Kleingarn, die nur ein kurzes Gastspiel bei Wirecard gibt, stemmt sich noch dagegen. Sie stimmt nicht für die Bürgschaft und schreibt seinerzeit an den Aufsichtsratsvorsitzenden Wulf Matthias: »Leider gab es trotz wiederholten Nachfragens keine ausreichenden Informationen, die es ermöglicht hätten, die Kredite und die Zusammenhänge angemessen zu beurteilen.« Der damalige Aufsichtsratschef Wulf Matthias teilte diese Bedenken offenbar nicht, wie sich aus internem Schriftverkehr ergibt. Er will die Bürgschaft durchwinken. Neun Tage später scheidet Kleingarn angeblich aus »familiären Gründen« aus dem Aufsichtsrat aus, taucht aber schon wenige Monate später im Aufsichtsrat eines anderen Großkonzerns wieder auf.

Wirecards Wirtschaftsprüfer in Indien, der zum internationalen Prüfernetzwerk RSM und nicht zu EY gehört, kommt das alles offenbar auch merkwürdig vor. Ende März 2018 fordert er per E-Mail nähere Informationen zu den Software-Umsätzen an. Zuständig ist hierfür Wirecards Statthalter in Singapur: Edo Kurniawan. Der reagiert auf die Bitte des Wirtschaftsprüfers zunächst nicht. Erst als der lokale Wirtschaftsprüfer darüber den Konzernprüfer EY informiert, schickt der Wirecard-Mitarbeiter dem indischen Prüfer dann die Namen der Softwarekunden nebst den jeweiligen Umsätzen.

Nur fünf Stunden später allerdings schickt Kurniawan eine neue Liste. Die führt für die einzelnen Kunden – darunter die zwei Gesellschaften, die vom Mauritius-Fonds kontrolliert werden – nun andere Umsätze auf. In Summe ergeben diese aber exakt den gleichen Betrag wie in der ersten Übersicht. Wie kann das sein?

Der indische Wirtschaftsprüfer will nun die zu den Umsätzen gehörenden Belege sehen. Schließlich erhält er einige Verträge. Die tragen teilweise aber nicht einmal ein Datum oder sind gar nicht erst unterschrieben. Interne E-Mails legen den Verdacht nahe, dass die Verträge mit den angeblichen Softwarekunden teilweise erst kreiert wurden, als der Wirtschaftsprüfer nachfragte. Einer der Software-Käufer, von dem der Wirtschaftsprüfer eine Bestätigung wünscht, dass es tatsächlich ein Softwaregeschäft gab, schreibt Wirecards Singapur-Statthalter Kurniawan sinngemäß sogar: Er komme Kurniawans Bitte zwar nach und bestätige dem Wirtschaftsprüfer den Umsatz, aber nach seinen Aufzeichnungen sei der Betrag nicht korrekt.

Für weitere Aufklärung aber bleibt offenbar keine Zeit: EY macht dem Wirtschaftsprüfer in Indien Druck. »Wir müssen die Bilanz abzeichnen und brauchen dein Reporting sofort«, »wir brauchen dringend dein Reporting«, »wir erwarten, dass du den Rest in der nächsten Stunde schickst«, heißt es in E-Mails, die die Prüfungsgesellschaft EY teils mit wenigen Stunden Abstand an den Prüfer in Indien sendet.

Schließlich segnet der Inder die Bilanz von Hermes ab, wegen der Software-Umsätze aber nur mit Einschränkungen. Er habe keine ausreichenden Nachweise für diese Einnahmen erhalten, heißt es in seinem Bericht. Hätten daraufhin nicht sämtliche Alarmanlagen aufheulen müssen? Wenn in Singapur für Wirecards Indien-Tochter Verträge konstruiert werden, ist dann nicht die Wahrscheinlichkeit hoch, dass das auch woanders stattfindet?

Fragen sind das, die sicherlich auch die Aktionäre beschäftigt hätten. Doch die bekommen von den internen Zuständen nicht viel mit. Sie sind abgelenkt. Denn Wirecard hat einen neuen Feind gefunden, einen neuen Tobias Bosler sozusagen: Es ist Fraser Perring, Sozialarbeiter aus London. Wirecards Auseinandersetzung mit ihm zieht nun alle Aufmerksamkeit auf sich.

Ein Freitag im Juli 2020, 9 Uhr morgens: Perring sitzt in einem Londoner Café. Das karierte Hemd ist bis oben zugeknöpft, das Kopfhaar ist bis auf wenige Millimeter runtergeschoren. Er trägt einen Vollbart, die Gesichtshaut ist leicht gebräunt. Perring lacht viel, manchmal fast eine Minute am Stück. Es geht ihm gut. Das war nicht immer so. Perring sagt, er habe vor einigen Monaten einen leichten Schlaganfall gehabt und phasenweise unter Sprechstörungen gelitten. Die Schuld daran gibt er Wirecard.

Im Februar 2016 veröffentlicht ein Analysehaus namens »Zatarra Research & Investigations« im Internet einen 100 Seiten langen Bericht über Wirecard, in dem unter anderem haarklein nachgezeichnet wird, wie Wirecard trotz Verbot noch Zahlungen für in den USA tätige Pokeranbieter abgewickelt hat. Jeder Vorfall ist dokumentiert. Die Fakten stimmen, soweit sich das nachvollziehen lässt. Und die Autoren begehen nicht denselben Fehler wie die Börsenzocker Straub und Bosler acht Jahre zuvor: Die Autoren teilen mit, dass sie mit Wirecard-Aktien spekulieren, also womöglich davon profitieren, wenn der Bericht einen Absturz des Aktienkurses auslöst.

Der Bericht verfehlt sein Ziel nicht: Wirecards Aktienkurs fällt innerhalb eines Tages von 43 Euro um mehr als 25 Prozent auf 32 Euro.

Einer der Verfasser des Zatarra-Berichts ist der 46 Jahre alte Brite Fraser Perring. Er hatte zuvor schon unter dem Namen »Viceroy Research« kritische Analysen etwa über den maroden Möbelkonzern Steinhoff veröffentlicht und Geld damit verdient, als der Aktienkurs der mittlerweile insolventen Firma abstürzte. Das ist Perrings Geschäftsmodell. Er analysiert Unternehmen. Lautet das Ergebnis, dass der Kurs einer Aktie zu hoch ist, wettet er darauf, dass die Aktie fällt. Er veröffentlicht die Rechercheergebnisse mit dem Ziel, andere Investoren von seiner Meinung zu überzeugen und damit einen Kursrutsch auszulösen. Das ist auch völlig legal, sofern der Autor einer solchen Studie bei der Wahrheit bleibt, nur öffentlich zugängliche Informationen nutzt, nicht übertreibt und sein Eigeninteresse offenlegt.

Auf Wirecard kommt er eher durch Zufall. Er liest in einem Börsenforum Beiträge eines gewissen «jigajig«, jenem Onlinekritiker aus dem Raum München, der zufälligerweise auch im sozialen Bereich arbeitet. »jigajig« flutet das Netz mit allen Informationen, die er über Wirecard, Manager und Ex-Manager findet; seine Beiträge sind unstrukturiert, viele Diskutanten erklären ihn für verrückt. Perring aber erkennt das Potenzial. An der Recherche zu Wirecard habe er dann fünf Monate gesessen in einem seiner Häuser, das er »House of Wirecard« nennt, sagt Perring. Er lacht. »Und alles, was wir für die Recherche brauchten, haben wir immer mit einer Prepaidkarte von Wirecard bezahlt«, sagt er und lacht wieder ausgiebig. Wenn Wirecard ihn ausfindig machen wolle, würden sie immer bei sich selbst landen, sagt er; er kann sich gar nicht mehr einkriegen.

Sein Bericht aber hat ein paar Makel: An einigen Stellen interpretieren die Autoren ein wenig mehr in die Fakten hinein, als sie tatsächlich hergeben, und dass die Autoren auf Basis ihrer Erkenntnisse zu dem Schluss kommen, Wirecard sei 0 Euro wert, wirkt zu der Zeit reichlich übertrieben. Entscheidend aber ist: Perring gibt sich als Autor nicht zu erkennen und macht es Wirecard damit leicht, die Analyse als Papier aus »zweifelhaften Quellen« abzutun. Perring sagt, er habe Angst gehabt: »Dem Bosler haben sie Boxer nach Hause geschickt.«

7. April 2016, Aschheim: Vorstandschef Braun und Finanzvorstand Ley präsentieren die Ergebnisse des abgelaufenen Geschäftsjahres. Die Attacke von Zatarra liegt erst ein paar Wochen zurück. Ley und Braun erwähnen sie in ihren Vorträgen mit keinem Wort. Ein Journalist bittet Braun, sich zu den Vorwürfen zu äußern. Das Gesicht des Wirecard-Chefs wirkt starr. Er dreht permanent den Kugelschreiber in seiner Hand herum: Das sei keine Sache, mit der sich der Vorstand befasse, sondern nur ein paar Leute, die für die Betreuung der Investoren

zuständig seien, behauptet er. Braun geht inhaltlich nicht auf den Bericht ein. Er wendet dasselbe Rezept an wie schon im Fall Bosler:

1. **Die Vorwürfe pauschal abstreiten**
   Markus Braun: »Wir haben die klare Aussage getroffen, dass die Vorwürfe zu 100 Prozent unfundiert sind. Ich muss sagen, eine klarere Aussage kann man nicht treffen.«

2. **Die Quelle als unglaubwürdig darstellen**
   Markus Braun: »Die Anschuldigungen stehen im Kontext von Kapitalmarktspekulationen. Was wir hier sehen, ist ein Phänomen, das aus dem angelsächsischen Raum seit 12 Monaten verstärkt auch nach Europa kommt.«
   Stellungnahme Wirecard: »Wir gehen davon aus, dass der Bericht verbreitet wurde, um unseren Aktienkurs negativ zu beeinflussen.«

3. **Als Beleg auf das eigene Investment hinweisen**
   Markus Braun: »Ich bin bei Wirecard Ende 2001 eingestiegen, als alle anderen ausgestiegen sind. Ich investiere eigenes Geld. Mein Anteil an Wirecard beträgt aktuell 7 Prozent. Ich habe 2014 750 000 Aktien gekauft und in 2015 eine halbe Million Stück. In diesem Jahr habe ich bis jetzt schon 650 000 Stück gekauft. Ich glaube langfristig an dieses Unternehmen.«

4. **Verweis darauf, wie intensiv doch das Unternehmen von unabhängigen Stellen geprüft wird**
   Markus Braun: »Ich kann mitgeben, dass unser Prüfer sich all die Themen angeschaut hat. Wie jeder sieht, haben wir ein vollumfängliches Testat erhalten.«
   Burkhard Ley: »Die BaFin ist einer der taffsten europäischen Regulierer. Im Bereich Geldwäsche müssen wir nicht nur die

Anforderungen an Banken erfüllen, sondern auch die Vorgaben der Kreditkarteninstitute.«

Stellungnahme Wirecard: »Die deutsche Banklizenz von Wirecard und das daraus resultierende Regulierungssystem zeigen, dass Wirecard in einer der komplexesten und striktesten Regulierungsumgebungen Europas tätig ist.«

5. **Mit Jubelmeldungen vom Thema ablenken**
   Markus Braun: »Wir werden durch konstanten Newsflow zeigen, dass das operative Geschäft von so etwas gar nicht beeinflusst ist. Wir glauben, dass das Beste dem Unternehmen noch bevorsteht. Die Gesamtdigitalisierung des Zahlungsprozesses kommt jetzt erst in Fahrt.«

Die Masche ist erfolgreich. Kaum jemand befasst sich ernsthaft mit den Inhalten des Zatarra-Berichts. Wirecards Aktienkurs steigt wieder.

Braun weiß zunächst nicht, wer hinter Zatarra steht. Intern wird spekuliert, dass es sich um einen Mitarbeiter handelt. Perring findet das »ziemlich lustig«. Er lacht. »Alles, was im Zatarra-Bericht steht, stammt aus öffentlich zugänglichen Quellen. Jeder konnte das finden.« Im April 2016 erklärt Braun, Rechtsanwälte und Sicherheitsfirmen würden sich nun mit der Frage befassen.

Was dann passiert, gibt Fraser Perring so zu Protokoll: Gerade hat er seine Tochter zur Schule gebracht. Er sitzt im Auto und will noch schnell eine Aktienorder aufgeben, als sich ein fremder Mann zu ihm ins Auto setzt und ein zweiter die Fahrertür zuhält. »Steckst du hinter dem Report über Wirecard?«, fragt der Fremde mit osteuropäischem Akzent. Und zeigt Perring Fotos von seiner Ex-Frau und seiner Tochter. Damit habe er nichts zu tun, sagt Perring. Er lügt. Aus Angst.

Im November 2016 findet er eine versteckte Kamera in seiner Wohnung und auch in seinem Garten, in einer Hecke. Es folgt ein Anruf. Der Unbekannte kündigt an, Perring werde bald berühmt – im negativen Sinne. Kurz darauf, am 7. Dezember 2016, taucht im Netz ein anonymer Bericht auf mit dem Titel »Zatarra Leaks«, der ihn als Mitautor der Zatarra-Berichte entlarvt.

Perring sagt, er sei permanent verfolgt worden und habe sich drei Monate in New York verkrochen. »Aber es half nichts. Ich hatte Angst, habe alle Fenster und Türen mehrfach überprüft, bevor ich ins Bett ging. Schlafen konnte ich trotzdem nicht.« Es folgt ein Schlaganfall. »Die Ärzte führen das auf den so lange andauernden Stress wegen der ständigen Attacken zurück«, sagt Perring. »Ich habe verdammt viel Geld gemacht mit meiner Wirecard-Position. Aber darauf hätte ich gern verzichtet.«

Ein Ermittlungsverfahren gegen Perring wegen des Verdachts, den Aktienkurs von Wirecard manipuliert zu haben, wird zwei Jahre später eingestellt. Perring zahlt im Gegenzug einen fünfstelligen Betrag an eine gemeinnützige Organisation.

Für Wirecard ist Perring genau genommen ein Geschenk des Himmels – wie zuvor auch schon der Leerverkäufer Tobias Bosler. Die Jagd nach dem unbekannten Spekulanten überstrahlt die offensichtlichen Probleme. Mal wieder. Der Aktienkurs steigt allein zwischen Mitte Dezember 2016 und Ende Mai 2017 um 50 Prozent auf rund 60 Euro.

Im Frühjahr 2017 lösen die jungen Hedgefonds-Manager von Greenvale Capital ihre Wette gegen Wirecard auf. Der Feind kapituliert. Zumindest vorübergehend.

KAPITEL 11

»KEINE ABSCHREIBUNGEN, NIEMALS«

Wirecards Finanzchef in Singapur schiebt Umsätze hin und her – Markus Braun redet den Skandal klein

Singapur, im Frühjahr 2018. Ein Wirecard-Mitarbeiter vertraut sich einem Kollegen der Rechtsabteilung an. Der Anwalt nennt ihn künftig »Bobby«, im richtigen Leben heißt er anders, der Anwalt will ihn schützen. Das, was Bobby dem Wirecard-Juristen berichtet, ist ungeheuerlich und löst eine Lawine aus, die Wirecard letztlich unter sich begraben wird.

Nach offiziellen Angaben laufen Wirecards Geschäfte in Asien richtig gut und liefern eine Bestätigung dafür, dass Braun mit den Firmenkäufen in der Region alles richtig gemacht hat. 2017 etwa macht Wirecard nach offiziellen Angaben 1,5 Milliarden Euro Umsatz. Rund 40 Prozent sollen in der Region Asien-Pazifik anfallen. Der Anteil am Gewinn vor Steuern, Zinsen und Abschreibungen von 400 Millionen Euro ist fast genauso hoch.

Die Welt scheint in Ordnung. Bis Bobby kommt.

Die Geschichte spielt in Wirecards Singapur-Zentrale, einem modernen Hochhaus mit Glasfronten in der Mapletree Business City, in der sich viele internationale Firmen niedergelassen haben. Im Zentrum steht Edo Kurniawan. Er arbeitet seit wenigen Jahren für Wirecard, eine ganze Zeit lang von der Konzernzentrale in Aschheim aus. Edo ist beliebt. Mehrere Mitarbeiter bezeichnen ihn als »den nettesten Kollegen, den ich je hatte«. Er gilt als charmant und immer gut gelaunt, spricht liebevoll über seine Frau und ist hilfsbereit. Einer Kollegin in Singapur hilft er, ein Kindermädchen zu finden. Kurniawan ist eifrig, arbeitet oft noch tief in der Nacht. Kollegen sagen, er habe die Arbeit an sich gerissen und immer »Ich, ich, ich« gerufen, wenn es Aufgaben zu verteilen gab. Sie wollen den Eindruck gewonnen haben, Kurniawan lechze nach Anerkennung – vor allem vom Vorstand. Und die bekommt er. Kurniawan hat einen direkten Draht zu Ley und Marsalek. Er wird in wichtige Projekte eingebunden und gilt als einer der Manager im Wirecard-Reich, auf die es ankommt.

Seit Juli 2017 ist der Indonesier Wirecards Finanzchef in Singapur. Bei ihm läuft die Buchhaltung der Wirecard-Töchter in Asien zusammen, also der Gesellschaften, die Wirecard in den vergangenen Jahren aufgekauft hat. Kurniawan ist für die Bilanzen der Region verantwortlich und muss der Konzernzentrale regelmäßig Bericht erstatten. Das Problem ist laut mehrerer Ex-Kollegen nur: »Er war total überlastet.«

Der damals 32-Jährige liefert die Zahlenwerke oft zu spät ab. Sie sind immer wieder unvollständig oder passen nicht zu den Angaben in anderen Dokumenten. Nachfragen ignoriert er regelmäßig so lange, bis sich ein Vorgesetzter einschaltet.

Kurniawan hat es nicht leicht. Bei den Wirecard-Töchtern in seinem Herrschaftsbereich läuft es, anders als es der Geschäftsbericht des Wirecard-Konzerns suggeriert, nicht gut, und das ist ein ernstes Problem.

Wenn Wirecard eine Firma kauft und diese Firma läuft dann viel schlechter als gedacht, dann müsste Wirecard eigentlich den Wert dieser Beteiligung herabsetzen. Die Differenz zwischen dem Kaufpreis und dem aktuellen Wert der Beteiligung müsste Wirecard als Verlust ausweisen. Und wenn bei Wirecard eines vermieden werden soll, dann sind es Verluste. Brauns Geschichte vom andauernd erfolgreichen Fintech wäre angekratzt gewesen. »Keine Abschreibungen. Niemals. Egal was passiert«, schreibt der für Firmenübernahmen zuständige Abteilungsleiter etwa an Kurniawan. Und der antwortet: »Niemals. Nicht einmal im Fall einer Naturkatastrophe.« Das ist die Einstellung bei Wirecard.

Als der Wortwechsel später an die Öffentlichkeit gelangt, behauptet der Abteilungsleiter gegenüber Kollegen, dass das nur ein Insiderwitz gewesen sei. Marsalek habe immer damit geprahlt, dass er noch nie bei Wirecard einen Wert hätte berichtigen müssen. Darauf hätten sie angespielt. Aber auch dann sagt der Chat unter Kollegen viel über den Wachstumswahn innerhalb des Wirecard-Konzerns aus.

Das Problem an der Sache ist: Ganz allein können die Wirecard-Jünger nicht darüber entscheiden, welchen Wert sie einer Beteiligung zuschreiben. Bevor der Jahresabschlussprüfer seine Unterschrift unter einen Geschäftsbericht setzt, schaut er nach, ob die Annahmen realistisch sind. Bei der Bewertung spielen nicht nur der aktuelle Umsatz und der aktuelle Gewinn einer Beteiligung eine Rolle, sondern auch die Prognosen für die Zukunft. Wenn ein Vorstand plausibel erklären kann, warum im kommenden Jahr der Umsatz einer Tochtergesellschaft durch die Decke geht, dann kann auch einer Beteiligung, die Verluste macht, ein hoher Wert beigemessen werden. Aber früher oder später müssen diese Erfolge dann eben auch eintreten.

Obwohl sich die Beziehung zwischen EY und Wirecard sicherlich als wohlwollend beschreiben lässt, kann man den Prüfern nicht vorwerfen, dass sie die Werte, die Wirecard für seine Asien-Töchter ansetzt, mal eben so durchgewunken hätten. Ende 2016 kommt unter Wirecard-Mitarbeitern Panik auf: In internen Mails heißt es: »Wir haben Probleme mit dem Werthaltigkeitstest.« »Dringend« und «sehr schnell« müssten Verbesserungen in »fast allen Gesellschaften« in «eurer Region« erzielt werden, schreibt ein Mitarbeiter der Konzernzentrale an einen Mitarbeiter in Singapur, wo die Zahlen für den asiatischen Raum zusammenlaufen. Die Kosten müssten runter und der Rest über den Umsatz reingeholt werden. »Schickt uns dringend neue Zahlen«, fordert ein Mitarbeiter aus der Konzernzentrale Mitarbeiter in Asien auf. Das Problem ist: Bei der Bewertung der Töchter hatte man einst deutliche Gewinne in der Zukunft unterstellt. Tatsächlich aber deuten sich Verluste an. Ein Mitarbeiter aus Deutschland fordert einen Kollegen der Finanzabteilung in Singapur auf, diese Planungen anzupassen. Die Gesellschaften müssten »sehr positiv« sein. Hier müsse »ein hoher Ertrag in der Zukunft stehen«. Ganz so einfach scheint das aber nicht. Der Mitarbeiter in Singapur klagt: Wenn die geplanten Zahlen erreicht werden sollen, »dann müssten wir unser Geschäftsmodell ändern«. In Aschheim hat man dafür kein Verständnis. Eine Antwort auf seinen Kommentar erhält der Mitarbeiter prompt: »Jede Planung muss ambitioniert sein.« Die Sorgen scheinen berechtigt: Im Februar 2017 äußern EY-Prüfer Zweifel daran, ob Wirecard verschiedene Vermögenswerte in Asien realistisch bewertet. Das geht aus internen Mails hervor. Die folgenden Verhandlungen mit dem Wirtschaftsprüfer gestalten sich genau deswegen schwierig. Der Wirtschaftsprüfer zeichnet die Bilanzen einer Singapur-Tochter für das Jahr 2016 erst im Frühjahr 2018 ab und die Zahlen einer anderen sogar erst im Sommer 2018.

Im nächsten Jahr ist es nicht besser. Die Wirtschaftsprüfer sehen etwa bei einer Wirecard-Tochter in Asien ein Problem, weil die Gesellschaft immer noch Verlust macht, obwohl ein Gewinn in Aussicht gestellt wurde. Wertberichtigungen aber darf es bei Wirecard ja nicht mal im Fall einer Naturkatastrophe geben. Um das Ungemach abzuwenden, trägt Kurniawan vor, was es 2017 doch alles für Verbesserungen gegeben habe und warum 2018 ganz sicher ein sattes Umsatzplus zu erwarten sei.

Kurniawan greift aber offenbar auch noch zu wirkungsvolleren Methoden, wie Bobby in jenem Frühjahr 2018 den Wirecard-Juristen in Singapur berichtet. Den Schilderungen zufolge erfindet Kurniawans Team Geschäfte und verschafft darüber Wirecard-Töchtern, die es gerade brauchen, Umsätze und Gewinne – und das nicht nur für die Wirecard-Tochter in Indien (siehe Kapitel 10). Vielmehr soll Kurniawan für allerlei asiatische Landesgesellschaften Geld hin- und hergeschoben haben.

Was Bobby erzählt, lässt sich in zwei Fällen anhand interner Dokumente fast eins zu eins nachvollziehen.

So engagiert Geschäftspartner 1 Wirecards Indonesien-Tochter 2017 als Berater und soll hierfür 2,5 Millionen Euro zahlen. Von Geschäftspartner 1 soll also Geld in die Wirecard-Kasse fließen.

Im Jahr darauf verkauft Geschäftspartner 1 für 3 Millionen Euro Software an Wirecards Malaysia-Tochter. Es soll also Geld aus der Wirecard-Kasse wieder herausfließen, zurück an Geschäftspartner 1.

Dass diesen Deals tatsächliche Leistungen gegenüberstehen, darf bezweifelt werden. Als in Malaysia im März 2018 eine Rechnung zum Softwarekauf hereinflattert, bittet eine Mitarbeiterin dort das Team in Singapur um Aufklärung, was es damit auf sich hat. Die Rechnung sei »wie aus dem Nichts« aufgeschlagen. Dass ihre Gesellschaft Software gekauft hat, weiß sie offenbar nicht. Kurniawan teilt ihr daraufhin in einem für ihn harschen Ton mit: »Ich habe dir das bei unserem letzten Treffen erklärt.« Er fordert sie auf, die Kommunikation hierzu »offline« aufzunehmen, also keine weiteren E-Mails zu schreiben. Als Kurniawan die Geschäftsführer in Malaysia auffordert, Verträge mit Geschäftspartner 1 abzuzeichnen, weigern die sich.

Fast zeitgleich wird eine ähnliche Kettentransaktion mit einem anderen Geschäftspartner vollzogen: Geschäftspartner 2 schließt im Dezember 2017 einen Beratungsvertrag mit Wirecard Malaysia ab, wonach er 4 Millionen Euro an Wirecard zahlen will. Es soll also Geld von Geschäftspartner 2 an Wirecard fließen.

Im Februar 2018 verkauft Geschäftspartner 2 dann Software an Wirecards Tochter in Indonesien für 3 Millionen Euro. Es fließt also Geld aus Wirecards Kasse heraus an Geschäftspartner 2.

Auch bei Wirecard schöpfen Einzelne den Verdacht, dass mit einigen Geschäften, die in Asien geschlossen wurden, etwas nicht stimmt. Unter anderem, weil Verträge für Dienstleistungen, die angeblich schon 2017 erbracht worden sein sollten, erst im folgenden Jahr geschlossen wurden. Und auch ein EY-Mitarbeiter, der nicht sehr weit oben in der Hierarchie der Prüfungsgesellschaft steht, wundert sich über Umsatz- und Kostensprünge. Er fragt nach. Aus Wirecards Büro in Singapur kommen ein paar blumige Erklärungen.

Durch Bobbys Aussage bei den Wirecard-Juristen in Singapur droht das System zu kippen. Am 26. April 2018 wird die Rechtsanwaltskanzlei Rajah & Tann in Singapur damit beauftragt, Bobbys Hinweisen nachzugehen.

Die Juristen stoßen bei ihrer Untersuchung auch auf die Wirecard-Geschäftspartner Centurion und Maxcone. Für Letzteren hat Kurniawan den Spitznamen »Maximum Confusing« erfunden. Maxcone und Centurion schulden Wirecards Singapur-Tochter im Frühjahr 2017 aus Geschäften mehr als 6 Millionen Euro. Dass Wirecard für das Geld tatsächlich eine Leistung erbracht hat und die unbezahlten Rechnungen auf realen Geschäften beruhen, darf zumindest bezweifelt werden. Ebenso darf bezweifelt werden, dass kein Manager in Aschheim wusste, was da in Singapur vor sich geht. Am 24. April 2018 schreibt Kurniawan an einen hochrangigen Wirecard-Manager: »Wir hatten nie Verträge mit Maxcone und Centurion. Wir bereiten gerade etwas vor. Habe ich dir angehängt.« Kurniawan schickt Vertragsentwürfe, die auf den 15. Januar 2016, also mehr als zwei Jahre zurückdatiert sind. Drei Tage später hat Kurniawan um 10:30 Uhr einen Termin bei Jan Marsalek.

Der Bericht, den die Juristen von Rajah & Tann am 4. Mai abgeben, hat es in sich. Es gebe Hinweise darauf, dass Kurniawan mit zwei weiteren Mitarbeitern Verträge kreiert habe, um Abrechnungen zu rechtfertigen, die bis zu drei Jahre zurückliegen, heißt es darin. Von Wirecards angeblichen Vertragspartnern habe man »nicht eine einzige Mail« gefunden, was angesichts der abgerechneten Summen Zweifel an den Geschäften wecke. Es gebe gute Gründe anzunehmen, »dass die Verträge und Rechnungen erfunden sind«. Die eingesehenen Unterlagen deuteten auf schwere Straftaten hin. Freigestellt wird daraufhin aber niemand.

Vier Tage später erklärt der Wirecard-Vorstand drei Personen für die weitere Untersuchung für zuständig: Neben Jan Marsalek sind es zwei Mitarbeiter aus Kurniawans Team. Zumindest bei den beiden Mitarbeitern von Kurniawan besteht zu jener Zeit bereits der Verdacht, dass sie an den Taten beteiligt gewesen sein könnten. Der Compliance-Chef in Singapur schreibt: »Ich bin zutiefst überzeugt, dass der Vorstand eine falsche Entscheidung getroffen hat.« Alle, die bei der Untersuchung mitgewirkt hätten, »seien jetzt in Gefahr«.

Eine Juristin bei Wirecard wiegelt ab: »Angesichts der Auswirkungen auf unsere Tochter in Singapur müssen wir das lokale Management einbeziehen«, da es für lokale Compliance-Themen zuständig sei. Sie habe das Thema mit dem Vorstand besprochen und sei sich sicher, »dass er die richtigen Entscheidungen trifft«.

Die Frage ist nur: Was ist richtig? Und für wen?

In Singapur ändert sich augenscheinlich nichts, weshalb die dortigen Anwälte nochmals Alarm schlagen: An einen der Geschäftspartner, den der Rajah-&-Tann-Bericht als verdächtig beschreibt, seien trotz der Untersuchung gerade 1 Million Euro ausgezahlt worden, teilen sie der Konzern-Juristin mit. Und von Wirecards Geschäftskonto sollen zudem Zehntausende Dollar auf das Privatkonto eines verdächtigen Mitarbeiters geflossen sein.

Vor dem Compliance-Ausschuss des Aufsichtsrats wird Marsalek am 18. März 2019 behaupten, er habe von der Untersuchung in Singapur erst im September 2018 erfahren. Die Vorwürfe hätten sich als haltlos erwiesen. Ein Compliance-Mitarbeiter in Singapur habe Kurniawan anschwärzen wollen. Es habe sich aber schnell herausgestellt, dass die Vorwürfe nicht wahr seien.

Es bleibt alles beim Alten. Die Tatverdächtigen gehen weiter ihrer Arbeit nach. Die beiden Juristen in Singapur verlassen Wirecard. Die Gefahr für Konzernchef Braun scheint gebannt. Die Bühne ist frei für die größte Erfolgsmeldung seiner Karriere.

KAPITEL 12

»WIE DER HEILIGE GEIST«

Markus Braun erreicht den Höhepunkt seiner Karriere – Wirecard steigt in den DAX auf

Am 24. September 2018 um 8 Uhr erreicht Markus Braun das, worauf er seit mehr als zehn Jahren hinarbeitet: Wirecard steigt in den DAX auf und damit in die oberste Börsenliga. Mehr geht nicht. Braun hat es damit all den Kritikern und Zweiflern gezeigt. Seine Bilanz im Jahr 2018: über 5000 Mitarbeiter, 2 Milliarden Euro Umsatz, mehr als eine halbe Milliarde operativer Gewinn. Die Aktie, die Anfang 2005 noch nicht mal 2 Euro wert war, steuert jetzt auf die 200-Euro-Marke zu.

Und als ob es noch eines weiteren Symbols für den Aufbruch in das neue Fintech-Zeitalter bedurft hätte, liefert Wirecard auch dieses noch: Wirecard ersetzt im DAX die Commerzbank, ein Geldhaus, das schon seit mehr als 150 Jahren existiert. Wer kann Wirecard, wer kann diesen Markus Braun noch aufhalten?

Er selbst tönt: »Wir haben jetzt die Möglichkeit, den DAX anzutreiben. Das ist unser Ehrgeiz.«

Wer jedoch glaubt, dass Braun den Erfolg mit einem zünftigen Fest feiert, der irrt. Die Mitarbeiter in Aschheim bekommen lediglich einen

Muffin geschenkt. Heller Teig, weiße Creme, hellblaue Streusel und die Aufschrift: »Wirecard enters DAX«. Das war's.

Dazu passt auch die öde Repräsentanz von Wirecard. Nicht etwa am Münchner Marienplatz arbeiten Braun und Kollegen, sondern weit draußen in einem Bürokomplex im Münchner Nordosten, in einem tristen Gewerbegebiet der 10 000-Einwohner-Gemeinde Aschheim. Einsteinring 35, ein Ensemble von mehreren Betonkästen. Die einzige Attraktion der Umgebung ist »Le's Imbiss«, in dem es »bayrische und vietnamesische Küche« geben soll.

Braun macht selbst aus dieser Tristesse noch eine Show: »Wir müssen uns nicht mit glänzenden Hochhausfassaden schmücken«, sagt er. Aschheim, das ist die Zukunft. Was bringt es der Commerzbank, dass sie in einem Wolkenkratzer in der Finanzmetropole Frankfurt residiert? Nichts, sie ist raus aus dem DAX. Frankfurt, das ist die Metropole der alten Finanzwelt, des Investmentbankings, der Millionen-Boni. Aschheim, das ist die Zukunft. Und Wirecard die deutsche Antwort auf den amerikanischen Zahlungsgiganten PayPal. Eine Plattform – noch so ein Modewort dieses Jahres 2018 –, an die immer mehr Händler weltweit andocken.

Und Braun tritt auf wie Apple-Gründer Steve Jobs, trägt Rollkragenpulli zum dunklen Anzug und eine randlose Brille, die seine blauen Augen zur Geltung bringt. Ein großer Mann, schlank, sehnige Statur, Typ Marathonläufer. Für ein Lächeln hat er keine Zeit; überall, wohin er kommt, verkauft er seine Firma in seinem Österreich-Englisch als »one of the strongest growing digital platforms«. Beeindruckend ist Braun vor allem deshalb, weil er einem scheinbar ununterbrochen erfolgreichen Unternehmen vorsteht – aber nicht deswegen, weil er eine charismatische Persönlichkeit ist. Klar, bei persönlichen Treffen kennt er die Regeln der Höflichkeit, aber er versprüht keinerlei Charme. Seine Gesichtszüge wirken starr. Ob Braun sich ärgert, freut, ob er amüsiert oder interessiert ist, lässt sich kaum ausmachen. Sein Gesicht zeigt kaum Mimik. Der Mann ist schwer zu lesen. Geschäftspartner sagen, dass es schwer gewesen sei, mit ihm warm zu werden.

Er wirkt verstockt und ein bisschen arrogant. So wie man sich einen Tech-Nerd vorstellt. Spätere Versuche von PR-Beratern, Braun ein bisschen menschlicher rüberkommen zu lassen, scheitern. Dass Braun manchmal in der Oper weint, weil ihm die Musik so zu Herzen geht? Wirkt arg konstruiert. Auch auf Fotos wirkt Braun steif wie ein Stock. Selbst die Versuche, mal was Freches zu wagen, gehen schief: Es gibt ein Bild von Braun, das bei einem seiner seltenen Interviews mit einer Zeitung entstand. Er steht, mit grimmigem Gesicht, hinter einer Zimmerpflanze. Es sieht aus, als lauere der Wirecard-Chef hinter einem Gebüsch, um jemanden zu überfallen.

Kollegen von Braun meinen aber, dass ihm das Image als Tech-Nerd gefallen haben dürfte. Warum sollte er es ändern?

Vor allem aber dürfte es ihm gefallen haben, jedes Jahr Erfolge zu melden. Umsatz, Gewinn, Kundenzahl – bei Wirecard geht es immer nur bergauf. Er formuliert immer steilere, immer waghalsigere Ziele. Jedes Jahr aufs Neue. Und kümmert sich wenig darum, wie die Ziele erreicht werden. Das sollen andere managen.

Braun ist für Wirecard sieben Tage die Woche im Einsatz, und das verlangt er auch von seinen wichtigen Mitarbeitern. Auch sonntags ruft er sie an, um mit ihnen über die Arbeit zu sprechen. Urlaub oder Feierabend? Wenn Braun etwas will, greift er zum Telefon. »Und wenn man nicht ranging«, berichtet ein Mitarbeiter, »dann rief er eben noch mal an und noch mal und noch mal.« Wenn er Nachrichten geschickt habe, sei es genauso gewesen.

»Unsere Büros gehörten nach seinem Selbstverständnis ihm selbst. Er kam einfach rein, ohne zu klopfen, und fing an zu reden«, sagt einer. Und die Besuche seien keinesfalls nett gewesen, denn Braun forderte permanente Einsatzbereitschaft. »Mit Braun war man ungern in einem Raum«, sagt einer. Wenn er hereinkam, dann hagelte es Befehle.

Auch im Chefbüro halten sich die Mitarbeiter ungern auf, zumindest im Sommer. Weil Braun Klimaanlagen hasst, sei es oft brütend heiß bei ihm gewesen, berichten irritierte Besucher. Der Chef habe sich lieber das Hemd vom Leib gerissen und im T-Shirt weitergearbeitet, als die Klimaanlage einzuschalten. Es soll Mitarbeiter gegeben haben, die sich Brauns Aversion gegen Kühlgeräte zunutze machten – indem sie ihre Zimmer kräftig herunterkühlten, in der Hoffnung, dass Braun dann von Besuchen Abstand nehme.

Braun ist als Mensch bei vielen seiner Angestellten nicht unbedingt beliebt, vor allem, weil er ihnen diktiert, was zu tun ist, und Bedenken oder Kritik nach ihrer Wahrnehmung nicht annimmt. Wer Brauns Vorgaben anzweifelt, so das Gefühl einiger ehemaliger Mitarbeiter, der hat bei ihm keine Chance.

Dennoch folgen auch die Kritiker dem Vorstandschef gern. Weil Braun erfolgreich ist und sein Erfolg auf sie abstrahlt. Für manche Wirecard-Leute scheint er wie eine Art Guru gewesen zu sein, der an die Firma glaubt und penetrant Prophezeiungen über die Zukunft macht – die dann auch noch eintreten. Der Kritik an sich abperlen lässt, der für seine Wirecard lebt – und durch sein Exempel andere dazu bringt, ihm zu folgen und seine Ziele zu erfüllen. Die Angriffe von außen stärken den Zusammenhalt. Wir gegen die da draußen. Auch Sekten funktionieren so. Dass er die Lichtgestalt in der Bewegung Wirecard ist, daran lässt er keinen Zweifel aufkommen.

Generell gilt: Wer Erfolg hat, der hat recht. Und alle partizipierten an diesem Erfolg. Es gibt so gut wie keine Verlierer.

Unter Brauns Beschäftigten gibt es viele Eigengewächse und kaum Kündigungen. Warum sollte man auch woanders hingehen? Wirecard wächst. Sparrunden, Personalabbau – was in anderen Unternehmen und gerade bei Großkonzernen üblich ist – gibt es bei Wirecard nicht. Klar, auch so manch ein Angestellter versteht manchmal nicht, was Braun da vor sich hinschwurbelt. Aber nachzufragen hätten sie sich nicht getraut, sagen einige. Sie hätten nicht wie Idioten dastehen wollen. Und schließlich liefert Braun jedes Jahr beeindruckende Geschäftszahlen und damit eine Bestätigung dafür, dass er genial sein muss.

Einen Betriebsrat? Braucht Wirecard nicht. Tarifverträge? Gibt es nicht. Wirecard zahlt gut. Alle sind Gewinner. Auch deshalb haben sich viele nicht getraut, zu widersprechen, haben Bedenken ignoriert und einfach weitergemacht. Braun etabliert – womöglich ohne es bewusst darauf anzulegen – ein System, in dem Ja-Sager weit kommen, die bereit sind, beide Augen zuzudrücken.

Ein langjähriger Mitarbeiter mit einer wichtigen Position sagt: »Wirecard hat gut bezahlt. Die Programmierer und die Verkäufer hätten woanders sicher genauso gute Jobs gefunden.« Für viele aber hätte das nicht gegolten, auch für ihn selbst. »Mir konnte es nirgendwo besser gehen. Stellst du dann unnötig viele Fragen und riskierst deine Anstellung?« Er selbst saß in Dubai und sagt: »Deutschland war doch weit weg.«

Der Insolvenzverwalter von Wirecard wird später die »attraktive Vergütungsstruktur« beziffern: Im Juni 2020 belaufen sich die Personalaufwendungen auf mehr als 2,1 Millionen Euro im Monat – das entspricht einem Betrag von 8500 Euro pro Mitarbeiter.

Der Vorstand funktioniert letztlich so wie auch die ganze Firma: Braun spricht. Die anderen gehorchen. Das soll vor allem für die Vorstände Alexander von Knoop und Susanne Steidl gelten.

Von Knoop ist zwar Finanzvorstand des gesamten Konzerns und müsste in dieser Funktion eigentlich der Chef über alle Zahlen sein, aber – so absurd das auch klingen mag – bei Wirecard ist es wohl anders. »Ein Teil der Finanzkennzahlen lag außerhalb seiner Zugriffsrechte. Hierzu gehörte alles, was das Geschäft mit Drittpartnern betraf. Das lag bei Marsalek. Von Knoop soll zwar an die Gesamtzahlen dieses Bereichs gekommen sein, nicht aber an die Details. Wenn er mehr wissen wollte, musste er zu Marsalek«, sagt einer, der nah dran war. Das habe teilweise zu kuriosen Situationen geführt, zum

Beispiel, als es in einer Sitzung um Finanzierungen gegangen sei, die das Unternehmen seinen Händlern zur Verfügung stellte. »Knoop wusste alles Mögliche nicht und hat dann immer den Marsalek angeschaut, weil die Zahlen bei ihm lagen.« Ein Berater sagt: »So etwas habe ich zuvor noch nie erlebt. Da sitzt ein Finanzvorstand, und der hat keine Ahnung.« Knoop und Marsalek seien zwar formal gleichberechtigt gewesen, aber es sei immer wieder deutlich geworden: »Der von Knoop hat hier die Junior-Rolle.« Viele innerhalb des Unternehmens meinen, dass von Knoop nur deshalb Finanzvorstand geworden sei, weil er »eben so ist, wie er ist«. Von Knoop ordne sich unter, mache, was man ihm sagt, »ein netter Kerl, aber kein Machtmensch«. Sie schätzen, »dass von Knoop in einem anderen DAX-Konzern niemals Finanzvorstand geworden wäre«. Sie sagen aber auch viel Nettes über den Ex-Vorstand, nämlich dass er »absolut integer« sei, billigen ihm deswegen aber nicht weniger Schuld an der Misere zu. »Er hätte es niemals zulassen dürfen, dass ihm als Finanzvorstand ein wichtiger Teil der Finanzinformationen nicht zugänglich war. Er hätte darauf bestehen oder gehen müssen.« Ein Opfer sei von Knoop deshalb nicht.

Wirecard hat Karrieren ermöglicht, die woanders undenkbar gewesen wären. Das gilt vielleicht auch für Produkt-Vorständin Susanne Steidl. Alle Kollegen beschreiben sie als extrem fleißig. Sie sei sieben Tage die Woche 18 Stunden am Tag für Wirecard im Einsatz gewesen. »Ich habe mir immer Sorgen gemacht, dass sie irgendwann mal umfällt«, sagt einer, der nah am Vorstand dran war. Einige ihrer Projekte seien ganz gut gelaufen, andere eben nicht. Zu den anderen gehörte auch das Mammutprojekt mit dem Namen Aslan: Im ersten Quartal 2017 kauft Wirecard Portfolien mit Kunden von der Citigroup, die sich auf verschiedene Länder verteilen und damit verschiedenen Wirecard-Töchtern zugeordnet werden sollen. »Wir hätten das nie kaufen dürfen«, sagt einer, der sich intern mit der Materie zu befassen hatte. Denn diese Kunden mussten nun auf die Systeme der Wirecard gehoben werden und das sollte eigentlich Mitte 2018 abgeschlossen sein. Tatsächlich war der Prozess bis zur Insolvenz immer noch nicht vollständig abgeschlossen, was viel mit Wirecards Firmenkäufen im Ausland zu tun hat.

Die verschiedenen Wirecard-Einheiten sind weitgehend autark. Es ist nie ein einheitlicher Konzern entstanden, mit einheitlichen Vertragswerken und Verwaltung, mit einheitlicher, zentraler Buchhaltung oder Kundenmanagement-Systemen. Eine Integration der neuen Einheiten hat nicht stattgefunden, sagen viele im Unternehmen. Das sind fatale Voraussetzungen für Aslan. Die Kosten sind zwischenzeitlich explodiert. »Wenn Aslan nicht gewesen wäre«, sagt ein hochrangiger Insider, »dann hätte Wirecards Kerngeschäft, also auch ohne die Umsätze des Konzerns mit Drittpartnern, Gewinn gemacht«. Verantwortlich für Aslan ist Steidl. Sicherlich seien die Ausgangsvoraussetzungen äußerst schlecht gewesen, aber innerhalb von mehr als zwei Jahren hätte ihre Abteilung trotzdem mehr bewerkstelligen müssen, sagen einige im Unternehmen. Stattdessen hätte einfach nur Chaos geherrscht. Insider sagen, andere Abteilungen oder Externe hätten immer wieder ausbügeln müssen, »was ihre Truppe verkackt hat«. Eigentlich war Aslan ihr großes Projekt, mit dem sie beweisen sollte, dass sie für einen Vorstandsposten reif ist. Doch sie besteht die Prüfung nicht. Einige meinen, in jedem anderen Unternehmen hätte Steidl dafür die Verantwortung übernehmen und gehen müssen.

Was einigen an Susanne Steidl noch auffällt: Sie hält sich immer raus. Sie ist Teil des Vorstands, aber eigentlich auch nicht. Sie schaut auf ihre Aufgabe, Produkte zu entwerfen und an den Markt zu bringen. Mit dem Rest – den Eindruck gewinnen jedenfalls einige in ihrem Umfeld – will sie nichts zu tun haben. »Wenn man sie reden hörte, dann klang es immer so, als gehe sie das Drittpartnergeschäft nichts an, weil es in Marsaleks Aufgabenbereich fiel.« Wenn es toxisch wurde, habe sie sich ferngehalten – zum Beispiel von der Card Systems Middle East in Dubai, einer von zwei Wirecard-Tochterfirmen im

Emirat. Über die Card Systems lief das eigentliche Geschäft, also die Transaktionen, der Umsatz. Und hierüber liefen auch die Geschäfte mit den Drittpartnern. Für diese Gesellschaften existierten auch Treuhandkonten. Zuständig war neben Bellenhaus noch Jan Marsalek. Die andere Wirecard-Tochter in Dubai war eher für die Organisation zuständig. Diese zweite Gesellschaft lenkten Bellenhaus und Steidl. Als es im Jahr 2020 zu einer Fusion der beiden Dubai-Töchter kam, wollte Steidl angeblich nicht weitermachen. Mit der Card Systems wollte sie nicht unbedingt etwas zu tun haben.

Als Opfer taugen weder von Knoop noch Steidl. Beide Vorstände konnten die Missstände sehen, und beide hätten etwas unternehmen können.

Brauns Verhältnis zu von Knoop und Steidl gilt als distanziert. Die Beziehung zu Marsalek ist deutlich enger. Die beiden arbeiten seit mehr als 15 Jahren eng zusammen. In den ersten Jahren war Marsalek eher Brauns Zuträger, wurde intern auch »Brauns Sekretärin« genannt. Mit den Jahren verändern sich beide. Marsalek emanzipiert sich. Wenn Braun ihn anruft, drückt er den Anruf regelmäßig weg, berichten viele ehemalige Kollegen. Marsalek ist für den Vorstandschef nicht mehr so einfach zu steuern. Und Braun soll in den letzten Jahren immer halsstarriger geworden sein. »Wenn er sich etwas in den Kopf gesetzt hatte, dann musste es so laufen«, erzählt eine ehemalige Mitarbeiterin. »Das ist immer schlimmer geworden.«

Im direkten Gespräch begegneten sich die beiden zuletzt auf Augenhöhe, wie enge Mitarbeiter berichten, die regelmäßig mit beiden zu tun hatten. Zum Schluss seien Marsalek und Braun nicht mehr so eng gewesen wie in den Anfangsjahren, hätten aber immer noch zusammengehalten, meinen viele. Einer sagt: »Sie waren wie ein altes Ehepaar, das sich zuletzt ein wenig auseinandergelebt hat.«

Vor größerem Publikum macht allein Braun die Ansagen und Marsalek nickt. »Marsalek hat das, was Braun sagt, nicht vor anderen infrage gestellt«, sagt ein Berater. Er ist zwar für das Kerngeschäft der

Firma verantwortlich, stiehlt Braun aber nie die Show. Im Gegenteil. Marsalek weigert sich oft, an öffentlichen Veranstaltungen teilzunehmen. Er bleibt lieber im Hintergrund.

Braun hingegen präsentiert sich auch außerhalb von Aschheim in der Rolle des Vordenkers, eines Vortragsreisenden in Sachen Zahlungsverkehr der Zukunft. Dass viele nicht so genau verstehen, was er da sagt, macht ihn nur noch interessanter. Es wirkt, als sei er schon in der Zukunft. Wie es da aussieht, das weiß man ja nicht. Braun sitzt 2018 auf dem Podium der Digitalkonferenz DLD in München und jettet nach Paris zum FinTech Forum, er referiert über den »Sinneswandel im strategischen Denken«, über Mobilität und künstliche Intelligenz. Sein Auftritt ist zurückhaltend, hölzern, ein bisschen arrogant.

Die Worte, die er spricht, haben es in sich und zeigen, welches Selbstverständnis er hat. Eine Kostprobe: »Alles, was wir bis jetzt erreicht haben, ist meines Erachtens nur ein müder Abklatsch dessen, was wir in den nächsten zehn Jahren erreichen können.« Und: »Ziel des Vorstands ist es, kraftvoll organisch die Welt zu erobern.«

Bei vielen kommt das an. Eine Art Tech-Nerd, der von der Zukunft spricht, spröde, langweilig, kompliziert – und dann solch fantastische Wachstumszahlen und -vorhersagen präsentiert. Das *Handelsblatt* schreibt 2018, die »Aufsteigerlegende« Braun sei »wie der Heilige Geist über die deutsche Finanzszene gekommen. Er gilt inzwischen als Inbegriff von ›Fintech‹ in Deutschland.«

Die Messe, die Braun für seine Jünger feiert, ist der Kapitalmarkttag, eine Art Jahrmarkt für Investoren und Analysten. 2018 präsentiert Braun in London seine »Vision 2025«: Bis zum Jahr 2025 soll Wirecard seinen Umsatz im Vergleich zu 2017 auf 10 Milliarden Euro fast versiebenfachen, der operative Gewinn (EBITDA) soll sich im gleichen Zeitraum auf mehr als 3,3 Milliarden Euro verachtfachen.

Bei den Vorständen von Knoop und Steidl soll der Plan nicht gut angekommen sein, heißt es in ihrem Umfeld. Sie hätten die Ankündigungen zu steil gefunden. Sie merken an: Wenn wir die Ziele nicht halten können, müssen wir eine Gewinnwarnung rausgeben. Wirklich dagegengestemmt haben sollen sie sich aber auch nicht. Und Braun schert sich ohnehin nicht drum. Im Jahr 2019, der Kapitalmarkttag findet dieses Mal in New York statt, legt er noch einen drauf: Nicht 10, sondern 12 Milliarden Euro Umsatz, und nicht 3,3, sondern 3,8 Milliarden operativen Gewinn soll es 2025 geben.

Viele Analysten fahren darauf offenbar ab und hinterfragen scheinbar nicht, ob und wie die traumhaften Zahlen zu erreichen sind. Ihr Fazit lautet meist: Die Aktie unbedingt kaufen – unabhängig davon, was Medien wie die *Financial Times* sagen. Brauns womöglich größter Fan in der Analysten-Schar ist Heike Pauls von der Commerzbank, die seit 2008 Analysen über den Zahlungsabwickler schreibt und dabei 199-mal ein und dasselbe Votum für die Aktie abgibt: kaufen.

Der Analyst der Privatbank Hauck & Aufhäuser, Robin Brass, ist auch nicht viel besser. Als die *WirtschaftsWoche* im Dezember 2018 eine umfangreiche Analyse über Wirecards Kundschaft veröffentlicht, braucht er nur wenige Stunden, um die Recherchen sinngemäß als mehr oder weniger gehaltlos abzustempeln. Seine Kommentare offenbaren jedoch, dass er sich mit der Materie inhaltlich kaum befasst hat. Einige Monate später tritt Brass einen neuen Job an – bei Wirecard. Genauso wie schon Lars Dannenberg, ein Vorgänger von Brass als Wirecard-Analyst bei Hauck & Aufhäuser. Die Banker des Geldinstituts scheinen einen Narren an Braun und seiner Firma gefressen zu haben. Am 23. April 2020 gibt Analyst Simon Bentlage ein Kursziel von 270 Euro aus und prognostiziert damit einen Gewinn von 100 Prozent zum aktuellen Kurs. So viel Optimismus ist bezeichnend angesichts des Umstands, dass Wirecard gerade Wirtschaftsprüfer von KPMG im Haus hat, die überprüfen sollen, ob das angeblich so erfolgreiche Geschäft mit Wirecards wichtigsten Drittpartnern überhaupt existiert.

Mit dem Aufstieg in den DAX hat Braun das geschafft, worauf er seit vielen Jahren hinarbeitet. Für ihn war immer klar, dass Wirecard mal in den DAX kommt, erzählen Vertraute – die Frage sei nur gewesen: Wann? Jetzt sieht er sich bestätigt. Formal ist Wirecard ein börsennotiertes Unternehmen, an dem Braun »nur« 7 Prozent hält. Aufgebaut aber ist Wirecard wie ein eigentümergeführter Mittelständler – zugeschnitten auf den Patriarchen.

Die Mitarbeiter nennen ihn ehrfürchtig »Herr Doktor Braun«. Diejenigen, mit denen er täglich und viel zu tun hat, nennen ihn »MB« oder »Markus«.

Von Mitarbeitern, die nicht zu seinem engeren Kreis zählen, hält er sich eher fern. Bei Betriebsfeiern wird er oft von seinen wenigen Gefolgsleuten eingerahmt, bleibt stoisch sitzen und führt nur selten Small Talk mit Menschen, die er nicht kennt. Sogar in der Tiefgarage von Wirecard kapselt er sich ab: Der Parkplatz für den Vorstand wird abgeschirmt. Niemand kann sehen, ob Brauns Dienst-Maybach da ist oder nicht.

Er ist gerne in seinem Büro und arbeitet an der Zukunft der Wirecard. Seinen vierten Stock im Hauptgebäude verlässt er selten. Als er einmal bei Marsalek vorbeikommen will, der in einem benachbarten Gebäude sein Büro hat, machen Marsaleks Mitarbeiter Witze, ob Braun überhaupt hin- und wieder zurückfinden wird.

Weit laufen muss er in der Regel auch nicht, um mit den Menschen zu reden, die ihm besonders wichtig sind. Mit Braun im vierten Stock der Aschheimer Konzernzentrale sitzen die Abteilungen, die der Vorstandschef als Instrumente für seinen Wachstumswahnsinn benötigt: die Leute, die für die Kommunikation mit der Presse und den Investoren zuständig sind. Und die Strategieabteilung. Braun braucht sie, die Strategieleute, für das nächste große Ding. Die Ansprechpartner für die Investoren, um die Geldgeber einzuwickeln oder zu beruhigen. Und die Pressesprecher, um die Welt da draußen mit Jubelmeldungen zu überfluten. Phasenweise arbeiten zusätzlich noch mehrere PR-Berater für Wirecard – reine Geldverschwendung. Dass er die Kommunikationsstrategie des Unternehmens ändern, vom reinen Dementieren kritischer Berichte wegkommen und auch mal Fakten liefern muss, dass er sich mehr Mühe geben muss, die Geschäfte seines Unternehmens zu erklären – davon will Braun angeblich nichts hören, berichten mehrere Personen, die eng mit ihm gearbeitet haben. »So wie ich es verstanden habe, erschien es ihm als Zeitverschwendung. Wer die Genialität seines Geschäftsmodells nicht verstehe, dem könne man auch nicht helfen. Das war in etwa die Haltung, die er vermittelt hat«, sagt einer, der für Braun gearbeitet hat.

Dass ihr Chef ein gesundes Selbstbewusstsein hat, merken seine Untergebenen auch, als er ihnen nach dem Aufstieg in den DAX aufträgt, Termine mit anderen DAX-Chefs zu machen. »Er brauchte die Anerkennung, dass er ein relevanter Spieler ist«, sagt ein Ex-Manager. Selbstzweifel kennt Braun offenbar nicht: »Er ist davon überzeugt, dass er permanent richtig handelt. Er bringt die Welt weiter, das denkt er«, sagt ein ehemaliger enger Mitarbeiter von Braun.

Als Beleg dafür kann er stets auf die Wirecard-Aktie weisen. Am 3. September 2018 erreicht das Papier sein Allzeithoch: 195,75 Euro. Der Wert hat sich seit dem Jahresanfang mehr als verdoppelt. Wer solche Zahlen vorweisen kann, ist über jeden Zweifel erhaben. Braun sagt über sich selbst: »Ich bin ein pathologischer Optimist.«

Die bayerische Landeshauptstadt München mit ihrer Schickeria bedeutet Braun nicht viel. Seine Heimat Österreich hingegen schon, hier möchte er jemand sein. Häufig lässt er sich übers Wochenende nach Wien fahren, zusammen mit seiner Frau und seiner kleinen Tochter bewohnt er dort ein Haus. Dass Österreichs Kanzler Sebastian Kurz ihn in seinen wirtschaftspolitischen Thinktank holt, bedeutet ihm sehr viel, sagen Brauns Begleiter.

Braun besucht den Wiener Opernball und versucht sogar, Gefühle zu zeigen, als er 2019 das Ereignis Opernball wie folgt beschreibt: »Es ist ein ästhetisches Gesamtkunstwerk, das man sicherlich auch anachronistisch sehen kann, aber auch in irgendeiner Form etwas ganzheitlich Einzigartiges ist.« Weiter führt er aus: »Es ist ein Sinneserlebnis. So muss man sich dem Opernball nähern und weniger in diesem Nützlichkeitsbereich.« Aha.

Gesprächspartner, mit denen sich Braun auf Augenhöhe sieht, erleben ein interessantes Gegenüber. Das sich viel mit politischen und gesellschaftlichen Themen beschäftigt. Und das in seinen strategischen Überlegungen oft Vergleiche aus dem Schachspiel verwendet: Wenn ich das mache, macht der andere das, und so weiter. Letztendlich ist es das, was Braun mit allen um sich herum spielt: Schach. Er ist der Spieler, die anderen sind seine Figuren.

Jahr für Jahr legt er die Messlatte für die Figuren höher. Seinen Wachstumswünschen hat sich die Belegschaft zu großen Teilen untergeordnet, meint ein Ex-Mitarbeiter, weil es scheinbar ja auch ging: »Wenn jedes Jahr 20 bis 30 Prozent Wachstum gepredigt und erreicht wird, dann wird das nach außen kommuniziert. Und dann wird es noch mit dem Prüfsiegel des Wirtschaftsprüfers EY versehen. Dann glaubt die Organisation das auch.«

Braun begreift sich als Visionär – aber wie um alles in der Welt seine irrwitzigen Wachstumsziele umgesetzt werden können, davon soll er weniger Ahnung gehabt haben. »Braun hat immer viele Ideen aufgebracht, aber wenn es dann um die Frage ging, wie man die umsetzen kann, dann hatte er oft nichts Schlaues mehr zu sagen«, sagt ein langjähriger Wirecard-Berater. »Braun hatte keine Ahnung, was im Maschinenraum der Firma passiert. Der saß im Elfenbeinturm.«

KAPITEL 13

»FAKE NEWS«

Financial-Times-Journalist Dan McCrum nimmt den Kampf gegen Wirecard auf – und gerät ins Visier der deutschen Finanzaufsicht

Dan McCrum – der Mann, den Wirecard am meisten fürchtet – lächelt viel und spricht wenig. Das Auffälligste an dem Journalisten mit den dunkelbraunen Haaren ist noch die große Brille. McCrum hat nach dem Wirtschafts- und Politikwissenschaftsstudium als Analyst für die Citibank gearbeitet und 2007 bei der britischen Finanzzeitung *Financial Times* angefangen. Er ist ein sachlicher Mensch, überhaupt nicht emotional. Das ist beachtlich, denn Wirecard nimmt seine Recherchen persönlich – und attackiert ihn persönlich.

Der Journalist befasst sich seit 2014 mit Wirecard. Er habe einen Tipp bekommen, dass irgendetwas mit den Bilanzen nicht stimmt, schreibt er später. Seit 2015 veröffentlicht er kritische Artikel auf dem Finanzblog der *FT*. Titel der Serie: »House of Wirecards«. Der Begriff ist vielsagend und fast schon prophetisch: Wirecard, ein Kartenhaus.

Im Jahr 2019 eskaliert die Auseinandersetzung. Sie wird zum erbitterten Kampf um die Wahrheit. In diesem Kampf wird Wirecard sein mehrfach erprobtes Arsenal an Waffen verwenden. Es wird lange ungewiss sein, wer diesen Kampf gewinnen wird, weil einige Wirecard-Vertreter mittlerweile Profis darin geworden sind, Kritiker abzuwehren und zu diffamieren.

McCrum ist nicht nur der erste Journalist, der lange kritisch über Wirecard berichtet. Er ist vor allem auch der Erste, der die Geschehnisse bei Wirecard in Singapur publik macht – den Verdacht also, dass dort Umsatz erfunden wird. Jene Geschehnisse, die von Wirecard-Managern bis dato erfolgreich unter den Teppich gekehrt wurden, macht McCrum öffentlich. Seine Artikel führen dazu, dass die Staatsanwaltschaft in Singapur ein Ermittlungsverfahren unter anderem gegen Wirecard-Mitarbeiter einleitet.

Am 30. Januar berichtet die *FT* erstmals über dieses Thema. McCrum und seine Kollegin Stefania Palma zitieren aus einer internen Wirecard-Präsentation mit dem Titel »Project Tiger Summary« vom 7. Mai 2018. Sie stammt von der Anwaltskanzlei Rajah & Tann in Singapur, die von Wirecards dortigen Juristen damit beauftragt wurde, die Vorwürfe eines Whistleblowers rund um möglicherweise erfundene Umsätze aufzuklären. Nach einer ersten Analyse der Vorwürfe äußern die Anwälte hiernach den Verdacht, dass Wirecards Finanzchef Kurniawan möglicherweise Verträge gefälscht und sich der »Geldwäsche« schuldig gemacht haben könnte.

Der Artikel über Singapur erscheint. Der Kurs der Wirecard-Aktie bricht noch am Nachmittag des 30. Januar um 21 Prozent ein. Wirecard kontert mit einer Mitteilung an seine Investoren am nächsten Tag: »Es ist ein ungenauer, irreführender und diffamierender Medienbericht in der Financial Times über Wirecard veröffentlicht worden.« Die Grundlage für den Artikel sei »sachlich falsch«. Vielmehr nehme der Konzern alle Compliance-Verpflichtungen »sehr ernst«. Es seien »keine wesentlichen Compliance-Feststellungen über die Governance- und Rechnungslegungspraktiken einer Wirecard-Tochtergesellschaft oder das persönliche Verhalten von Herrn Kurniawan hervorgegangen«. Und wieder wird das Schreckgespenst der Shortseller bemüht:

»Es ist klar, dass der Journalist mit falschen Informationen versorgt wurde, und dass es vor Erscheinen des Artikels Kapitalmarkt-seitig zu verstärkten Short-Aktivitäten kam.«

Bei den Analysten verfängt Wirecards Strategie. Der größte Wirecard-Fan unter ihnen, Commerzbank-Analystin Heike Pauls, berichtete von »weiteren Fake-News eines Journalisten, der Wirecard quasi in Serie angreift«.

Schon am 1. Februar legt die *FT* nach und macht die Untersuchung der Anwaltskanzlei Rajah & Tann öffentlich. Sie berichtet darüber, dass die Anwälte in der Singapurer Niederlassung Hinweise auf Straftaten gefunden hätten.

Wirecard schießt zurück, nimmt McCrum persönlich ins Visier: »Es handelt sich um eine weitere ungenaue, irreführende und diffamierende Medienberichterstattung von Dan McCrum (FT).« Es sei »unwahr«, dass Rajah & Tann »jemals Feststellungen über ein wesentliches Fehlverhalten eines Wirecard-Mitarbeiters in Fragen der Rechnungslegung getroffen hat«.

Markus Braun gibt sich betont entspannt. Die Berichterstattung der *FT* erklärt er zum »Non-Event«. Man könne schon bald zum Tagesgeschäft zurückkehren, sagt er.

Da irrt er sich. Am 7. Februar berichten McCrum und Palma darüber, dass Kurniawan sechs Kollegen in Singapur gezeigt haben soll, wie man die Bücher manipulieren kann.

Einen Tag später durchsuchen Polizisten Wirecard-Büros in Singapur. Die Behörden haben ein Ermittlungsverfahren gegen sechs Wirecard-Mitarbeiter wegen mutmaßlichen Betrugs, Fälschung von Verträgen und Geldwäsche eingeleitet. Die Polizei verschafft sich Zugriff auf die E-Mail-Postfächer von neun Personen. Wirecard gibt vor, mit den Behörden zu kooperieren. In einer Stellungnahme heißt es: »Heute Morgen traf sich Wirecard mit der singapurischen Strafverfolgungsbehörde am Hauptsitz von Wirecard in Singapur und stellte der Polizei umfassendes Unterstützungsmaterial für ihre Ermittlungen zu den diffamierenden Behauptungen in der FT-Artikelreihe zur Verfügung.« Weiter heißt es darin: »Wir möchten erneut bestätigen, dass die Vorwürfe gegen Mitarbeiter von Wirecard unbegründet sind. Wir arbeiten eng mit der Polizei von Singapur zusammen, um alle Vorwürfe auszuräumen.«

Es klingt wie ein Treffen unter Freunden. Die Polizei, vielmehr die Staatsanwaltschaft in Singapur, hat nur einen ganz anderen Eindruck von dem »Treffen« als Wirecard. Nach Meinung der Staatsanwaltschaft haben die Wirecard-Mitarbeiter sich gerade nicht durch einen besonders ausgeprägten Willen zur Kooperation ausgezeichnet. Die Ermittler fühlten sich vielmehr in ihrer Arbeit behindert. Ein Mitarbeiter hält später in einem Chat mit einem Kollegen fest, man habe sie aufgefordert, es den Beamten nicht unnötig leicht zu machen und beispielsweise ihre Laptops nicht freiwillig herauszugeben.

Der Kurs der Wirecard-Aktie fällt zwischen dem ersten *FT*-Artikel im Januar und dem 15. Februar um 40 Prozent. Das ist nicht nur schlecht für Wirecards Aktionäre, sondern nun auch für McCrum. Denn plötzlich gerät er ins Visier der Ermittler. Die Münchner Staatsanwaltschaft ermittelt jetzt gegen ihn. Es geht um Marktmanipulation.

Warum?

Kurz bevor die *FT* kritische Artikel veröffentlichte, hatten mehrfach einzelne Spekulanten ihre Wetten auf einen Kurssturz der Wirecard-Aktie hochgefahren – der nach dem Erscheinen der Berichte dann auch eintrat. Es stand deswegen der Verdacht im Raum, dass die Spekulanten womöglich vorab darüber informiert waren, dass in der *FT* kritische Berichte erscheinen würden, und womöglich ein Mitarbeiter der *FT*, vielleicht sogar McCrum selbst, die Spekulanten im Vorfeld über ihre Pläne informiert hat. Das könnte den Tatbestand der Marktmanipulation und des Insiderhandels erfüllen. Die *FT* hatte derartige Vorwürfe umgehend zurückgewiesen.

Doch die Finanzaufsicht ist nervös. Sie sorgt sich um den Ruf des Finanzplatzes Deutschland und will verhindern, dass Aktienkurse von Kriminellen zulasten argloser Anleger manipuliert werden. Die Beamten entscheiden sich für eine schwerwiegende Maßnahme. Sie greifen in das Geschehen am Kapitalmarkt ein und verbieten am 18. Februar weitere Wetten auf einen sinkenden Kurs der Wirecard-Aktie, um möglicherweise kriminelle Machenschaften zu unterbinden und letztlich einen weiteren Absturz des Aktienkurses zu verhindern. Noch nie zuvor hatte die BaFin Spekulationen gegen ein einzelnes Unternehmen verboten. Viel schlimmer als der eigentliche Eingriff wiegt jedoch die Botschaft, die die BaFin sendet: Viele Investoren werten die Maßnahme als Freispruch für Wirecard und Schuldspruch für McCrum und diverse Spekulanten. Die Folge: Der Aktienkurs steigt deutlich.

Doch die *FT* lässt sich davon nicht wesentlich beeindrucken. Am 21. März veröffentlichen McCrum und seine Kollegen einen Bericht über den Mann, der bei Wirecard für das Asiengeschäft zuständig ist: Jan Marsalek. Sie berichten, dass der Vorstand in die Vorgänge in Singapur verwickelt sein könnte.

Wirecard präsentiert sich derweil als Aufklärer. Am 26. März verkündet der Konzern, »Einblick« in die Ergebnisse der Untersuchung der Rechtsanwaltskanzlei Rajah & Tann geben zu wollen, und veröffentlicht dann eine selbst erstellte Zusammenfassung der »aktualisierten Erkenntnisse« der Kanzlei. Das Ergebnis nimmt der Konzern in der Überschrift vorweg: »keine wesentlichen Auswirkungen auf die Abschlüsse«. Wirecards Zusammenfassung liest sich so, als seien die Vorkommnisse in Singapur eher harmlos gewesen. Ein paar Zahlen mussten korrigiert werden, womöglich hätten sich einzelne Angestellte in Singapur nach lokalem Recht auch strafbar gemacht. Mehr aber auch nicht.

Der Konzern ist um gute Nachrichten bemüht und bestätigt seine Prognose für 2019. Das Ziel: ein Ergebnis vor Zinsen, Steuern und Abschreibungen zwischen 740 und 800 Millionen Euro. Große Zahlen sind das, die die kleinen Millionenbeträge aus Singapur zusammenschrumpfen lassen. Die Botschaft: alles nicht so schlimm wie ursprünglich gedacht.

Auf Nachfrage heißt es mehrfach, auch schriftlich, bei den »aktualisierten Erkenntnissen« von Rajah & Tann, auf die sich Wirecards Zusammenfassung beziehe, handele es sich um den Abschlussbericht der Kanzlei zur Singapur-Affäre, was aber nachweislich gelogen ist. Vielmehr gab es nach dem 26. März 2019 noch einen weiteren finalen und unterschriebenen Report von Rajah & Tann, der 759 Seiten umfasst und das Datum 5. April 2019 trägt. Darin hält Rajah & Tann fest, dass einzelnen Geschäften keine realen Transaktionen zugrunde lagen und dass zumindest bei drei Personen davon auszugehen sei, dass sie sich strafbar gemacht hätten. Die Angelegenheit wird daraufhin von Wirecard trotzdem als nicht weiter relevantes Fehlverhalten einzelner Mitarbeiter abgetan.

Hat Braun es mal wieder geschafft?

Offensichtlich. Am 9. April 2019 erstattet auch die BaFin Strafanzeige bei der Staatsanwaltschaft München I, wegen des Verdachts der Marktmanipulation gegen McCrum und seine Kollegin Stefania Palma. Die Beamten verdächtigen die Journalisten, gemeinsame Sache mit Spekulanten gemacht zu haben, die darauf wetteten, dass der Kurs der Wirecard-Aktie abstürzt. Hätte es eine solche Zusammenarbeit tatsächlich gegeben, wäre das eine Straftat. Insofern ist es grundsätzlich nachvollziehbar, dass die BaFin sich die Angelegenheit näher anschaut. Das ist ihr Job, und sie darf auch vor Journalisten nicht Halt machen. Die BaFin hat auch Hinweise darauf, dass Informationen über anstehende Artikel in der Börsenszene kursierten. Nur: Gegen McCrum haben die Beamten bis auf einen verdächtigen Anstieg der Wetten gegen Wirecard im Vorfeld verschiedener Veröffentlichungen in der *FT* nichts in der Hand, das den Verdacht nahelegt, McCrum hätte sich mit den Spekulanten verbündet.

Anhand der Strafanzeige zeigt sich vielmehr, dass der Verdacht der Aufseher auf völlig weltfremden Annahmen gründet. So konstruiert die BaFin aus dem Umstand, dass McCrum mehrere Artikel hintereinander veröffentlicht hat, den Verdacht, dass er so »über einen längeren Zeitraum eine möglichst große Wirkung auf den Kurs« habe entfalten wollen, um »damit die Möglichkeiten zur profitablen Deckung der Short Positionen zu erhöhen«. Übersetzt heißt das: Die *FT* soll absichtlich mehrere Artikel hintereinander gebracht haben, damit Wirecards Kurs möglichst heftig abstürzt und die Spekulanten möglichst viel Gewinn machen.

Dabei ist es völlig normal, dass Journalisten, die sich lang und intensiv mit einem Sachverhalt befassen, ihre Erkenntnisse in mehreren Etappen veröffentlichen. Etwa, weil sie so viel Stoff haben, dass ein einzelner Artikel gar nicht reicht. Weil die Materie komplex ist und sie den Leser nicht überfordern wollen. Oder weil nach der ersten Veröffentlichung schlicht noch neue Informationen hinzukommen oder einzelne Aspekte noch nicht zu Ende recherchiert sind.

Interessant ist, dass die BaFin offenbar nicht in Erwägung zieht, dass die Informationen über geplante Artikel in der *FT* auch von der anderen Seite weitergegeben worden sein könnten. Plant ein Journalist einen kritischen Artikel, ist er verpflichtet, den Betroffenen vorher zu den Vorwürfen anzuhören. Üblicherweise erhält dann die Pressestelle einen Fragenkatalog per E-Mail. Wie lange im Vorfeld einer Veröffentlichung ein Unternehmen oder eine Person mit den Vorwürfen konfrontiert wird, hängt von der Komplexität des Themas und der Anzahl der Fragen ab. Ein Pressesprecher, der so eine Anfrage erhält, denkt dann jedenfalls in der Regel nicht allein über die Antworten nach – erst recht nicht bei einem börsennotierten Unternehmen. Er schickt die Fragen an die Fachabteilung weiter, informiert den Vorstand, interne und externe Rechtsanwälte oder PR-Berater. In Windeseile ist also eine zweistellige Zahl an Personen über eine geplante Veröffentlichung informiert. Wer will ausschließen, dass nicht eine dieser Personen die Information über einen anstehenden kritischen Artikel in der *FT* an Spekulanten weitergegeben hat? Wer will ausschließen, dass einer der

Berater nicht einem Kumpel davon erzählt und der die Information weitergetragen hat?

Die BaFin schießt sich scheinbar auf McCrum ein. Im Nachhinein liest sich der Text der Anzeige wie ein Anschlag auf die Pressefreiheit. Die BaFin und ihr Präsident Felix Hufeld müssen 2020 viel Kritik einstecken. Wurden die Aufklärer der *Financial Times* kriminalisiert?

Hufeld sagt, in diesem Zusammenhang werde sehr viel Unsinn behauptet. »Zunächst einmal, wir haben nach den FT-Berichten Anfang 2019 sofort eine Prüfung der Unternehmensbilanzen von Wirecard veranlasst. Den anderen Anhaltspunkten mussten wir aber auch nachgehen.« Nach den gesetzlichen Regeln komme es nicht darauf an, ob das, was ein Journalist berichtet, wahr oder falsch ist. Entscheidend sei, ob mit einer Berichterstattung die Preisbildung am Markt manipuliert wird. Die Behörde sei verpflichtet, Anzeige zu erstatten, »wenn wir konkrete Anhaltspunkte für Marktmanipulation haben«. Im Fall *FT* hätte die BaFin »sehr konkrete Hinweise von der Staatsanwaltschaft München bekommen«, dass es in engem Zusammenhang mit den Berichten zu auffälligen Transaktionen gekommen sei.

Der Journalist Dan McCrum muss sich bei seinen Kollegen dumme Sprüche anhören. »Bist du noch gar nicht verhaftet?« wird in dieser Zeit zur Standardbegrüßung, erzählt der *FT*-Mitarbeiter.

Und die Vorwürfe gegen Wirecard? Die Staatsanwaltschaft München soll laut bayerischem Justizministerium »parallel dazu einen Prüfvorgang eingeleitet und in diesem fortlaufend die insoweit bestehende Verdachtslage beobachtet und überprüft« haben. Aber: »Aus Sicht der Staatsanwaltschaft lagen zum damaligen Zeitpunkt keine zureichenden tatsächlichen Anhaltspunkte für Straftaten von Verantwortlichen der Wirecard AG vor.«

BaFin-Präsident Hufeld sagt, er hätte gerne mehr Kontrolle über Wirecard gehabt. Da Wirecard jedoch keine Finanzholding war, hätte die BaFin nur Zugriff auf die Wirecard Bank, eine Tochter des Konzerns gehabt, aber eben nicht auf das ganze Unternehmen. »Aufseher wollen grundsätzlich eher mehr als weniger Zugriff auf Unternehmen haben. Wir können dabei aber nicht geltende rechtliche Maßstäbe ignorieren.«

Zur Wahrheit gehört allerdings auch, dass zum Wirecard-Konzern eine Bank gehört und die BaFin über die Prüfung einer Bank sehr viel Druck ausüben kann, wenn sie will, auch auf die Eigentümer – also in diesem Fall die Wirecard AG. Wenn die Beamten bei einem Finanzinstitut einmarschieren, dann stehen selbst gestandene Vorstände in aller Regel stramm und liefern den Beamten, was sie haben wollen; dann zetteln die Manager normalerweise keine Debatte darüber an, was sie den Beamten liefern müssen und was nicht. Dafür ist die BaFin letztlich im Bankensektor viel zu mächtig und die Palette schwerwiegender Konsequenzen – bis hin zum Verlust der Banklizenz – für ein Institut viel zu groß. Diese Macht hätte die BaFin auch bei Wirecard nutzen können.

Was man jetzt ändern muss? »Da zerbreche ich mir den Kopf«, sagt der BaFin-Präsident. Die Bilanzkontrolle will er schneller und effektiver machen. Er will erreichen, dass Unternehmen wie Wirecard künftig als Finanzunternehmen – und nicht als Technologiekonzerne – betrachtet werden. Denn bei Finanzunternehmen hat die BaFin weitreichendere Befugnisse. »Taten mit solch einer brutalen kriminellen Energie kann man nicht ganz ausschließen – aber man kann sie erschweren. Da sind wir dran«, sagt Felix Hufeld.

Fazit: Hufelds Mitarbeiter haben im Fall Wirecard die Gesetze befolgt, sich dabei aber in der deutschen Bürokratie verheddert. Auch wenn die BaFin nicht direkt im Wirecard-Konzern hätte durchgreifen können, die Aufseher hätten früher Rabatz machen müssen. So viel steht fest.

25. April 2019: Markus Braun betritt den Konferenzraum eines Hotels, wenige Minuten von der Aschheimer Firmenzentrale entfernt. Vor ihm versammeln sich gleich fünf Fotografen und knipsen wild

drauflos. Der Vorstandschef des Finanzdienstleisters Wirecard wirkt gelassen, mit einem breiten Lächeln auf den Lippen. Die Bilanz-Pressekonferenz des Unternehmens war sonst eher eine familiäre Veranstaltung. An diesem Donnerstag sitzen mehr als 40 Journalisten und Analysten im Raum. Gleich zu Beginn greift Braun die Berichterstattung der *FT* auf. Diesen »Elefanten« wollte er erst einmal »aus dem Raum führen«. Der Vorstandschef hält fest: Die Geschäfte in Singapur wurden untersucht. Sämtliche Vorwürfe gegen Mitarbeiter dort haben sich in ihrer »strafrechtlichen Qualität nicht bewahrheitet«. Es sind keine Anzeichen gefunden worden, dass Mitarbeiter dort vorsätzlich gehandelt hätten. Die Botschaft, die er vermittelt: Es ist alles halb so wild.

Und Braun hat einen verdammt guten Beleg dafür: Ein Testat seines Wirtschaftsprüfers EY, der als Konsequenz aus der Singapur-Affäre von Wirecard lediglich fordert, dass der Umsatz nachträglich um 1,5 Millionen Euro reduziert sowie Forderungen von 11 Millionen und Verbindlichkeiten von 10 Millionen Euro neu ausgewiesen werden. Damit ist die Angelegenheit erledigt und die Berichterstattung der *FT* scheinbar widerlegt. Braun gibt sich selbstsicher. Er spricht frei, ohne Manuskript, und vermittelt den Eindruck, dass er sich über die Affäre nicht sonderlich aufregt. Damit will er sich gar nicht lang aufhalten und stattdessen lieber über seinen Plan für die Zukunft reden, die Strategie 2025.

Braun gelingt es abermals, Zweifel am Erfolg seines Unternehmens zu zerstreuen. Diesmal helfen ihm nicht nur gute Zahlen und Wirtschaftsprüfer EY, sondern auch eine Nachricht, die er als Sensation verkündet: Der japanische Superstar unter den Technologie-Investoren will in sein Wachstumsunternehmen investieren: Softbank. Die Japaner geben Wirecard 900 Millionen Euro, im Rahmen einer Wandelanleihe. Der Aktienkurs steigt daraufhin am 24. April um zwischenzeitlich 10 Prozent.

Einige Investoren und Analysten werten den Einstieg von Softbank als Beleg für die Seriosität Wirecards. Schließlich investieren die Japaner nicht so viel Geld, ohne eine ausführliche Due Diligence durchgeführt zu haben, so die Annahme. Doch in Wahrheit geht Softbank kaum ins Risiko: Nicht Softbank hat bei Wirecard investiert, sondern nur einige Topmanager des japanischen Unternehmens im Verbund mit dem Staatsfonds aus Abu Dhabi.

Trotzdem: Wirecard hat – wieder einmal – Bedenken zerstreut. Bis zum Sommer wird der Aktienkurs auf 150 Euro steigen.

Nur ein paar alte Bekannte mögen mal wieder nicht an Brauns fantastische Prognosen glauben – die Hedgefonds-Manager mit den kurzen Hosen aus London. Im Frühjahr 2017 hatte Greenvale Capital seine Wetten gegen die Wirecard-Aktie aufgelöst. Im Herbst 2018 schlägt der Hedgefonds wieder zu. »Wir sind die ganze Zeit an Wirecard drangeblieben«, sagt Gründungspartner Oliver Cobb. »Unsere Haltung hat sich nie geändert. Aber nachdem der Indien-Deal einfach so durchgegangen war, niemand skeptisch wurde und die Aktie trotzdem weiter stieg, sahen wir kaum noch eine Chance, dass unsere Wette in absehbarer Zeit aufgehen könnte.« Ein Hedgefonds-Manager hat nichts davon, wenn er recht hat, solange viele andere Aktionäre meinen, dass er unrecht hat, und den Kurs einer Aktie weiter in die Höhe treiben.

Sie hätten »die ganze Zeit nach einem möglichen Auslöser dafür gesucht, dass sich das jetzt ändern könnte«. Sie suchten nach einem Grund, um ihre Short-Position wieder aufzubauen, sagt Cobb.

Greenvales Investment-Chef Emery erzählt: »Im Sommer haben wir auf dem Weg zu einem Cricket-Match im Team lange über Wirecard diskutiert. Ich dachte danach, das kann doch nicht sein. Wir haben recht, und jetzt müssen wir die kriegen – was immer es kostet, Zeit, Geld. Das ist egal.« Bei der Jagd auf Wirecard sei es irgendwann nicht mehr ausschließlich darum gegangen, Kasse zu machen. »Es wurde zur Mission.« Eine Mission, die im Sommer beziehungsweise Herbst 2019 wiedermal zu scheitern droht, als Braun über zwei Anleihen 1,4 Milliarden Euro organisiert.

Selbst wenn Cobb und seine Kollegen recht haben und es bei Wirecard nicht mit rechten Dingen zugeht und das Unternehmen doch nicht so viel verdient, wie alle denken: Mit so viel Geld auf der hohen Kante lässt sich auch ein Apparat wie Wirecard lang am Leben halten. Als Wirecard im Jahr 2020 zusammenbricht, errechnet der Insolvenzberater, dass Wirecard zuletzt jede Woche 10 Millionen Euro Cash verbrennt. Mit den 1,4 Milliarden Euro an frischem Kapital in der Kasse hätte Wirecard also noch verdammt lang durchhalten können.

Aber das Hedgefonds-Trio aus der Londoner Vere Street lässt sich nicht verunsichern. Sie haben einfach schon wieder zu viel Spaß mit Wirecard. Der Grund dafür sind drei Buchstaben: MCA. Das ist die Kurzform für ein neues Produkt aus der Wirecard-Ideenschmiede und steht für »Merchant Cash Advance«. Wir erinnern uns: Ein Kunde zahlt im Internet per Kreditkarte. Wirecard bekommt dann das Geld von der Kreditkartenorganisation, leitet es aber nicht sofort oder zumindest nicht sofort alles an den Händler weiter. Wirecard hält einen Teilbetrag zurück. Für den Fall, dass Kunden des Händlers später Zahlungen rückabwickeln wollen, will Wirecard, wie jeder andere Zahlungsanbieter auch, abgesichert sein.

Das MCA-Geschäft funktioniert so: Wirecard bietet den Händlern an, dass sie das Geld auch deutlich schneller haben können. Im Gegenzug müssen sie einen Abschlag von 1 bis 2 Prozent auf den Betrag akzeptieren, der ihnen eigentlich zusteht. Aus Wirecards Perspektive ist es ein Kredit, den sie an den Händler geben, und der Abschlag sind nichts anderes als die Zinsen, hochgerechnet etwa 12 bis 24 Prozent im Jahr. Eine neue und sehr attraktive Einnahmequelle soll dieses MCA also sein. Die hohen Zinsen sprechen aber auch für ein hohes Risiko.

Ende 2018 will Wirecard Kredite von rund 285 Millionen Euro ausgereicht haben. Ende März 2019 sind es bereits 400 Millionen Euro. Das Produkt kommt also gut an. So scheint es.

Kann das sein? Greenvales Spürhund Di Liscia geht der Sache nach und findet schnell Widersprüche. »Im November 2018 hieß es bei einer Telefonkonferenz für Analysten, man sei in Brasilien mit dem Produkt gestartet. Dort gebe es MCA schon und auch in der Region Asien-Pazifik. Später heißt es noch mal, Brasilien und Türkei seien die Hauptmärkte. Der Grund: In diesen Ländern könne es ab dem Zeitpunkt, an dem ein Kunde bei einem Händler mit Karte bezahlt, 30 Tage dauern, bis der Händler sein Geld bekommt, weil die Banken der Kunden das Geld erst spät zur Verfügung stellen. In der Türkei könne es sogar noch länger dauern. In diesen Märkten sollte der Bedarf also am höchsten sein.«

»Und dann sollte es plötzlich anders sein«, sagt Di Liscia. Nun habe Braun gesagt, dass auf die Türkei und Brasilien etwas weniger als ein Drittel der MCA-Kredite entfalle. »Der Rest verteile sich über Europa und Asien.« Dabei habe er zuvor ja das Gegenteil gesagt. »Und Susanne Steidl, die es als für Produkte zuständige Vorständin eigentlich wissen müsste, sagte, dass MCA in Europa überhaupt erst Ende 2019 starten sollte.« Di Liscia lacht, fasst sich an die Stirn und schüttelt den Kopf. »Es war verrückt. Sie haben sich permanent widersprochen.« Wenn Wirecard diese Kredite vergeben habe, »dann müssten sie ja wissen wohin«.

Mit ihrer These, dass hier womöglich etwas nicht stimmt, hatte die Greenvale-Truppe ins Schwarze getroffen: Im April 2020 wird KPMG publik machen, dass hinter den Volumen, die Wirecard Ende 2018 als MCA ausgab, weniger direkte Finanzierungen für Händler, sondern vor allem Kredite standen, die Wirecard an zwei der drei großen Drittpartner gegeben hatte. Das ist aber nicht das einzige Mysterium: In Singapur gibt es ein Unternehmen namens Ocap Management. Ocap gehörte mal zum selben Unternehmensverbund wie Senjo, das ist der dubiose Drittpartner aus Singapur, der schon umfangreich mit Wirecard im Geschäft ist. Bei Ocap lässt sich eine erstaunliche Transformation des Geschäftsmodells nachzeichnen: Im Jahr 2017 verdient die Firma ihr Geld noch vor allem mit Schiffen und Öl-Großhandel. 2018 wird Carlos Häuser neuer Chef – er ist der Ehemann von Wirecards

Asienchefin Brigitte Häuser-Axtner und war selbst mal Führungskraft bei Wirecard. Die Eheleute sollen enge Vertraute von Jan Marsalek sein.

Nach Häusers Amtsantritt wechselt die Firma ihr Geschäftsmodell und bietet nun unter anderem Zwischenfinanzierungen für Onlinehändler an – MCA also. Das Geld dafür bekommt Ocap – man ahnt es schon – von Wirecard. Zunächst 115 Millionen Euro. Die Wirtschaftsprüfer von KPMG werden später in einem Bericht festhalten, man habe ihnen mitgeteilt, dass Wirecard Kunden an Ocap vermittelte, damit Ocap dann MCA-Kredite an diese Kunden ausreicht. Laut KPMG-Bericht gibt es aber keine schriftlichen Verträge zu irgendwelchen Kundentransfers, und Geld soll Wirecard für die Vermittlung der Kunden auch nicht bekommen haben. Ob und an welche Kunden Ocap das Geld weiterverlieh, konnte KPMG nicht nachprüfen.

Geht's noch wilder? Ja. Ende März 2020, also kurz bevor es mit Wirecard zu Ende geht, bekommt Ocap noch einmal 100 Millionen Euro von Wirecard, wie sich aus dem Bericht des Insolvenzverwalters ergibt. War Ocap letztlich nur ein Vehikel, um Geld aus dem Unternehmen zu schleusen?

Ein Ex-Wirecard-Mitarbeiter berichtet, man habe mit Ocap viel vorgehabt, und zwar echte Geschäfte. Dazu sei es nur nicht mehr gekommen. Die Geschichte, die er erzählt, geht so: Wirecard wollte seine angeschlossenen Händler schneller ausbezahlen als in der Vergangenheit – und musste es sogar. Denn Wirecard hatte viele Kunden der amerikanischen Citigroup in Asien übernommen, und diese Kunden waren es von der Citi eben gewohnt, ihr Geld zügig zu erhalten. Die Aschheimer standen unter Druck, denselben Service zu liefern. Letztlich sollte künftig das Geld an den Händler teilweise schon fließen, bevor Wirecard es selbst von der Kreditkartenorganisation bekommen hat.

Das Problem jedoch war das Risiko: Wenn Kunden nach einer Bestellung ihr Geld von einem Händler zurückfordern, müsste Wirecard dafür geradestehen, wenn der Händler das Geld nicht erstatten kann. Eine Sicherheit hätte Wirecard nicht, weil es das Geld des Kunden ja schon an den Händler ausgezahlt hat. Die Lösung: Ein Partner muss her, der Wirecard das Risiko abnimmt. Und da kommt Ocap ins Spiel.

Ocap sollte Wirecard im ersten Schritt das Geld leihen, das Wirecard an den Händler auszahlt. In einem zweiten Schritt sollte Ocap Wirecards Forderungen gegen die Kreditkartenorganisationen kaufen. Ocap sollte die Forderungen selbst aber auch nicht behalten, sondern aus mehreren solcher Forderungen ein Wertpapier basteln und es weiterverkaufen. Solche Wertpapiere wollte Ocap auch für andere Finanzdienstleister schnüren. Zur Umsetzung sei der Plan aber nicht gekommen, weil es Wirecard bis zur Insolvenz nicht gelang, die Citikunden zu integrieren, sagt der Insider.

Ein realistischer Plan? Oder nur eine Geschichte von Marsalek für seine Mitarbeiter, damit sie nicht zu viele Fragen zu den voluminösen Krediten, die Wirecard an Ocap ausgereicht hatte, stellen?

Final lässt sich das aktuell nicht klären. Einige Angaben aber lassen sich plausibilisieren. Der Insider sagt, dass Ocap den ersten Kredit von Wirecard über 115 Millionen Euro bekommen hat, damit das Unternehmen mit diesem Geschäftsmodell erst mal an den Markt gehen, also anderen Zahlungsabwicklern schon mal Geld zur Verfügung stellen und ihnen Forderungen abkaufen konnte. Dies sei auch geschehen. Wirecard selbst habe im Dezember 2019 Ocap ein Wertpapier abgekauft, bestückt mit Forderungen anderer Zahlungsabwickler im Wert von 40 Millionen Euro. Ocap habe das Geld aus dem Geschäft dann genutzt, um seinen 115-Millionen-Euro-Kredit bei Wirecard um 40 Millionen Euro zu tilgen. Ein weiterer Wirecard-Mitarbeiter bestätigt, dass Ocap einen Teil des Kredits getilgt habe.

Fakt ist: Eine Tochter der Ocap in Luxemburg erklärt in ihrem Geschäftsbericht für das Jahr 2019, Forderungen ihrer Muttergesellschaft in Singapur in Höhe von 40 Millionen Euro angekauft zu haben und im Dezember ein Wertpapier über 40 Millionen Euro herausgegeben zu haben. Wer das Wertpapier gekauft hat und was das für Forderungen waren, steht dort nicht. Lediglich die dort ausgewiesenen Summen passen zu dem, was der Wirecard-Mitarbeiter sagt.

Der Insider erzählt weiter, dass von den 100 Millionen Euro, die Ocap im März bekam, nur 40 Millionen Euro als langfristiger Kredit an das Unternehmen gegeben worden seien. Für die restlichen 60 Millionen Euro sei wieder ein mit Forderungen befülltes Wertpapier von Ocap gekauft worden.

Nachvollziehbar ist auch hier wieder nur, dass die Ocap-Tochter in Luxemburg Forderungen von ihrer Mutter in Singapur in Höhe von 60 Millionen Euro gekauft hat und dann ein Wertpapier in Höhe von 60 Millionen Euro begeben hat – zumindest laut dem Geschäftsbericht der Gesellschaft. Damit wäre noch nicht geklärt, ob Wirecard diese Wertpapiere gekauft hat, und es wäre auch noch nicht geklärt, was für Forderungen Ocap genau in diese Wertpapiere gepackt hat und ob sie werthaltig sind oder nicht. Ocap-Chef Carlos Häuser mochte sich hierzu nicht äußern.

Zumindest aber lässt sich sagen: Die Geschäfte, von denen der Ex-Wirecard-Mitarbeiter berichtet, scheinen nicht völlig aus der Luft gegriffen.

Nur: Selbst wenn die Version des Ex-Mitarbeiters stimmt, hätte Ocap immer noch Schulden in Höhe von rund 115 Millionen Euro bei Wirecard. Und es stellt sich naturgemäß die Frage, warum Wirecard so viel Geld an ein Unternehmen gibt, das selbst gar keine Erfahrung in diesem Geschäftsfeld hat. Sollte ein DAX-Konzern nicht in der Lage sein, einen etablierten Partner zu finden, wenn er Finanzgeschäfte machen will? Und warum brauchte Ocap im März noch einmal frisches Geld, wo das Unternehmen zumindest laut der Bilanz der Luxemburger-Tochter 2019 doch nur Forderungen im Volumen von 40 Millionen Euro gekauft hat?

Wer von den Krediten profitierte, die Ocap bislang bekam, ist bis heute unklar. Gesellschafter der Ocap ist eine Tochter des Schweizer

Versicherungskonzerns Swiss Life. Ocap-Chef Häuser soll auch gegenüber Mitarbeitern von Wirecard und auch des Wirtschaftsprüfers KPMG stets behauptet haben, die Swiss Life sei der Eigentümer von Ocap. Die Schweizer Versicherung aber erklärt, die Beteiligung quasi nur treuhänderisch zu halten, letztlich für eine Privatperson, mit der sie einen Vertrag über eine fondsgebundene Lebensversicherung geschlossen habe. Wer der Begünstigte dieser Versicherung ist, will ein Sprecher des Versicherungskonzerns nicht sagen. Nach den eigenen Abklärungen stünde die Person jedoch »in keiner Beziehung zu Wirecard oder einem mit ihr verbundenem Unternehmen«.

Wenn die Geschäftspartner von Wirecard seriös sind, warum liegt dann so oft im Dunkeln, um wen es sich eigentlich handelt? Die Verkäufer der Kundenportfolien in Asien, die Eigentümer des Mauritius-Fonds, der eine indische Firma an Wirecard verkaufte, der Eigentümer von Ocap – ihre Firmen bekamen alle viel Geld von Wirecard. Wo es landete, lässt sich aber nicht nachvollziehen.

KAPITEL 14

SCHAMPUS, SCHNITZEL, GRÖSSENWAHN

Das schillernde Leben des Jan Marsalek – und die irre Geschichte vom Plan, die Deutsche Bank zu übernehmen

Wenn es ein Münchner Lokal gibt, in dem die Wirecard-Elite gerne und häufig einkehrte, dann ist es das Stammhaus des Münchner Feinkost-Gastronomen »Käfer« in der Prinzregentenstraße 73. Oben, im ersten Stock des Gebäudes, hat Markus Braun früher auch schon mal Aufsichtsräte in einer der exklusiven »Käfer-Stuben« zum Essen ausgeführt. Das Bistro unten, gleich neben dem Feinkostladen, war eine Art zweites Zuhause von Jan Marsalek.

»Dort drüben haben wir häufig gesessen«, sagt Martin Osterkamp. Er zeigt auf einen Zweiertisch, gegenüber der Bar. Der Kellner vermisst Marsalek an diesem Donnerstag im September 2020 sehr. »Das war ein sehr guter Gast«, sagt er wehmütig.

Martin Osterkamp heißt im richtigen Leben anders. Er will seinen Namen hier nicht lesen. Wegen Wirecard, wegen Marsalek, wegen der Ermittlungen und weil er fürchtet, keine Aufträge mehr zu bekommen. Er ist Kommunikationsberater. Wenn er ins Spiel kommt, hat ein Unternehmen oder ein Manager Probleme.

Martin Osterkamp ist einer der wenigen Menschen, die von sich sagen können, dass sie Jan Marsalek – zumindest für eine gewisse Zeit – etwas nähergekommen sind. Osterkamp hat ihn beraten, hat Attacken auf die Journalisten der *Financial Times* geplant und durchgeführt. Osterkamp war involviert in Pläne, die aus heutiger Sicht ein Symbol für die Arroganz und Machtbesoffenheit der ganzen Wirecard-Clique sind: die Übernahme der Deutschen Bank durch Wirecard. Am Ende wird Osterkamp noch mit Marsalek Nachrichten austauschen, da ist dieser schon untergetaucht.

Osterkamps Zeit bei Wirecard beginnt seinen Angaben zufolge im Februar 2019. Über einen Bekannten ist er mit Wirecard-Finanzvorstand Alexander von Knoop in Kontakt gekommen und besucht ihn in dessen Aschheimer Büro. Von Knoop, gerade mal 13 Monate im Amt, wirkt auf Osterkamp verzweifelt. Er hadert demnach mit den vielen Zukäufen, die Wirecard in den vergangenen Jahren gemacht hat, beklagt sich über Informationsmangel und dass die Compliance zu schwach sei. Vor allem zu den Zukäufen in Asien habe er zu wenig Informationen. Von Knoops Anwalt gibt dazu keine Stellungnahme ab.

Osterkamp sagt, er sei beeindruckt gewesen von der Ehrlichkeit des Finanzvorstands: »Ich dachte, der ist auf dem richtigen Weg. Der will wirklich etwas ändern.« Also heuert Osterkamp an, wird externer Berater. Er trifft sich mit von Knoop. Weil immer mehr Fragen zum Asien-Geschäft auftauchen, soll laut Osterkamp ein Treffen mit dem Mann stattfinden, der sich damit auskennt.

Osterkamp erinnert sich noch, wie Jan Marsalek zur Besprechung kommt: mit einem kleinen Mäppchen, seinem Laptop und seinem Telefon. »Das ist alles, was er zum Arbeiten braucht«, sagt Osterkamp. Marsalek habe gerne über den Messenger »Telegram« kommuniziert. Osterkamp habe viele Fragen gestellt – zu Singapur oder zu Wirecards teurem Firmenkauf in Indien. Marsalek sei aber häufig ausgewichen. Osterkamp will auch den Eindruck gewonnen haben, dass von Knoop seinem Vorstandskollegen Marsalek nur bedingt vertraut.

Die Treffen des PR-Manns mit Marsalek werden im Sommer 2019 häufiger. Osterkamp holt Marsalek mit seinem Mercedes vor seiner Wohnung in der Münchner Innenstadt ab. Sie gehen in Bars, in Restaurants, vor allem zum »Käfer«, wo es ein gutes Wiener Schnitzel gibt.

Osterkamp besucht Marsalek auch in dessen Büro in der Wirecard-Zentrale. Und staunt über die Einrichtung: Marsalek scheint laut Osterkamp ein Faible für Populisten und Potentaten zu haben: Neben dem Schreibtisch steht eine lebensgroße Trump-Figur. Osterkamp sagt, dass er auch russische Fellmützen, Militärabzeichen und Matroschka-Puppen gesehen habe. Geschenke seien das, von russischen Oligarchen, mit denen er befreundet sei und auch mal in den Urlaub fahre, soll Marsalek erklärt haben.

Osterkamp erfährt, dass Marsalek von Geheimdiensten fasziniert ist. *Der Spiegel* wird später über einen »Jan aus dem BVT« berichten, wobei BVT für »Bundesamt für Verfassungsschutz und Terrorismusbekämpfung« steht, es ist der österreichische Inlandsnachrichtendienst. Derzeit wird überprüft, ob es sich bei »Jan« um Marsalek handelt. Der russische Inlandsgeheimdienst FSB soll Marsalek nach *Spiegel*-Recherchen überwacht haben, spätestens ab 2015. War Marsalek nur ein Beschattungsobjekt? Oder ein wichtiger Informant?

In der Tat ist eine Firma wie Wirecard für Geheimdienste interessant: Laufen doch über Zahlungsabwickler Geldströme in alle Teile der Welt: Israelis wollen wissen, wohin der Iran seine Gelder lenkt. Amerikaner wollen wissen, wohin die Russen und die Chinesen Geld überweisen.

Dazu passt auch ein bemerkenswerter Auftritt Marsaleks bei der Münchner Staatsanwaltschaft. Stattgefunden hat er am 21. Februar 2019, auf Wunsch von Marsalek. In der Zeugenvernehmung ging es noch mal um die Berichte der *FT* über Singapur, um eine Kollaboration aus Journalisten und Shortsellern. Marsalek berichtete den Ermittlern von einem Erpressungsversuch: Ihm sei angeboten worden, dass die kritischen Berichte in der britischen Presse aufhören könnten, wenn er ungefähr 2 Millionen britische Pfund zahlt. Außerdem soll einer der Informanten, der die Vorgänge in Singapur an die Presse durchgestochen hat, im Bunde mit den Shortsellern stehen, er sei sogar auf Kosten der Spekulanten nach London geflogen. Woher er das wisse? »Über einen Bekannten, der für einen ausländischen Staat arbeitet«, so Marsalek, der den Staatsanwälten seine Rolle wie folgt beschrieb: »Seit dem Zatarra-Report bin ich auch für einen Bereich zuständig, den man umgangssprachlich als Feindaufklärung beschreiben könnte.«

Ein DAX-Vorstand, der mit Geheimdienstkontakten prahlt – kein Wunder, dass dies die Fantasie von Drehbuchautoren anregt. Dies ist der Stoff, aus dem Netflix-Serien gemacht werden.

Ebenfalls dazu passt, dass Marsalek nach Erkenntnis der Münchner Staatsanwaltschaft noch ein zweites Büro außerhalb von Wirecard genutzt hat: Es befindet sich in einer Villa, Prinzregentenstraße 61, gar nicht weit vom »Käfer« entfernt. Gegenüber liegt das russische Generalkonsulat.

Kommunikator Osterkamp berichtet, Marsalek habe ihm erzählt, dass Wirecard Geheimdienste mit Banklegenden und Kreditkarten ausstatte. Vor allem vom Mossad und der CIA soll er erzählt haben.

Die neuen Freunde gehen ab und zu zusammen essen. Osterkamp hat noch eine Rechnung von einem feinen Restaurant am Wittelsbacher Platz: Osterkamp sagt, dass er selbst keinen Alkohol trinke. Die folgenden Getränke auf der Rechnung seien alle auf Marsalek gegangen: Eine Flasche Champagner für 325 Euro und zwei Gin Tonic. Zusammen mit dem Essen kommen die beiden auf eine Rechnung von 779 Euro. »Jan hat 900 Euro gezahlt. In bar«, sagt Osterkamp. »Er hat gesagt, dass er elektronischen Zahlungsmitteln misstraut.« Der

Mann, der seine Karriere darauf aufbaut, dass Menschen mit Karte bezahlen, zahlt selbst lieber bar. Auch seine schwere Kreditkarte aus reinem Gold trage er nur zum Herzeigen bei sich. Marsaleks Anwälte wollten sich hierzu nicht äußern.

Die beiden plaudern über den Aufsichtsrat – von dem Marsalek nicht viel gehalten haben soll. Oder über alte Zeiten: »Früher, bei der alten Wirecard – bevor wir an der Börse waren –, da konnten wir machen, was wir wollten«, soll Marsalek sinngemäß gesagt haben. Doch auch über die Zukunft reden sie. Osterkamp hat sich Gedanken gemacht. Was wäre denn, fragt er Marsalek, wenn Wirecard die Deutsche Bank übernehmen würde? »Marsalek hat mich mit großen Augen angeschaut und gesagt, dass es im Frühjahr bereits Gespräche mit der Deutschen Bank über eine Zusammenarbeit gegeben habe. Diese seien aber gescheitert.«

In der Tat haben sich Vertreter der Deutschen Bank und Wirecard im Frühjahr 2019 getroffen. Deutsche-Bank-Chef Christian Sewing spricht mit Braun über mögliche Synergien, aber niemals über eine Fusion, wie es aus beiden Lagern heißt. Die beiden Konzernchefs finden aber keine gemeinsame Basis für eine Zusammenarbeit. Die Vertreter der Deutschen Bank brechen die Gespräche ab.

Osterkamp sagt, dass er bei dem Treffen mit Marsalek beim »Käfer« einen Zettel herausgeholt und es einfach mal aufgeschrieben habe. Die Deutsche Bank: niedriger Börsenwert, graue Mäuse im Vorstand – dafür eine riesige Bilanzsumme von 1,3 Billionen Euro. Wirecard: hohe Börsenbewertung, zukunftsfähiges Fintech. Das passt. Dazu wäre es eine innerdeutsche Übernahme. Diesen Vorteil könne man Politikern schmackhaft machen: »AKK«, CDU-Chefin Annegret Kramp-Karrenbauer, etwa oder Finanzstaatssekretär Jörg Kukies, der vor seinem Einstieg in die Politik bei der Investmentbank Goldman Sachs war. Beide Namen stehen auf Osterkamps Zettel. Als er mal auf die Toilette muss, kommt er an einer Vitrine vorbei, in der ein teurer Cognac ausgestellt ist: Louis XIII., die Magnum-Flasche kostet um die 8000 Euro. Die Flasche steht übrigens im Sommer 2020 immer noch da. Zurück am Tisch schlägt er vor, das Projekt nach dem Cognac zu benennen. Marsalek findet die Idee gut und berichtet, dass er neulich erst auf einer Feier war, wo ein Gast so eine Flasche zum Leidwesen des Gastgebers ziemlich leer getrunken hätte.

Osterkamp notiert auf seinem Schmierzettel: »Skandalnudel kauft demente Alte = Louis XIII« – mit der Skandalnudel meint er Wirecard, mit der Alten die Deutsche Bank. Marsalek sei begeistert gewesen, Braun wenig später angeblich auch.

Doch in diesem Sommer ist nicht nur Wirecard aktiv, sondern auch Dan McCrum und seine Kollegen bei der *FT*. McCrum befasst sich mit den Drittpartnern von Wirecard, vor allem mit einer Liste, auf der angebliche Kunden von Wirecards Drittpartner Al Alam stehen. Die Journalisten stellen fest, dass einige der Kunden schon gar nicht mehr existierten, als sie noch Geschäfte mit Al Alam gemacht haben sollen. Andere ruft McCrum an. Die meisten, die er erreicht, sagen aber, dass sie von Al Alam noch nie etwas gehört haben.

McCrum sieht damit seinen Verdacht untermauert, dass ein großer Teil des Wirecard-Geschäfts erfunden sein könnte. Mitte Juli will die *FT* mit dem Bericht rausgehen; vorher konfrontiert sie Wirecard mit den Vorwürfen. Die Antwort: Wirecard weist die Vorwürfe zurück, wirft McCrum vor, gefälschte Dokumente zu verwenden. Diese Vorwürfe kennt McCrum bereits. Doch dann, so erzählt der Journalist später, geht Wirecard zu einem Angriff über, den er überhaupt nicht erwartet hat: Man habe Kenntnis davon, schreiben Wirecard-Vertreter laut dem Journalisten, dass die bevorstehende Veröffentlichung bereits an Shortseller verraten wurde – und dass die *FT* Teil einer Shortselling-Strategie sei.

Was ist passiert?

Ein paar Tage zuvor ist PR-Berater Osterkamp mal wieder mit Marsalek in München zusammen. Der erzählt ihm, so Osterkamp, dass er jetzt endlich einen Beweis dafür hätte, dass die *FT* mit Shortsellern gemeinsame Sache macht. Er präsentiert ein Tonband, auf dem angeblich die Stimmen von Nick Gold, einem Londoner Spekulanten, und dessen Geschäftspartner Jonathan Dennis zu hören sind. Die Herren hatten Besuch bekommen von einem Mann, der vorgab, im Namen eines Investors aufzutreten, der 50 Millionen Pfund investieren wollte – und zwar schnell. Gold und Dennis erzählten von Wetten auf einen Kurssturz der Wirecard-Aktie und davon, dass bald ein neuer Artikel bevorstehe. Was die beiden Shortseller nicht wussten: Ihr Gegenüber war ein Detektiv, der alles aufzeichnete. Und der meinte, er hätte jetzt einen Beweis dafür, dass die Redakteure der *FT* mit Spekulanten unter einer Decke stecken. Dabei hatten weder Gold noch Dennis das so gesagt.

Später wird sich Gold, der in Kontakt mit *FT*-Reporter und McCrum-Kollege Paul Murphy war, laut *FT* erinnern, dass Murphy, als er ihn auf ein Thema aufmerksam machen wollte, gesagt hätte: »Ich bin gerade zu beschäftigt mit Wirecard.« Daraus will Gold geschlossen haben, dass bald wieder ein kritischer Artikel erscheint.

Nick Gold will sich später, im Frühherbst 2020, auf Anfrage nicht konkret zu dem Vorfall äußern, da die Staatsanwaltschaft München noch gegen ihn wegen des Verdachts der Marktmanipulation ermittelt, genauso wie einst gegen Dan McCrum. Nur so viel sagt er: »Anstatt gegen mich zu ermitteln, hätten sie lieber meine Vorwürfe gegen Wirecard prüfen sollen.« Was er mit dem letzten Halbsatz meint, bleibt unklar.

Es ist nicht das erste und auch nicht das letzte Mal, dass Privatdetektive im Sinne von Wirecard zum Einsatz kommen. Schon nach Erscheinen des Zatarra-Berichts 2016 sollen nach Recherchen der *FT* Journalisten und Investoren beschattet worden sein. Es gibt eine Art Überwachungsplan vom 9. März 2016, darin steht auch der Name Dan McCrum, auf den Hacker angesetzt werden sollen. Außerdem wird die Anschaffung eines »WLAN-Rucksacks« erwogen, »um Informationen von den Mobiltelefonen der potenziellen verdächtigen

Personen abzusaugen«. Ebenso sollen die Privatermittler herausfinden, ob die Shortseller Kontaktpersonen bei Wirecard haben, Mitarbeiter, die sie mit kritischen Informationen über das Unternehmen versorgen: Gibt es Mitarbeiter, die einen zu hohen Lebensstandard für ihre Verhältnisse haben oder hatten? Gibt oder gab es Mitarbeiter, die eine (teure) Scheidung durchlebt haben oder durchleben? Solche Fragen werfen die Spitzel auf.

Wirecard erklärt später, man habe eine externe Forensik-Beratung beauftragt, um die Drahtzieher von kriminellen Short-Attacken zu finden. Dann sei jedoch etwas schiefgegangen. »Im Folgenden hat sich das von uns beauftragte Unternehmen bedauerlicherweise verselbstständigt und von sich aus Privatermittler für eine einmalige Beschattung beauftragt, um die Urheber des sogenannten Zatarra-Berichts zu identifizieren.« Weiter führt ein Wirecard-Sprecher gegenüber dem *Handelsblatt* aus: »Nachdem Wirecard-Manager über diese Überwachung informiert worden sind, wurde sie umgehend beendet.«

Damals, im Sommer 2019, wittert PR-Berater Osterkamp die Chance, es den britischen Journalisten mal so richtig zu zeigen. Er will die Informationen vom Tonband mit den Shortsellern an deutsche Journalisten weitergeben und fordert nach eigenen Angaben von Marsalek mehr Informationen darüber, wer die Tonbandaufnahmen besorgt hat. Marsalek verspricht ein Treffen mit dem Informanten – wieder mal im »Käfer«. Dort stellt Marsalek ihm schließlich einen Mann aus Libyen vor: einen ehemaligen hochrangigen Geheimdienstmann. Dieser habe sich ihm gegenüber als Wirecard-Aktionär zu erkennen gegeben, sagt Osterkamp. Der Libyer habe gesagt, dass er die Tonbandaufnahmen von Detektiven habe anfertigen lassen, um es den Shortsellern heimzuzahlen. Er habe wegen der Attacken auf Wirecard viel Geld verloren. Der Geheimdienstmann ist für eine Stellungnahme nicht zu erreichen.

Nach dem Gespräch mit ihm sticht Osterkamp die Informationen durch. In einzelnen deutschen Medien steht die *FT* plötzlich am

Pranger. Der Chefredakteur der *FT*, Lionel Barber, beauftragt eine Anwaltskanzlei, die Vorwürfe gegen McCrum und Murphy zu klären. Die Prüfung – mit dem Ergebnis, dass den Journalisten nichts vorzuwerfen ist – dauert zwei Monate. Zwei Monate, in denen die *FT* ihren geplanten Artikel über die dubiosen Kunden von Al Alam nicht veröffentlichen kann. Zwei Monate, in denen Anleger wieder Wirecard-Aktien kaufen und das Unternehmen zwei Anleihen über 1,4 Milliarden Euro platzieren kann.

PR-Mann Osterkamp wird für seinen Coup gefeiert. »Marsalek fand das total geil. Ich war der Held.« Die *FT* wird mit den zweifelhaften Methoden ausgebremst.

Aber die Journalisten aus Großbritannien sind nicht allein auf Spurensuche. Im Frühjahr 2019 sind Mitarbeiter der Wirecard-Strategieabteilung auf die Idee gekommen, dass im Konzern zur Abwechslung auch mal gespart werden könnte. Sie haben den Eindruck, dass infolge der diversen Firmenübernahmen womöglich noch viel zu viele Arbeiten doppelt erledigt werden und besser zusammengezogen werden könnten. Um es genau sagen zu können, schauen sich die Strategen die einzelnen Geschäftsbereiche an, werten erstmals Rohdaten aus, verlassen sich nicht auf aufbereitete Zahlen. Im Sommer, nach zwei Monaten Analyse, dann der erschreckende Befund: Mit seinem Kerngeschäft, dem Abwickeln von Zahlungen für Kunden, macht Wirecard Verlust. Zu viele Kosten, zu viele Mitarbeiter. Sie sehen, dass nur Wirecards Geschäfte mit Drittpartnern gewinnbringend sind.

Zu dieser Erkenntnis wird auch Insolvenzverwalter Michael Jaffé nach dem Absturz von Wirecard kommen. Wirecards atemberaubende Umsatzsteigerungen seien »im Wesentlichen« auf einen Anstieg des Geschäfts mit den Drittpartnern zurückzuführen, schreibt er in seinem Bericht an das Münchner Amtsgericht. Bei einer Bereinigung um mutmaßlich nicht existierendes Geschäft sei das operative Geschäft von Wirecard »stark defizitär«. Nach den Berechnungen seines Teams wäre ohne die zweifelhaften Geschäfte und die daraus resultierenden ebenso zweifelhaften Gewinne im Jahr 2017 mutmaßlich ein Verlust von 99 Millionen Euro angefallen. 2018 hätte das Minus dann 190 Millionen Euro und im Jahr 2019 dann 375 Millionen Euro betragen. Das erste Quartal 2020 wäre mit einem Verlust von 86 Millionen Euro abgeschlossen worden. Daraus ergibt sich ein Verlust von 750 Millionen Euro über einen Zeitraum von drei Jahren und drei Monaten.

Doch zurück zu den Mitarbeitern der Strategieabteilung von Wirecard. Sie haben Fragen: Wie funktioniert das Geschäft mit Partnern wie Al Alam und Co eigentlich? Wer steckt dahinter? Wo kommen die hohen Verluste im Kerngeschäft her und wie kommen wir da runter?

Ein ehemaliger Strategiemitarbeiter sagt, er und seine Kollegen seien mit ihren Erkenntnissen zu Finanzvorstand von Knoop und Produktvorständin Steidl gegangen. Die beiden hätten einen erstaunten bis erschrockenen Eindruck vermittelt. Weder der Anwalt von von Knoop noch die Anwältin von Steidl antworteten auf Fragen zu dem Vorgang.

Es gibt Hinweise darauf, dass von Knoop das Geschäft mit den Drittpartnern selbst nicht hundertprozentig verstanden hat. Im Dezember 2019 empfängt er einen der Autoren dieses Buches zu einem Gespräch über die Drittpartner. Er malt ein paar Kästchen an eine Tafel – die Wertschöpfungskette einer Kreditkartenzahlung, die Wirecard bevorzugt komplett abdeckt, aber manchmal eben nicht komplett abdecken kann, sagt von Knoop. Rechts außen zeichnet er ein kleines Kästchen. Das soll Al Alam sein, »einer von vielen Partnern«, die Wirecard in solchen Fällen braucht: Nicht mehr als ein Aggregator, der nur Kontakte zu lizenzhaltenden Banken herstellt – mit dem Geld der Kunden aber nicht in Berührung kommt, und eigentlich auch mit den Kunden nicht. Die liefen über die Wirecard-Plattform. Deshalb sei es auch nicht verwunderlich, wenn Kunden von Al Alam mit dem Namen der Firma gar nichts anfangen können. Vereinfacht ausgedrückt: Al Alam soll nur eine Firma sein, die ein Kabel verlegt zwischen Wirecard und einzelnen Banken im Ausland.

Nur: Diese Geschichte stimmt nicht mal in der Theorie. Die Sache ist ja so, dass Wirecard Kunden an Al Alam vermittelt haben will und Al Alam dann Zahlungen für diese Kunden abgewickelt haben soll – ohne Hilfe von Wirecard. Wirecard soll nur eine Provision bekommen haben. Kennt der Finanzvorstand seine eigene Buchhaltung nicht?

Zwei Personen aus dem Umfeld von von Knoop vermuten, dass der Finanzvorstand es einfach nicht besser wusste. Sie glauben nicht, dass er absichtlich gelogen habe.

Zuständig für die großen Drittpartner wie Al Alam und Co ist ja auch Jan Marsalek. Seine beiden Vorstandskollegen sollen die kritischen Mitarbeiter der Strategieabteilung dann auch an ihn verwiesen haben. Als diese sich im Spätsommer 2019 mit Marsalek treffen, sei dieser ganz entspannt gewesen, sagt der Strategiemann. Marsalek habe sehr zuvorkommend reagiert. »Das war fast schon auffällig.«

Die Drittpartner? Das sei ein Vermittlungsgeschäft, erklärt Marsalek nach den Angaben des Mitarbeiters der Strategieabteilung. Wirecard bekomme Geld von Partnern, die Zahlungen für Kunden abwickeln, die Wirecard nicht selbst haben möchte. Und die Provisionen, die Wirecard erhält, landen auf einem Konto für den Fall, dass Zahlungen zu diesem Kunden ausfallen. Wer hinter Partnern wie Al Alam steckt? »Da hat sich Jan sehr bedeckt gehalten.«

Die Mitarbeiter aus der Strategieabteilung geben sich zufrieden und entwickeln ein Kostensparprogramm für das Kerngeschäft – das allerdings nicht umgesetzt wird, weil der Vorstand nicht sparen will.

Es wäre mehr als notwendig gewesen, wie Insolvenzverwalter Jaffé ein Jahr später feststellen wird: Die Strukturen von Wirecard »waren völlig intransparent.« Bei den Mitarbeitern ließen sich »kaum sachgerechte konkrete Zuständigkeiten feststellen«. Diese seien – »bewusst oder unbewusst – willkürlich weltweit verteilt« worden. Die Kosten fürs Personal seien extrem hoch. Wirecard rechnete für den Sommer 2020 mit Ausgaben von mehr als 15 Millionen Euro – pro Woche.

»So erbrachte beispielsweise eine neuseeländische Gesellschaft mit einem IT-Team in ihrer Niederlassung in Athen, Griechenland, Dienstleistungen, die sich dann auch noch im Wesentlichen als unnötig für die Geschäfte herausstellten«, bemängelt Jaffé.

Die Strategieleute werden sich später, als das Drittpartnergeschäft immer mehr Fragen aufwirft, wieder bei Marsalek melden: Sie wollen Namen von Kunden haben, die Wirecard an Al Alam und Co vermittelt hat. »Er hat aber nie geliefert«, sagt ein ehemaliger Manager.

Der Sommer 2019 jedoch verläuft bei Wirecard eher ruhig. Keine Störfeuer, die *FT* ist erst mal mit interner Aufklärung beschäftigt. Zeit, um ein Projekt voranzutreiben, das Mitgliedern des Vorstands sehr am Herzen liegt: der Markteintritt in China. Zwar kooperieren die Deutschen bereits mit chinesischen Firmen wie Alibaba, aber nur in Nischen, wie Bezahlangeboten für chinesische Touristen, etwa am Münchner Flughafen. Der große chinesische Binnenmarkt jedoch ist für Wirecard ein weißer Fleck. Die Deutschen wollen den chinesischen Zahlungsabwickler AllScore Financial übernehmen. Dazu muss Chinas Regierung ihre Zustimmung geben. Das ist nicht gerade einfach in einem Land, in dem Partei und Staat eins sind.

Es ist genau die richtige Mission für einen Mann, der im Jahr 2019 seit zwei Jahren nicht mehr Vorstand ist, aber dennoch viel Einfluss hat: Burkhard Ley.

Ley hat weiterhin ein Büro in der Wirecard-Zentrale und eine Assistentin. Er ist strategischer Berater des Vorstands und wird von mehreren ehemaligen Top-Managern von Wirecard als Strippenzieher im Hintergrund beschrieben. Als sein Vertrag Ende 2019 ausläuft, will der Aufsichtsrat einen neuen Vertrag nicht unterschreiben. Das soll der Vorstand bitteschön auf die eigene Kappe nehmen.

China also. Ley sucht den Kontakt zu den Mächtigen. Im November 2018 ist er Teil einer Wirtschaftsdelegation, die Außenminister Heiko Maas auf einer Chinareise begleitet. Ebenfalls im November 2018 führt er Kanzleramtsministerin Dorothee Bär mit

Markus Braun durch den Wirecard-Stammsitz in Aschheim. Braun selbst bittet danach um einen Termin bei Bundeskanzlerin Angela Merkel – ohne Erfolg. Worüber er mit ihr sprechen wollte, ist nicht bekannt. Ihm wird ein Gespräch mit Merkels Wirtschaftsberater Lars-Hendrik Röller angeboten, was er nicht annimmt.

Wirecard nutzt jetzt andere Kanäle, um zur Kanzlerin vorzudringen. Das kann man heute in den Antworten der Bundesregierung auf parlamentarische Anfragen der Opposition nachlesen: Am 3. September wird ein Mann bei der Kanzlerin vorstellig, der schon mal ihr Minister war: Karl-Theodor zu Guttenberg, einst Hoffnung der CSU, Wirtschafts- und später Bundesverteidigungsminister – und gefallener Liebling, nachdem bekannt wurde, dass er weite Teile seiner Doktorarbeit abgeschrieben hatte. Guttenberg ist mittlerweile als Berater für Unternehmen unterwegs, nutzt seine politischen Kontakte im In- und Ausland. Er sagt später dem *Spiegel*, dass er Wirecard »mit Unterbrechungen zwischen 2016 und 2020« beraten habe und dass er bei seiner Arbeit auch mit Ley zu tun gehabt habe.

Der Zeitpunkt des Besuches am 3. September 2019 ist geschickt wählt: In wenigen Tagen wird Merkel zu einem Staatsbesuch nach China aufbrechen. Im Anschluss an den Termin schickt Guttenberg eine E-Mail an Wirtschaftsberater Röller. Er habe, so wird die Bundesregierung später erklären »über den beabsichtigten Markteintritt von Wirecard in China unter Beifügung eines Kurzsachstandes unterrichtet und um Flankierung im Rahmen der 12. Chinareise der Bundeskanzlerin gebeten«. Guttenberg habe die beabsichtigte Übernahme von AllScore erwähnt und dass »Wirecard mit der Übernahme zum ersten Unternehmen weltweit würde, das eine direkte Mehrheit an einem chinesischen Unternehmen im Bereich Finanzdienstleistung« hält, so die Bundesregierung.

Das Gespräch und die E-Mail entfalten ihre Wirkung auf Merkels Reise vom 5. bis 7. September. »Die Bundeskanzlerin hat das Thema der Übernahme von AllScore durch Wirecard bei ihrer Chinareise angesprochen«, erklärt die Bundesregierung. Und betont: »Zum Zeitpunkt der Reise hatte sie keine Kenntnis von möglichen schwerwiegenden Unregelmäßigkeiten bei Wirecard.« Allerdings: Die Vorwürfe über Unregelmäßigkeiten bei Wirecard sind seit acht Monaten bekannt.

Röller meldet sich nach der Chinareise bei zu Guttenberg und berichtet, dass die Kanzlerin das Thema zur Sprache gebracht habe – er sagt »weitere Flankierung« zu, spricht sowohl mit dem deutschen Botschafter in Peking als auch mit dem chinesischen Botschafter in Berlin. Worüber genau, das will die Bundesregierung nicht mitteilen.

Wenig später, am 11. September, trifft sich Röller zu einem »gegenseitigen Kennenlernen« mit Ley, Wirecard-Finanzvorstand Alexander von Knoop – und Klaus Dieter Fritsche, dem ehemaligen Beauftragten für die Nachrichtendienste der Bundesregierung, der als Berater den Termin eingefädelt hat. Ein Ex-Geheimdienstmann als Wirecard-Lobbyist? Das ist schon auffällig. Ebenfalls auffällig: Fritsche ließ sich 2019 vom österreichischen FPÖ-Innenminister Kickl anheuern, um bei der Reform des Bundesamtes für Verfassungsschutz und Terrorbekämpfung (BVT) zu helfen. Das ist der Geheimdienst, mit dem auch Marsalek in Verbindung gebracht wird.

Wirecard mag offenbar Helfer, die vorher in Sicherheitsbehörden gearbeitet haben: In Bayern nutzen sie den ehemaligen Landespolizeipräsidenten Waldemar Kindler als Türöffner. Er beschafft Ley und Finanzvorstand von Knoop im November 2019 einen Termin in der Staatskanzlei von Ministerpräsident Markus Söder. »Herr von Knoop und Herr Ley haben die Wirecard AG als neues DAX-Unternehmen vorgestellt. Konkrete Anliegen wurden nicht vorgebracht«, erklärt das bayerische Wirtschaftsministerium später.

Wirecard hat sich darüber hinaus die Dienste zweier weiterer prominenter Ex-Regierungschefs gesichert: Peter Harry Carstensen,

Ex-Ministerpräsident von Schleswig-Holstein, besorgte Ley 2014 einen Termin bei Bayerns Innenminister Joachim Herrmann, »bei dem Herr Ley mögliche Dienstleistungen des Unternehmens im Bereich Glücksspiel darstellte«, wie Bayerns Wirtschaftsministerium 2020 erklären wird. Dem Gespräch sollen keine weiteren Gespräche gefolgt sein. Weiterer Wirecard-Lobbyist: Ole von Beust, ehemaliger Erster Bürgermeister von Hamburg. Von Beust wird noch im Jahr 2020 an Leys Chinathema mitarbeiten.

Am 5. November 2019 wird Wirecard Vollzug melden: die schrittweise Übernahme von AllScore. »Im Jahr 2022 soll das EBITDA (Ergebnis vor Zinsen, Steuern und Abschreibungen) über 50 Mio. EUR betragen«, heißt es in einer Pressemitteilung. An jenem 5. November übrigens wird Markus Braun 50 Jahre alt. Ein schönes Geburtstagsgeschenk.

Die Wirecard-Mitarbeiter, die damals mit Guttenberg und seiner Firma zu tun hatten, sind im Rückblick mit der Beratung durchaus zufrieden. Guttenberg habe sich erfolgreich in Berlin für Wirecard einsetzen können, sein Team in China hätte »als Türöffner« sehr gute Kontakte zu staatlichen Stellen sowie großen Unternehmen gehabt, die als Kooperationspartner für Wirecard potenziell infrage kamen. Auch hätte Guttenbergs Team in China »Allscore« als möglichen Übernahmekandidaten vorgestellt. »Guttenbergs Mannschaft hat einen guten Job gemacht«, sagt ein mit dem Deal vertrauter Manager.

Ley ist jedoch nicht nur in Sachen China aktiv, sondern auch beim Projekt »Louis XIII.« – also der Übernahme der Deutschen Bank –, das seit Herbst 2019 unter der Bezeichnung »Project Panther« läuft. Panther, das passt besser als ein Schnaps. Panther, das soll bedeuten: Anschleichen, anfallen, ein kurzer Biss und die Beute ist erledigt. Das passt: Schließlich hat die Deutsche Bank die Gespräche über eine Zusammenarbeit abgebrochen.

Die Beratungsfirma McKinsey wird beauftragt, Konzepte auszuarbeiten. Und der McKinsey-Partner liefert: Im November legt er ein 41-seitiges »Diskussionsdokument« vor. Darin: eine »Storyline«, also die Geschichte, die mit der Übernahme in die Welt hinausgetragen werden soll. Und diese Story geht so: Eine Bank und ein Techkonzern tun sich zusammen. Heraus kommt ein Konzern, der »denkt und handelt wie ein Fintech – in der Größenordnung einer globalen Bank«. Der Effekt laut McKinsey: 6 Milliarden Euro mehr Gewinn ab dem Jahr 2025 – und eine Verdoppelung der Börsenbewertung.

»Wir haben gedacht, eine alte Bank und ein neues Techunternehmen ergeben eine hohe Bewertung«, sagt ein Manager, der an den Planungen beteiligt war. Der Manager sieht die Überlegungen von damals heute auch unter einem anderen Aspekt: »Hätte es funktioniert, dann hätte man die ganzen Probleme kaschieren können.« Er kann sich vorstellen, dass die Motivation auch die wahnwitzige Idee gewesen sein könnte, die Problemposten von Wirecard in der großen Bilanz dann unauffälliger bereinigen zu können.

Sogar die Posten werden schon verteilt. Wer Chef des neuen Finanz-Champions werden soll, ist klar: Markus Braun. Deutsche-Bank-Chef Christian Sewing muss sich mit einem Platz im Aufsichtsrat begnügen. Und der Name »Deutsche Bank« soll am besten ganz verschwinden. Kommunikationsberater Osterkamp lässt einen befreundeten Grafiker ein Logo der neuen Firma anfertigen – zum Spaß lassen sie das Logo der Deutschen Bank in sich zusammenfallen zu einem W. Wie: »Wirebank«. Von der Deutschen Bank ist im neuen Firmennamen nichts mehr zu lesen. Osterkamp und ein weiterer Manager, der an den Planungen beteiligt ist, bestätigen, dass der »Panther« dann zum Sprung auf die Deutsche Bank ansetzen soll, wenn die Wirecard-Aktie einen Wert über 160 Euro hat. Brauns Anwältin bestreitet dies.

Die Pläne nehmen gerade Fahrt auf, da meldet sich die *FT* zurück: Der Artikel vom 15. Oktober 2019 ist McCrums wohl wichtigster: Er enthüllt die Existenz und das Volumen des Drittpartnergeschäfts. Für

McCrum scheinen die Methoden der Wirecard-Manager darauf ausgerichtet zu sein, »Umsätze und Gewinne von Wirecard-Geschäften in Dubai und Irland betrügerisch aufzublasen« und den Wirtschaftsprüfer EY zu täuschen.

Marsalek und Braun wollen wieder mit dem Shortseller-Journalisten-Komplott in die Schlacht ziehen. Doch so einfach wird es dieses Mal nicht. Der Verdacht, dass ein wesentlicher Teil des Umsatzes von Wirecard mindestens aus dubiosen Quellen stammt, beunruhigt so manchen Investor. Die Forderungen nach einer Sonderprüfung durch einen externen Wirtschaftsprüfer werden immer lauter.

Als der Aktienkurs im Dezember 2019 nur noch knapp über 100 Euro liegt, werden die Planungen für das »Project Panther« auf Eis gelegt. Wenn der Kurs die 160 Euro wieder übersteigt, soll die Übernahme stattfinden. Dann soll der Panther zum vernichtenden Sprung ansetzen. Das ist der Plan. Er wird nie umgesetzt werden.

KAPITEL 15

ENDE DER HARMONIE

In Wirecards Aufsichtsrat geben die Braun-Jünger den Ton an – bis Thomas Eichelmann kommt und die entscheidende Prüfung veranlasst wird

So manch ein Mitarbeiter der Deutschen Börse hält heute noch den Atem an, wenn er zu seinem früheren Chef Thomas Eichelmann befragt wird. Mehr als zehn Jahre ist es her, dass der kantige Manager Finanzvorstand bei der Börse war. Gerade mal zwei Jahre war Eichelmann da. Aber viele können sich noch sehr gut an ihn erinnern. Als sich versehentlich mal ein Mitarbeiter auf Eichelmanns Firmenparkplatz stellte, parkte Eichelmann ihn zu – und ließ den Mitarbeiter erst tief in der Nacht wieder raus. Immer mal wieder bestellte er auch Führungskräfte abends zum Rapport und ließ sie dann auch ab und an mal stundenlang warten. »Er hat damit seine Macht demonstriert«, meint ein Ex-Kollege. Und ehemalige Mitarbeiter erinnern sich auch, dass er Kollegen vor Publikum angeschrien hat. Es hagelte Beschwerden in der Personalabteilung. Betriebsräte sagen: »Er hat ein Verhalten an den Tag gelegt, das wir so bei der Deutschen Börse noch nicht erlebt hatten.« Auch die anderen Vorstände sollen nicht gut auf ihn zu sprechen gewesen sein, weil er keine Rücksicht auf ihre Belange nahm. Selbst mit dem eher ruhigen Vorstandschef Reto Francioni lieferte er sich ein Wortgefecht.

Eichelmann ist, so viel lässt sich bei allem Respekt wohl sagen, nicht der Typ, der von allen gemocht werden will. Das sind eigentlich ganz gute Voraussetzungen, um dem dominanten Markus Braun bei Wirecard etwas entgegenzusetzen. Mit ihm im Aufsichtsrat, da sind sich einige sicher, würde der Vorstandschef unangenehme Themen nicht mehr so einfach abräumen oder aussitzen können. Denn Eichelmann braucht den Job, anders als andere Aufsichtsräte, auch nicht. Der Banker hat zwischenzeitlich acht Jahre lang die Vermögensverwaltung von Milliardär Lutz Helmig, dem Gründer der Asklepios Kliniken, geführt und selbst in dieser Zeit ein stattliches Vermögen aufgebaut. Eichelmann hat ausgesorgt. Aber, so schätzen es eine Reihe an Personen aus seinem Umfeld ein, er würde schon noch gerne ein bisschen arbeiten, eine größere Rolle in der deutschen Firmenwelt spielen – aber nicht als Vollzeit-Manager. Wirecard ist dafür wie geschaffen.

Da trifft es sich gut, dass Eichelmann Stefan Klestil kennt, der seit mehr als zehn Jahren Aufsichtsrat bei Wirecard ist. Und für das Kontrollgremium von Wirecard wird gerade neues Personal gesucht. Klestil fragt Eichelmann, ob er nicht Interesse habe, und lässt ihn auf die Kandidatenliste setzen. Auf der Hauptversammlung im Juni 2019 wird der Banker gewählt. Einer aus seinem Umfeld sagt, Eichelmann habe sich sehr auf die Aufgabe gefreut.

Obwohl Eichelmann genauso ein Alphatier ist wie Markus Braun, kommen beide zunächst gut miteinander aus. Eichelmann hat Respekt vor Brauns unternehmerischem Erfolg. Er ist beeindruckt davon, dass der Vorstandschef es aus eigener Kraft zum Milliardär gebracht hat. Nur: Diese Begeisterung kühlt sehr rasch ab. Je mehr Eichelmann in die Details geht, je mehr Informationen er einfordert, umso größer wird die Ernüchterung: Eichelmann wird anderen davon berichten, dass er Wirecard für einen Chaos-Laden hält: Keine Profis im

Vorstand, stattdessen nur Eigengewächse, die nie gelernt haben, wie ein Milliardenunternehmen normalerweise aufgebaut, geführt und organisiert ist. Die Verwaltung? Eine komplette Katastrophe. Der Aufsichtsrat? Unprofessionell.

Doch Eichelmann glaubt, er kann helfen. Er will sein Amt anders interpretieren als seine Vorgänger.

Bislang ist der Aufsichtsrat eine Art verlängerter Arm des Hauptaktionärs Markus Braun, der Wirecard wie einen inhabergeführten mittelständischen Betrieb leitet. Nach dem Ausstieg der ersten Wirecard-Generation um Paul Bauer und Klaus Rehnig besteht der Aufsichtsrat lange Zeit aus drei Männern: Banker Wulf Matthias, der von 2008 bis Januar 2020 den Vorsitz des Aufsichtsrats innehat. Unternehmensberater Alfons Henseler. Und Stefan Klestil, ein anerkannter Fintech-Experte, Partner bei der Investmentfirma Speedinvest und Sohn des früheren österreichischen Bundespräsidenten Thomas Klestil.

Die Posten sind auffallend lukrativ: 2010 und 2011 erhält Klestil – Wirecard macht da nie mehr als 325 Millionen Euro Umsatz – jeweils um die 130 000 Euro, er ist aber auch noch Aufseher bei den Wirecard-Töchtern Wirecard Bank und Wirecard Technologies. Zum Vergleich: 2010 bekommen nur vier der damals zwanzig Aufsichtsräte der Deutschen Bank mehr als er und die Deutsche Bank ist seinerzeit um einiges größer als Wirecard.

Das Wirken des Vorsitzenden Matthias ist Wirecard im Jahr 2015 (da sitzt er auch im Aufsichtsrat der Wirecard Bank) rund 411 000 Euro wert; in dieser Zeit ist das Unternehmen noch im TecDAX. Mehr als die Hälfte des Salärs ist ein Bonus, der einen krassen Fehlanreiz im Aufsichtsratssystem von Wirecard darstellt: Seit 2008 lässt Wirecard seine Kontrolleure am wahnsinnigen Wachstum mitverdienen: Für jede vollendete Million, um die das konsolidierte Ergebnis vor Steuern und Zinsen einen Mindestbetrag von 30 Millionen Euro übersteigt, gibt es ab 2008 immerhin 1000 Euro netto extra, Wirecard setzt den Mindestbetrag in den Jahren danach kontinuierlich rauf.

Und es gibt weitere Verflechtungen: Klestil erhält 2009 und 2010 als Berater der Wirecard insgesamt 55 000 Euro, soll die Tätigkeit aber bereits vor Beginn seines Kontrollmandats aufgenommen und mit seinem Amtsantritt beendet haben. Oberaufseher Matthias wiederum erhält mehrmals Kreditlinien von der Wirecard Bank, 2011 etwa ein Dispodarlehen über 200 000 Euro.

Matthias, der langjährige Chef-Aufseher, war bis 2011 Vorstand der Credit Suisse in Deutschland. Er hat ein Faible für Malen und Zeichnen. Sein Abitur hat er am musischen Zweig des Goethe-Gymnasiums in Frankfurt gemacht. Hauptfach: Kunst. Eigentlich wollte er Architekt werden, sagt er, wird aber dann doch Banker.

Seit 2008 ist er Aufsichtsrat bei Wirecard. Alle für den Konzern wesentlichen Entscheidungen fallen damit in seine Amtszeit: die gnadenlose Expansion in Asien, der überteuerte Kauf eines Zahlungsabwicklers in Indien, der desaströse Kauf eines Kundenportfolios der Citigroup, die Affäre in Singapur und so weiter und so fort. Der Mann mit der großen Brille und den zurückgekämmten grauen Haaren wirkt auf andere eher wie ein Unterstützer des Vorstands und nicht wie ein Kontrolleur. Er lässt Braun machen. Warum kritische Fragen stellen? Es läuft ja. Der Job ist finanziell attraktiv und der Arbeitsaufwand mit ein paar Sitzungen im Jahr überschaubar. Als Wirecard unter Beschuss gerät, bringt ihn das nicht unbedingt aus der Fassung. Noch Mitte Oktober 2019 nennt er die öffentlichen Diskussionen um Wirecards Bilanzen ein »Ärgernis«. »Es gibt unendlich viele Geschichten, jeden Tag drei. Ich habe sie mir nicht im Detail angeschaut. Wir haben bessere Dinge zu tun«, sagt er.

Ein Aufsichtsratschef, der sich schwerwiegende Vorwürfe gegen sein Unternehmen nicht im Detail anschaut? Das ist keine gute Referenz für den Finanzstandort Deutschland.

Vielleicht war Matthias aber auch einfach nur zu müde. Mehreren Augenzeugen zufolge schläft er auf der Hauptversammlung 2019 vor Publikum ein. Mit seinen 75 Jahren sei er so dynamisch, wie Herren dieses Alters eben typischerweise sind. Das ein oder andere musste man ihm dann schon mal häufiger erklären, berichtet ein Berater.

Am 18. Oktober blamiert er sich noch einmal kräftig, als er gegenüber der *Financial Times* ausschließt, dass bei Wirecard eine Sonderprüfung veranlasst wird – und es dann drei Tage später qua Beschluss des Aufsichtsrats immerhin zu einer Sonderuntersuchung (ein klein wenig etwas anderes als eine Sonderprüfung) kommt. Und Matthias sagt: »Wir gehen davon aus, dass die erneute unabhängige Prüfung dazu führt, alle weiteren Spekulationen zu beenden.«

Als Matthias im Januar 2020 zumindest den Aufsichtsratsvorsitz an Eichelmann abtritt, weist er noch mal auf seine Erfolge hin. In seiner Amtszeit habe die Wirecard AG eine in der jüngeren Wirtschaftsgeschichte Deutschlands »beispiellose Wachstums- und Erfolgsstory hingelegt. Wirecard ist heute ein international tätiges Blue-Chip-Unternehmen und damit in eine neue Phase seiner Unternehmensentwicklung eingetreten.«

Zum Kontroletti taugt auch Aufsichtsrat Klestil nicht: Er gilt als eher gemütlicher Typ, der nicht dadurch auffällt, dass er sich übermäßig auf Sitzungen des Aufsichtsrats vorbereitet; seine Wertschätzung für Pünktlichkeit gilt auch nicht als sonderlich ausgeprägt. Nachdem der Aufsichtsrat die Wirtschaftsprüfer von KPMG beauftragt, den Vorwürfen der *FT* nachzugehen, hatte er sich mit den Wasserstandsmeldungen der Prüfer bis zur nächsten Aufsichtsratssitzung nicht immer im Detail befasst. Wäre ja auch zu viel verlangt vom Aufsichtsratsmitglied eines DAX-Konzerns, dessen Vorstand im Verdacht steht, Umsätze zu erfinden. Aber: Im Fintech-Bereich kennt sich Klestil sehr gut aus. Davon hat er Ahnung. Auch bei strategischen Themen stellt er die richtigen Fragen, sagen andere. Und mindestens ein Mal soll er sogar einen großen Auftritt als Kritiker gehabt haben. Klestil ist nicht nur Aufsichtsrat der Wirecard AG, sondern auch der Wirecard Bank. Als Braun einen Kredit von der Bank haben will, stimmt Klestil zumindest nicht dafür. Den Kredit bekommt Braun trotzdem. 35 Millionen Euro.

Einfach war die Entscheidung für Klestil sicher nicht. Er hat zu Braun einen guten Draht. Die beiden sind Österreicher, sind nicht weit voneinander entfernt in Wien aufgewachsen, treffen sich ab und zu in der Heimat, wenn sowohl Braun als auch Klestil in Wien sind.

Alles in allem scheint es ein gemütliches Miteinander von Konzernspitze und Aufsichtsrat zu sein: Die Kontrolleure winken die meisten heiklen Deals durch. Und wenn doch mal Ungemach droht, räumt Braun Probleme vor der offiziellen Sitzung ab.

Die große Männer-Harmonie wird gestört, als ein paar Damen ins Gremium einziehen, von denen die erste Garde nicht lange durchhält. Tina Kleingarn wirft nach eineinhalb Jahren hin. Auf sie folgt Susana Quintana-Plaza. Die Managerin aus dem Energiesektor bleibt aber auch nicht viel länger und verabschiedet sich im April 2020, als die Konzernzentrale in Aschheim schon im Krisenmodus ist. Sie sei fachlich top gewesen, eine Managerin von Format, heißt es bei Wirecard. Überzeugend und kritisch, eine Bereicherung für das Gremium. Wenngleich ihr südländisches Temperament manchmal doch recht anstrengend gewesen sein soll. Wenn Quintana-Plaza sich aufregt, dann wird es spannend. Nachdem sie allerdings in den Vorstand eines portugiesischen Energieunternehmens berufen wird, hat sie immer weniger Zeit. Ihre Fehlzeiten häufen sich. Zu Aufsichtsratssitzungen kommt sie mehr als einmal wesentlich zu spät. Das ist angesichts der Krise, in der sich Wirecard seit Frühjahr 2019 befindet, ein eher suboptimaler Zustand, der vor allem zum Problem wird, als der Arbeitsaufwand des Gremiums im Jahr 2020 noch einmal deutlich zunimmt.

Quintana-Plaza verlässt Wirecard, kurz bevor Wirtschaftsprüfer von KPMG den Bericht zu einer Sonderuntersuchung veröffentlichen. Wirecard wird diesen Abgang drei Wochen lang verheimlichen. Die Managerin selbst wird ihren Austritt vorher über ihr LinkedIn-Profil kommunizieren. Ein höchst ungewöhnlicher Vorgang bei einem DAX-Unternehmen. Bei Wirecard wird der Abgang von einigen bedauert.

Eine vergleichsweise treue Seele ist Vuyiswa V. M'Cwabeni. Sie kommt 2016 dazu. M'Cwabeni, bis 2018 Chef-Produktstrategin von SAP, heute offenbar selbstständig als »Business transformation Champion« unterwegs, versteht das Geschäft von Wirecard, stellt im Aufsichtsrat auch mal kluge Fragen, aber nur sehr selten. Fragt man Personen im Umfeld des Aufsichtsrats zu ihrem Wirken, fällt allen als Erstes ihr Kleidungsstil ein. Immer perfekt und elegant. Wenn sie den Raum betritt, halten einige den Atem an. Besonders kritische Fragen zu den heiklen Themen sind anderen nicht in Erinnerung geblieben. Einige Personen bei Wirecard unterstellen ihr Interessenkonflikte. Sie hätte in den Vorstand von Wirecard gewollt, sagen mehrere. Sie selbst will sich hierzu auf Nachfrage nicht äußern.

Und dann ist da noch Anastassia Lauterbach, eine Expertin für Künstliche Intelligenz, mit der – dazu gibt es so viele Stimmen, dass man sie gar nicht alle aufzählen kann – kaum jemand klarkommt. Sie fällt immer wieder durch ihre undiplomatische Art auf. Wenn sie einmal anfängt zu reden, hört sie nicht so schnell wieder auf. Sie stößt andere vor den Kopf und ja, es soll auch schon mal laut geworden sein, zum Beispiel nach der Hauptversammlung im Jahr 2019. Der stellvertretende Aufsichtsratschef Henseler war nicht mehr angetreten. Sein Posten (deutlich besser bezahlt als ein einfacher Aufsichtsrat) wird also frei. Kaum ist die Hauptversammlung abgepfiffen, ruft einer der Aufsichtsräte: »Kommt, wir machen noch schnell eine konstituierende Sitzung, bevor es in den Biergarten geht.« Man trifft sich hinter den Kulissen, und da kommt es dann zum Eklat zwischen Lauterbach und M'Cwabeni, die beide den Posten der stellvertretenden Aufsichtsratsvorsitzenden für sich beanspruchen. Eigentlich drängt sich aus fachlicher Hinsicht keine von beiden so recht für den Job auf, aber beide sind gerade ohne Festanstellung. Das *manager magazin* wird die Episode ein paar Monate später genüsslich ausschlachten. Und Lauterbach gerät in eine Abseitsstellung. Das ist bitter. Denn Lauterbach gilt als klug und legt den Finger oft in die Wunde, dringt aber mit ihrer Kritik häufig nicht durch, weil sie – um es auf den Punkt zu bringen – keiner leiden kann.

Für Braun ist der Aufsichtsrat keine nennenswerte Hürde. Wenn die Aufseher etwas wollen, was er nicht so hundertprozentig einsieht, nutzt er die strukturelle Schwäche des Gremiums aus: Er zögert die Erfüllung der Wünsche der Aufseher einfach hinaus – zum Beispiel die Vergrößerung des Aufsichtsrats oder des Vorstands um Personen, die vielleicht schon mal bei einem sauberen Unternehmen gearbeitet haben. Eigentlich müsste der Aufsichtsrat Braun nicht fragen und könnte ihm einen zusätzlichen Aufseher oder Vorstand aufzwingen. Aber Braun ist nicht nur selbst der größte Aktionär des Unternehmens. Es hält sich auch hartnäckig das Gerücht, dass er gemeinsam mit Investoren, die hinter ihm stehen, auf einen Stimmrechtsanteil von 35 Prozent kommt. Wenn das so wäre, dann könnte er missliebige Aufsichtsräte bei der nächsten Hauptversammlung einfach aus dem Amt fegen.

Und Braun springt zumindest bis 2020 nicht vor Begeisterung aus der Hose, wenn er die Idee hört, dass da irgendein Fremder künftig im Vorstand mitregieren soll. Sein Argument dagegen: Es läuft doch alles, und der Aktienkurs entwickelt sich prächtig. Braun sitzt die Sache einfach aus, was Brauns Anwältin bestreitet. Dass der Aufsichtsrat über lange Zeit nicht sehr häufig zusammenkommt, ist für Braun ein Vorteil. So gewinnt er noch mehr Zeit und kann auf die Kraft des Vergessens setzen.

Worum soll Braun sich auch sorgen? Die Aufsichtsräte haben sich ja nicht einmal untereinander im Griff. Ein Beispiel gefällig? Vom 20. bis 22. August 2019 trifft sich das Gremium in einem Hotel in Salzburg. Es steht ein wichtiges Thema auf der Tagesordnung: Compliance. Viel Geld hatte man ausgegeben, damit die sagenhafte Unternehmensberatung McKinsey mal draufschaut, wie es bei Wirecard so läuft. Das, was da in Singapur passiert ist, war irgendwie blöd. Auch dass der Aufsichtsrat davon erst aus der Zeitung erfährt. Jetzt aber soll mal Struktur in die Bude. Und der Auftakt zum Aufbruch soll bei dieser Klausur stattfinden. Es hätte so schön werden können. Doch dann versaut der bereits erwähnte Bericht des *managermagazins* über jene filmreife Aufsichtsratssitzung nach der Hauptversammlung im Sommer 2019 die Stimmung. Der Titel: »Krieg der Sternchen«. Hauptdarstellerinnen: die Aufsichtsrätinnen Lauterbach und M'Cwabeni als Kampfhennen. Der Bericht sprengt die Tagung, die Stimmung ist dahin. Verdächtigungen werden ausgesprochen, wer erneut Interna an die Medien weitergegeben hat. Von Geschlossenheit kann keine Rede sein.

Wer weiß, wie lange sich dieses Trauerspiel noch fortgesetzt hätte, wenn nicht ein paar erboste Aktionäre die Nase voll davon gehabt hätten, dass ihr Investitionsobjekt permanent unter nicht so netten Schlagzeilen in der *FT* und anderswo auftaucht. Immer wieder fällt das Unwort »Sonderprüfung«. Der Aufsichtsrat beauftragt dann doch lieber eine »Sonderuntersuchung«. Das klingt zwar wie dasselbe, ist aber doch etwas anderes.

Ein Sonderprüfer wird von den Aktionären mandatiert. Er arbeitet weder mit dem Vorstand noch mit dem Aufsichtsrat zusammen. Er ist praktisch ein neues, temporäres, unabhängiges Gremium im Unternehmen. Normalerweise ist das für die Unternehmensvertreter eine unangenehme Sache und mit vielen Formalismen verbunden. Um dem aus dem Weg zu gehen, beauftragt der Aufsichtsrat KPMG mit einer forensischen Prüfung. Selbst Braun ist einverstanden.

Eine forensische Prüfung geht sehr viel tiefer als die jährlich stattfindende Prüfung der Jahresabschlüsse. Die Voraussetzungen sind andere. Der Jahresabschlussprüfer darf erst einmal davon ausgehen, dass alle Informationen, die ihm von Mitarbeitern des Unternehmens vorgelegt werden, richtig sind. Beim Forensiker ist es anders. Sein Job ist es, kriminelles Handeln nachzuweisen oder auszuschließen. Was ungewöhnlich ist: KPMG wird mit sehr viel Macht ausgestattet. Den

Prüfern wird Methodenhoheit zugesichert. Das heißt, sie können selbst entscheiden, welche Daten sie haben und wie tief sie einsteigen wollen. Das soll dem neuen Aufsichtsrat Eichelmann wichtig gewesen sein. Klar: Er hat sich ja noch nichts vorzuwerfen in den paar Monaten im Amt. Da kann man geschmeidig ganz tief in der dunklen Vergangenheit forschen lassen.

Am 21. Oktober erfahren die Aktionäre von ihrem Glück per Pressemitteilung mit dem Titel: »Wirecard beauftragt unabhängige Prüfung«. Die Wirtschaftsprüfer von KPMG sollen »alle Vorwürfe, die von der britischen Zeitung ›Financial Times‹ aufgebracht wurden, umfassend und unabhängig« aufklären und dafür »uneingeschränkten Zugang zu allen Informationen auf allen Konzernebenen« bekommen. Markus Braun gibt sich demonstrativ gelassen: »Ich bin überzeugt, dass durch die unabhängige Untersuchung das Vertrauen in unser erfolgreiches und stark wachsendes Geschäft gestärkt wird«, sagt er laut Pressemitteilung.

Wie Markus Braun wirklich zu der Idee steht, dass KPMG nun sein Unternehmen durchleuchtet, ist nicht überliefert. Mehrere Personen aus seinem Umfeld sagen, sie hätten nicht den Eindruck gehabt, dass er die Idee gut fand, aber auch nicht, dass er Angst hatte. Er soll sich vielmehr stets neutral geäußert haben.

Gegenüber der Außenwelt stellt er die Sache schon mal als Befreiungsschlag dar: »Alle unsere Geschäftsbeziehungen sind authentisch«, sagt Braun im Interview mit dem *Handelsblatt*. Die Darstellungen der *FT* seien »falsch«. Kann man das Wachstum von 30 Prozent pro Jahr halten? »Das Wachstum kann sich sogar noch beschleunigen«, tönt er, »ich glaube, dass die zehn Jahre, die wir vor uns haben, noch sehr viel erfreulicher sein werden als das Jahrzehnt, das hinter uns liegt.«

Braun zieht in die nächste Schlacht. Dieses Mal nicht mit Leerverkäufern, sondern mit Wirtschaftsprüfern.

KAPITEL 16

STIPPVISITE BEIM MILLIARDEN-MANN

Der Wirecard-Krimi verlagert sich auf die Philippinen, wo die Wirtschaftsprüfer einen skurrilen Treuhänder kennenlernen

Phasenweise machen sich bis zu 40 Prüfer von KPMG über Wirecard her. Das ist ja doch viel schlimmer als gedacht. Mitarbeiter wollen bemerkt haben, dass Markus Braun von der Tiefe einer solchen forensischen Prüfung äußerst überrascht ist. »Wir haben gedacht, dass wird so was wie eine normale Jahresabschlussprüfung. Aber das war ja dann eher wie eine polizeiliche Ermittlung. Das war uns so vorher nicht klar. Und ich glaube, Markus Braun auch nicht«, sagt einer, der nah dran war.

Ein Wirecard-Mitarbeiter, der in die Prüfungen eingebunden war, sagt, dass einige im Unternehmen völlig überfordert gewesen seien. »KPMG hatte genaue Vorgaben, was wir an Dokumenten bereitstellen sollten. Aber vieles davon gab es einfach nicht. Das war nun mal ein Sauladen. Da gab es vieles nicht, was in anderen Unternehmen Standard ist, wie eben Protokolle zu wichtigen Sitzungen und auch Verträge für alles. Wir konnten es ja auch nicht ändern.« Die KPMG-Prüfer hätten immer ein konkretes Dokument gewollt und »wenn wir das dann nicht liefern konnten, dann war das ein Problem. Sie ließen sich auch nicht darauf ein, andere Wege zu finden, um zu belegen, was sie wissen wollten.« Einige Wirecard-Mitarbeiter fühlen sich wohl an den Pranger gestellt und empfinden das Verhalten der Prüfer unfair. Aber mal ganz nüchtern betrachtet: Wie viel Verständnis hätten die Forensiker denn auch dafür aufbringen sollen, dass sie statt in sauber dokumentierte Buchhaltungsunterlagen ständig nur in ein schwarzes Loch schauen müssen? Die Haltung gegenüber den KPMG-Vertretern wird teilweise feindselig.

Und wie das Schicksal es so will, kommt es dann – aus der Perspektive involvierter Mitarbeiter – noch zu einer weiteren Katastrophe. Der Treuhänder aus Singapur, Rajaratnam Shanmugaratnam – das ist der Mann mit der Tanzbar, der für Wirecard Ende 2019 angeblich auf fast 2 Milliarden Euro aufgepasst haben soll –, hat Probleme mit der Polizei. In Singapur ermitteln die Behörden seit rund einem Jahr gegen mehrere Mitarbeiter und Ex-Mitarbeiter von Wirecard, weil sie möglicherweise Verträge gefälscht, betrogen und Geldwäsche betrieben haben (siehe Kapitel 11). Dieses Verfahren ist mittlerweile auch für Shanmugaratnam zum Problem geworden. Denn für zwei der Firmen, die in die Taten involviert gewesen sein sollen, ist er ebenfalls tätig, weshalb die Polizei auch bei ihm durchsucht hat.

Wegen des ganzen Tumults soll die Bank in Singapur, bei der die von Shanmugaratnam betreuten Treuhandkonten lagen, die Geschäftsbeziehung gekündigt haben. Der Treuhänder soll dann erst seinen Bekannten, den Anwalt Mark Tolentino in Manila, gefragt haben, ob er nicht Kontakt zu einer philippinischen Bank vermitteln könne, um die Konten zu übernehmen. Tolentino soll dann Konten bei der Banco de Or (BDO) und bei der Bank of Philippine Islands (BPI) organisiert haben. So erzählt Tolentino es jedenfalls später. Und als dem Treuhänder aus Singapur dann der ganze Ärger wegen Wirecard selbst auch zu viel geworden sei, habe er auch die Aufgabe des Treuhänders an Tolentino abgetreten.

Den besten Eindruck hinterlässt es nicht, dass sich der Treuhänder, der immerhin über mehr als fünf Jahresgewinne von Wirecard wachte, während der laufenden KPMG-Prüfung aus dem Staub macht, seitdem nicht mehr für Mitarbeiter von Wirecard erreichbar ist und die Konten dann auch noch auf einen Kumpel übergehen, ohne dass der vorher von Wirecard auf seine Seriosität untersucht worden wäre.

»Aber wir konnten erst mal nichts machen. Die Bank in Singapur hatte gekündigt, und wir waren froh, dass das kurzfristig gelöst war. Wir hatten KPMG im Haus und schon genug Probleme«, sagt ein Mitarbeiter. Es sei aber klar gewesen, dass die 2 Milliarden Euro demnächst woanders untergebracht werden sollten, an einem neutralen Ort wie der Schweiz oder Liechtenstein. »Und Jan Marsalek hat gesagt, dass er das genauso sieht.«

Aber jetzt muss erst mal die Sache auf den Philippinen geschaukelt werden. Um den 3. März herum organisiert Marsalek für die Wirtschaftsprüfer eine weite Reise. Es geht nach Manila, die Hauptstadt der Philippinen. Die Hauptattraktion der Exkursion: der Treuhänder Tolentino und die Treuhandkonten. Ein unvergessliches Erlebnis.

Die Gruppe ist verteilt auf drei unterschiedliche Flieger. Außer Marsalek sind mit dabei unter anderen Martin Dahmen, Partner der Prüfungsgesellschaft EY, zwei Prüfer von KPMG und Wirecards Compliance-Chef. Bei der regulären Passkontrolle muss sich fast keiner anstellen. Die zu unterschiedlichen Zeiten gelandeten Teilnehmer dürfen fast alle den Flughafen durch den Diplomatenausgang verlassen.

Der Mann, der das ermöglicht haben soll, ist der besagte Mark Tolentino, der seit einigen Wochen angeblich über Wirecards Treuhandkonten und damit über rund 2 Milliarden Euro wacht. Ein hochbegabter Mann: Seine Internetseite präsentiert ihn als Rechtsanwalt, Autor, Juraprofessor und »Medienpersönlichkeit« – »ein erfolgreicher Geschäftsmann« ist er natürlich sowieso. Seine Eigenschaften: Er sei »jung, dynamisch und aggressiv«. Schon der Besuch seiner Facebook-Seite ist ein Erlebnis: Er bietet dort kostenlose Rechtsberatung an, seine Spezialgebiete sind Ehe-Annullierung, Scheidungen über Staatsgrenzen hinweg, Adoptionen und »Korrigierung von Geburtszertifikaten«. Auf seinem Profilbild sieht der 40-Jährige mit seinem gelben Hemd aus wie 14. Dabei hat er durchaus schon einen gewissen Berufsweg hinter sich: So hatte er einen hohen Posten im philippinischen Verkehrsministerium, wurde aber Medienberichten zufolge gefeuert, weil er zu sehr mit seiner Nähe zur Schwester von Präsident Duterte geprahlt hatte. Seitdem ist er als Anwalt und Internetpromi unterwegs.

Und jetzt ist er also Schirmherr der Reise der Besucher aus Deutschland. Der Termin mit ihm findet am Morgen des 4. März statt. Der Anwalt residiert in einem heruntergekommenen Bürogebäude im Stadtteil Makati. Im Erdgeschoss ist ein Fitnessstudio. Mit einem schmalen, etwas trägen Aufzug geht es in den obersten Stock, durch ein veraltetes Treppenhaus noch mal ein paar Stufen hoch zum Penthouse, wo Tolentinos Besprechungsraum ist. Die Besucher aus Deutschland sind pünktlich um 10 Uhr dort. Der philippinische Anwalt nicht. Weit über eine halbe Stunde lässt er die Gruppe warten, seine Mitarbeiter organisieren den Gästen Kaffee in Styroporbechern und Cola vom Kiosk an der Ecke.

Und dann schwebt er herein, der Meister. Mark Tolentino trägt ein graues Hemd mit weißem Kragen, versehen mit beige-farbenen Stickereien.

Er setzt sich ans Kopfende des Tisches, an der anderen Seite steht eine Frau, die er mitgebracht hat, womöglich seine PR-Beraterin. Sie hält einen Vortrag über Tolentino und würdigt darin auch die Nähe des Anwalts zur philippinischen Präsidentenfamilie. Zwischendurch wird Tolentino sie immer mal wieder unterbrechen und etwas ergänzen. »Es wurde das Selbstverständnis vermittelt, dass er der richtige Mann ist, um 2 Milliarden Euro zu betreuen«, sagt einer der Zuhörer von damals. Und dann schenkt Tolentino einigen Gästen auch noch ein Buch, das er verfasst hat. Ein Teilnehmer des Treffens sagt, der ganze Auftritt sei bizarr gewesen. Die Gäste hätten sich angeschaut und einigen habe man angesehen, dass sie am liebsten loslachen würden. Trotzdem hätten sie ihn, scheinbar ehrfürchtig, mit »Attorney Mark« angesprochen, sagt einer der Teilnehmer. Schließlich wollte keiner riskieren, dass die Stimmung kippt und ein beleidigter Tolentino sie dann nicht mehr in die Unterlagen zu den milliardenschweren Treuhandkonten schauen lässt.

Ein Teilnehmer sagt, Marsalek habe Tolentino ganz charmant eingefangen, für den tollen Vortrag gedankt, um dann endlich auf den Anlass ihres Besuchs zu kommen: die Treuhandkonten. Tolentino erzählt, wie er dem alten Treuhänder geholfen habe, neue Banken auf den Philippinen zu finden, und dann auf dessen Wunsch hin auch die Stellung des Treuhänders übernommen habe. Tolentino erstattet Bericht über die sechs Konten, die er eingerichtet hat, dass er dort bei der Eröffnung 1000 Euro eingezahlt hat, und über den heutigen Kontostand. Es wirkt zwar alles bizarr, aber nicht kriminell, sagen Teilnehmer.

Später wird Tolentino dem Nachrichtenportal »Rappler« erzählen, dass er nie für Wirecards Milliardenkonten zuständig war. Im Februar seien mehrere Vertreter von Citadelle aus Singapur (dem alten Treuhänder also) bei ihm aufgelaufen. Sie hätten sich erkundigt, wie man auf den Philippinen ein Fintech-Unternehmen gründen könne, und ihn dann gebeten, als Treuhänder des Unternehmens zu fungieren. Er habe eingewilligt, einen formellen Vertrag habe es aber nicht gegeben. Auf den Konten, die er eröffnet habe, seien nur sehr kleine Summen deponiert gewesen. »Es reichte gerade einmal, um sich ein iPhone zu kaufen«, sagte Tolentino.

Die Philippinen sind zwar ein Drogenparadies, aber dass die Reisegruppe aus Deutschland den Besuch in Tolentinos Büro und den weiteren Verlauf des Tages nur halluziniert hat, ist äußerst unwahrscheinlich. Von der Kanzlei aus fährt der Trupp nach Tolentinos Vortrag mit mehreren Autos zu einer Filiale der BPI Bank. Zwischen den Autos ist teilweise ein Wagen ohne Gäste. Vor und hinter der Gruppe fährt ein Polizeimotorrad, wie bei einem Staatsbesuch.

Nicht etwa in einem modernen Hochhaus befindet sich die erste Filiale, sondern in einem heruntergekommenen einstöckigen Gebäude im Stadtteil Malate, an der vielbefahrenen Ocampo Street – »einer Dritte-Welt-Straße«, wie sich ein Reiseteilnehmer erinnert. Gegenüber liegt die Kapelle der katholischen Schule St. Scholastica. Ein Mitarbeiter in Bankuniform sei hinter dem Schalter hervorgekommen und habe mit ihnen geredet, sagt einer der Teilnehmer. Der Bankmitarbeiter habe dem Treuhänder Kontounterlagen überreicht, die der dann herumgezeigt habe.

Es sei ausgeschlossen, dass die Banker Schauspieler waren, sagt einer, der dabei war. »Die Filiale war viel zu klein für unsere Gruppe. Wir sind dort aufgefallen. Hätte uns ein Banker bedient, der dort nicht arbeitet, hätten die anderen Angestellten das bemerken müssen.«

Die zweite Filiale, sie gehört zur Banco de Oro, liegt weit draußen in einem Einkaufszentrum. Tolentino soll gesagt haben, er wohne in der Nähe. Deshalb sei die Filiale für ihn praktisch gewesen, sagt ein Teilnehmer. Es sei das letzte Geschäft in der Reihe gewesen, links neben einer Elektronikkette. Dieses Mal ist es eine Mitarbeiterin, die sich um die Deutschen kümmert. Die Frau hatten sie schon am Morgen in Tolentinos Kanzlei gesehen, sagt einer der Besucher. Sie habe eine Uniform der Bank getragen wie die anderen Mitarbeiter auch. Sie sei hinter einem Schreibtisch hervorgekommen. Die Vertreter beider Institute bestätigen, dass dort die Treuhandkonten liegen, die am 31. Dezember 2019 ein Guthaben von knapp 2 Milliarden Euro zeigen.

Zurück in Aschheim wird Wirecards Compliance-Chef das Treuhandmodell kritisieren. Finanzvorstand von Knoop soll sich einsichtig gezeigt haben, Braun und Marsalek seien »verhalten in ihrer Aufmerksamkeit« gewesen, heißt es.

Später werden die beiden philippinischen Banken erklären, dass die knapp 2 Milliarden Euro von Wirecard zu keiner Zeit auf Treuhandkonten ihrer Bank gelegen hätten. Die philippinische Zentralbank wird erklären: »Das Geld ist nicht ins philippinische Banksystem geflossen.« Und Tolentino? Der schweigt.

Die philippinische Anti-Geldwäscheeinheit AMLC wird ein Ermittlungsverfahren gegen 57 Personen einleiten, darunter Mark Tolentino und zwei Bankangestellte. Aber das kommt ja alles erst viel später raus. Am 12. März ist bei Wirecard die Welt noch weitgehend in Ordnung. An dem Tag gibt das Unternehmen zwar bekannt, dass KPMG für den Sonderbericht doch noch mehr Zeit braucht. Die Untersuchungen zum Geschäft mit den Drittpartnern wie Al Alam dauerten noch an. Der Rest der Untersuchung aber sei ohne größere Befunde abgeschlossen, heißt es sinngemäß in der Mitteilung. Die Botschaft, die mitschwingt: Es fehlen weiterhin Unterlagen. Das ist unschön. Grund zur Panik aber besteht noch nicht. »Wir haben uns keine Sorgen gemacht«, sagt ein Aufsichtsrat. »Die Untersuchung fand statt, als bei Wirecard auch alle mit dem Jahresabschluss für 2019 befasst waren. Das Personal war einfach knapp, und dann kam auch noch Corona.«

Zwei Wochen später ist die Stimmung dann schon etwas eingetrübt: Am 24. März übersendet Tolentino Schreiben der Banken per E-Mail an EY, die offensichtlich fehlerhaft sind. Daraufhin schickt Tolentino am 31. März korrigierte Fassungen der Schriftstücke. EY schaltet jetzt zumindest in den Bereitschaftsmodus um, denn bei solchen Schreiben handelt es sich um hochoffizielle und äußerst relevante Dokumente. Sie dürfen eigentlich nicht fehlerhaft sein. Und wenn sie dennoch Fehler enthalten, können die nicht mit einem einfachen »Sorry« mal eben so aus der Welt geschafft werden – auch wenn das bei Wirecard sonst so üblich ist.

Wenige Tage später erhält EY zwar von den Banken auch noch mal direkt offizielle Bestätigungen über die vermeintlichen Guthaben auf den Treuhandkonten. Die Schreiben tragen das Datum 16. und 17. März 2020. Sie kommen per Kurier und können zum Absender zurückverfolgt werden. Hiernach sind die Schreiben direkt aus den Bankfilialen gekommen, also nicht aus den Zentralen. Die Zweifel durch die von Tolentino zuvor verschickten, fehlerhaften Schreiben vom 24. März können damit bei EY aber nicht mehr aus der Welt geräumt werden.

Aber in Aschheim heißt es für viele erst mal: aufatmen. Die Mitarbeiter der Pressestelle haben jetzt endlich etwas in der Hand, das sie der quengelnden Journalistenmeute vorwerfen können: Bestätigungen von einer echten Bank, gesendet an EY. Nicht schlecht, oder?

Nur: So richtig in Partystimmung ist die Aschheimer Führungsgarde immer noch nicht, das gilt besonders für Eichelmann. Er war so verrückt, im Januar von Wulf Matthias das Amt des Aufsichtsratsvorsitzenden zu übernehmen, und hat jetzt ständig die KPMG-Leute am Hals. Das Privileg »viel Geld für wenig Arbeit« gilt für Eichelmann nicht. Aufsichtsratschef bei Wirecard zu sein, ist jetzt ein Fulltime-Job und wird irgendwann im April auch zu einem schrecklichen Job. Eichelmanns Stimmung kippt, als sich herausstellt, dass KPMG nicht herausfinden kann, ob Wirecards ausgewiesene Geschäfte mit den drei großen Drittpartnern Al Alam, Senjo und PayEasy in den Jahren 2016 bis 2018 (für diesen Zeitraum sollten die Forensiker das unter die Lupe nehmen) tatsächlich stattgefunden haben. Es ist ein Ding der Unmöglichkeit und kein temporäres Problem. Das wird jetzt klar.

Was ist das Problem?

Die Wirtschaftsprüfer wollen herausfinden, ob es die Transaktionen, die Al Alam und Co zwischen 2016 und 2018 abgewickelt haben wollen, wirklich gab. Angeblich soll Wirecard zuletzt jedes Jahr dreistellige Millionensummen mithilfe dieser Drittpartner verdient haben. Die Daten über Transaktionen, die die Drittpartner durchgeführt haben wollen, hat Wirecard aber nicht. Wirecard liegen nur die Abrechnungen der Drittpartner vor. Aber sie sind kein Beleg dafür, dass die Geschäfte so, wie sie auf den Abrechnungen stehen, tatsächlich stattgefunden haben. Die Daten, die KPMG braucht, liegen bei den Partnerfirmen. Die Partnerfirmen aber sind nicht sonderlich kooperativ. So steht es später im Abschlussbericht von KPMG.

Eichelmann gibt sich aber immer noch pragmatisch: Im Laufe des Jahres 2019 hat es nämlich eine Änderung gegeben, und die will er nutzen. Seitdem laufen die Transaktionen der Drittpartner – immer vorausgesetzt, dass es sie jemals gab – nicht mehr nur über deren eigene Plattformen, sondern werden zusätzlich im Wirecard-Reich gespiegelt, in einer Cloud, die »Elastic Engine« genannt wird. Das heißt: Ab diesem Zeitpunkt hat Wirecard Zugriff auf die Transaktionsdaten der Drittpartner. Und Eichelmann schlägt vor, dass KPMG dann eben die Transaktionen von Dezember 2019 überprüfen solle, denn für diesen Zeitraum hat Wirecard ja alle Daten, die KPMG braucht. Die Logik dahinter: Wenn diese Daten in Ordnung sind und KPMG sicher ist, dass die Transaktionen der Drittpartner, wie von Wirecard behauptet, im Dezember 2019 stattgefunden haben, dann dürfte mit an Sicherheit grenzender Wahrscheinlichkeit auch in den Jahren davor alles in Ordnung gewesen sein, und alle können sich wieder abregen. »Er war misstrauisch«, sagt jemand aus Eichelmanns Umfeld, »aber er hat immer noch geglaubt, dass das typische Wirecard-Chaos Schuld an der Misere ist.«

Mehrfach sei die Diskussion aufgekommen, die KPMG-Prüfung zu unterbrechen und erst einmal den Jahresabschluss für 2019 fertigzustellen, sagt einer der Beteiligten. Zu diesem Zeitpunkt sind viele im Unternehmen sicher, dass EY die Bilanz auch diesmal durchwinkt. Sie meinen, entsprechende Signale vernommen zu haben. Aber Eichelmann ist mittlerweile zumindest so weit in Alarmbereitschaft, dass er sich darauf nicht einlässt. Er ist erst 2019 in den Aufsichtsrat gekommen. Sollte sich herausstellen, dass bei Wirecard etwas gewaltig schieflief und die Aufsichtsräte nicht genug kontrolliert haben, wäre das nur sehr bedingt sein Problem. Er hat bislang noch keinen Jahresabschluss der Gesellschaft unterzeichnet und will es wohl auch nicht tun, bevor

KPMG nicht festgestellt hat, dass Wirecards Geschäfte mit den drei großen Drittpartnern real sind und das Geld auf den Treuhandkonten auch wirklich da ist. Mehrere Personen aus seinem Umfeld sagen: Auf die Spürnasen von EY habe sich Eichelmann nicht verlassen wollen. Er habe von den Prüfern keine hohe Meinung gehabt.

Aber auch die Prüfer von EY wollen den Jahresabschluss nur ungern testieren, bevor die Kollegen von KPMG fertig sind. Wenn KPMG etwas findet, können sie das noch berücksichtigen. Wenn nichts ist, können sie beruhigt unterschreiben.

Am 22. April scheint einigen im Unternehmen dann klar, dass womöglich gar nichts mehr gut wird. Zum Beispiel Finanzvorstand von Knoop, der an diesem Tag seinen großen Tag hat. Er wird Markus Braun widersprechen – und das vor Publikum.

Was ist da los?

Braun will an diesem Tag beschwichtigen. Die Öffentlichkeit, vor allem die Investoren, sollten erst einmal weiter davon ausgehen, dass es bei der KPMG-Prüfung kein Problem gibt. Braun wird an diesem Tag eine Mitteilung veranlassen, in der es heißt, dass KPMG noch mal fünf Tage für seinen Abschlussbericht brauche. »Belege für die öffentlich erhobenen Vorwürfe der Bilanzmanipulation wurden nicht gefunden«, steht da. »In den verbleibenden Tagen sollen noch eingegangene Datenbestände verarbeitet und berücksichtigt werden.« Also: alles halb so wild. Oder?

Zu diesem Zeitpunkt, so erzählen es Personen aus der Firma, soll es aber schon eindeutige Hinweise von KPMG gegeben haben, dass das Ergebnis zum Drittpartnergeschäft verdammt kritisch ausfallen könnte. »Braun hat nichts Falsches in die Mitteilung geschrieben«, sagt einer, der nah dran war. »Aber gewisse Informationen hat er weggelassen.« Zum Beispiel die Information, dass KPMG auf Basis der aktuellen Informationen wahrscheinlich nicht wird bestätigen können, dass die Geschäfte mit den drei großen Drittpartnern zweifelsfrei belegt wurden. Im späteren Abschlussbericht von KPMG wird deswegen mehrfach der Begriff Prüfhemmnis auftauchen. Die Forensiker bringen damit zum Ausdruck, dass sie nicht sagen können, ob Wirecards Geschäfte mit den drei großen Drittpartnern wirklich stattgefunden haben, weil ihnen eben die Daten fehlen, um das zu beurteilen. Sie werden mitteilen, dass sie nicht sagen können, ob tatsächlich Geld auf Wirecards Treuhandkonten liegt, weil ihnen die Daten fehlen. Sie sprechen deshalb von einem Prüfhemmnis.

Von Knoop soll deshalb bereits am 22. April dafür plädiert haben, in die Mitteilung einen entsprechenden Hinweis aufzunehmen, erzählt einer, der dabei war. Von Knoops Argument sei gewesen: "Der Marsalek muss die Daten liefern. Und warum sollte er sie jetzt noch liefern, wenn er doch bislang nicht geliefert hat?"

Man muss wissen: Der Aufsichtsrat hatte zu diesem Zeitpunkt bereits deutlich gemacht, dass er unzufrieden mit dem Ablauf der Untersuchung ist. Von Knoop steht unter Druck.

Braun habe die Auffassung vertreten, dass KPMG noch alle fehlenden Unterlagen bekommt und ein entsprechender Hinweis deshalb unnötig sei. In der Pressemitteilung wird das Wort »Prüfhemmnis« nicht vorkommen.

24. April 2020: EY-Partner Dahmen chattet noch mal mit den Bankmitarbeitern, die er im März auf den Philippinen getroffen hat. Es ist ein Freitagabend, die Bankmitarbeiter sitzen zu Hause in ihren Wohnzimmern. Sie müssen ihre Bankausweise und ihre ID-Karten (Pendant zum Personalausweis) in die Kamera halten und vor laufender Kamera eine Schriftprobe abgeben. Danach wird festgehalten, dass es sich um dieselben Personen gehandelt habe, die die Prüfer und die Wirecard-Mitarbeiter auch in den Filialen getroffen haben. Es herrscht kurz Ruhe an der EY-Front, während sich letzte Gefechte an der KPMG-Front zutragen.

Sonntagabend, 26. April 2020, 18 Uhr, Wirecard-Zentrale, Erdgeschoss: Markus Braun, Führungskräfte des Unternehmens, Berater und Anwälte sitzen im Konferenzraum New York zusammen. Sie wissen bereits, dass der KPMG-Bericht nach aktuellem Stand übel ausfallen wird. Immer wieder wird es laut im Raum, weil einer sich aufregt, mit anderen diskutiert. Einige Wirecard-Vertreter fühlen sich zu Unrecht von der KPMG angegriffen, weil die Prüfer den Eindruck erwecken, die Mitarbeiter des Unternehmens hätten immer wieder Termine abgesagt, nicht mitgearbeitet, Daten nicht geliefert. Vor allem aber weil KPMG zum Ausdruck bringt, dass sich nicht belegen lässt, dass Wirecards Zahlen zum Geschäft mit Drittpartnern wie Al Alam und Co stimmen. Das aber war ja Sinn und Zweck der ganzen Sause. Alle dürften ahnen: Wenn das so im morgigen Abschlussbericht steht – der ja veröffentlicht wird –, dann stürzt Wirecards Aktienkurs ab.

Aber Braun wirkt überzeugt, dass er den Tenor des Berichts noch drehen kann. Einer, der dabei war, sagt: »Seine Steherqualität hat mich am meisten fasziniert. Dem konntest du auf die Fresse hauen, wie du wolltest: Der fiel einfach nicht um.« Alle müssen sich jetzt richtig anstrengen: Die Mitarbeiter erklären noch mal, wie das Drittpartnergeschäft technisch abgewickelt wird, warum sie viele Daten nicht haben. Sie wehren sich aber auch. Zum Beispiel gegen den Eindruck, sie hätten so viele Termine mit den Prüfern abgesagt. Tatsächlich waren es drei Termine, die von Wirecard-Mitarbeitern verschoben wurden, genauso viele wie von KPMG. Auch den Vorwurf, dass sie manche Dokumente nicht im Original, sondern nur als Scan zur Verfügung gestellt hätten, wollten sie so nicht stehen lassen. KPMG-Mitarbeiter hätten teilweise selbst um digitalisierte Dokumente gebeten. »Zu den Stellen, die aus unserer Sicht falsch waren, haben wir etwas aufgeschrieben«, sagt einer, der dabei war. Morgens um 4 Uhr steht ein Katalog mit 70 Argumenten, die KPMG überzeugen sollen. Obwohl die Prüfer ihren Bericht noch am selben Tag abgeben müssen und viele der Anwesenden nicht mehr glauben, dass sich jetzt noch etwas erreichen lässt, gibt sich Braun überzeugt. Teilnehmer sagen, er habe sehr sicher gewirkt, jetzt alles geliefert zu haben, dass der Bericht doch noch gut für Wirecard ausfällt.

Montag, 27. April 2020, am Abend: Seit morgens sind die Wirecard-Leute wieder im Büro und warten auf das Urteil von KPMG. Jetzt startet die Videokonferenz mit dem KPMG-Partner, der die Prüfung geleitet hat. Wirecards ehemaliger Finanzvorstand Burkhard Ley ist auch dabei. Vorstandschef Markus Braun, Finanzvorstand von Knoop und Marsalek ebenfalls. Steidl ist zugeschaltet. Am Bildschirm sehen die Wirecard-Vertreter einige Passagen, die KPMG noch einmal nach der 70-Punkte-Lieferung aus Aschheim geändert hat. Unmut macht sich breit, weil der KPMG-Partner die Seiten so schnell abhandelt, dass viele im Raum nicht mehr mitkommen. Der KPMG-Vertreter soll wenig Verständnis gehabt und barsch im Ton gewesen sein. Schnell wird klar: Die Nachtschicht hat sich kaum gelohnt. Teilnehmer des Treffens bitten darum, noch einen Satz aufzunehmen, der besagt, dass KPMG keine Anhaltspunkte dafür gefunden hat, dass es das Drittpartnergeschäft nicht im behaupteten Umfang gab. Aber der KPMG-Partner weigert sich. Er macht deutlich: Das sind unsere Erkenntnisse, und die sind nicht verhandelbar. »Nach der Videokonferenz waren alle geschockt«, erinnert sich ein Teilnehmer. »Wir wussten, wenn das so rausgeht, dann war es das.«

Der finale KPMG-Bericht kommt dann am 28. April um 1:30 Uhr über einen sicheren Server, auf den nur drei Personen Zugriff haben. Die elektronische Fassung wird verteilt. Es gibt auch gedruckte Versionen.

Es ist bereits nach 3 Uhr, als eine kurze Debatte darüber startet, ob man den Bericht tatsächlich veröffentlichen soll.

Braun fragt in die Runde und bekommt immer dieselbe Antwort: »Ihr habt nicht die geringste Wahl, ihr müsst den Bericht veröffentlichen.«

Einer im Raum sagt: »Das wird uns hart treffen. Und das wird auch Einfluss auf den Aktienkurs haben. Aber wenn wir den Bericht nicht veröffentlichen, dann wird es noch schlimmer.«

Von Knoop sagt: »Wir haben keine Chance. Wir müssen.«

KAPITEL 17

»PREPARE FOR BAD NEWS«

Protokoll des Untergangs – die Wirecard AG stürzt so spektakulär ab, wie sie aufgestiegen ist

28. April 2020, 7:50 Uhr: Auf Wirecards Internetseite steht ein neues Dokument zum Download bereit: »Bericht über die unabhängige Sonderuntersuchung Wirecard AG, München«. Autor: die Wirtschaftsprüfungsgesellschaft KPMG.

Der Bericht sollte für Wirecard zum Befreiungsschlag werden, alle Vorwürfe entkräften, die in den vergangenen Monaten auf das Unternehmen und seinen Vorstand niedergeprasselt sind. Insbesondere sollte er alle Zweifel daran ausräumen, dass Wirecards Geschäfte mit den drei großen Drittpartnern Al Alam, Senjo und PayEasy womöglich erfunden sind. Doch der KPMG-Bericht verstärkt die Zweifel nur.

KPMG kann nach fast sechs Monaten Prüfungszeit nicht sicher sagen, ob es die Geschäfte mit Al Alam und Co im behaupteten Umfang gegeben hat. »Ursächlich sind neben Mängeln in der internen Organisation insbesondere die fehlende Bereitschaft« der Drittpartner, »umfassend und transparent an dieser Sonderuntersuchung mitzuwirken«, heißt es im Bericht.

KPMG kann auch nicht sagen, ob Wirecards Guthaben auf Treuhandkonten von zuletzt 1,9 Milliarden Euro tatsächlich existieren. Diese Feststellung hat eine enorme Tragweite: 1,9 Milliarden Euro entspricht fast dem Doppelten des Vorsteuergewinns der Jahre 2016, 2017 und 2018.

Und KPMG weckt grundlegende Zweifel an der Seriosität der Treuhänder. Weder hätten Jahresabschlüsse der Treuhandgesellschaften vorgelegen noch Nachweise darüber, dass ihre wirtschaftlichen Verhältnisse und die Zuverlässigkeit geprüft worden seien.

Einziger Hoffnungsschimmer: Weil im Jahr 2019 eine Umstellung stattfand und die Transaktionen der Drittpartner seitdem auch über Systeme von Wirecard laufen, konnte KPMG Daten zu den Transaktionen der Drittpartner im Dezember 2019 bekommen. Und KPMG hält hierzu fest: Es gibt keinen »Anlass zu wesentlichen Zweifeln an der Authentizität der für Dezember 2019 bereitgestellten Daten«. Abgeschlossen ist die Untersuchung aber noch nicht.

Die Anleger reagieren sofort. Wirecards Aktienkurs stürzt innerhalb eines Tages um rund 30 Prozent ab. Manager der Fondsgesellschaften Union und Deka, zwei Schwergewichte, fordern wenige Tage später personelle Konsequenzen.

Der Bericht aber ist nicht nur schädlich für Wirecard. Er entlarvt auch, wie freundlich EY das Unternehmen in den vergangenen Jahren behandelt und geprüft hat. EY erlaubte Wirecard, den kompletten Umsatz von Wirecards Partnerfirmen mit angeblich von Wirecard vermittelten Kunden vollständig als eigene Einnahmen zu buchen, obwohl Wirecard nur einen Teil dieses angeblichen Umsatzes als Provision abbekam und die Geschäfte jahrelang gar nicht über Wirecard liefen. Das wäre – ganz vereinfacht ausgedrückt – in etwa so, als dürfte ein Bremsenlieferant von VW den kompletten Umsatz von VW als eigenen Umsatz verbuchen, nur weil er die Bremsen liefert und VW ohne die Bremsen keine Autos verkaufen kann. EY half damit Braun, Wirecard viel größer und erfolgreicher erscheinen zu lassen, als das Unternehmen tatsächlich war.

EY erlaubte Wirecard auch, die Guthaben auf den Treuhandkonten als Zahlungsmittel beziehungsweise Zahlungsmitteläquivalente auszuweisen. Unter dieser Kategorie darf ein Unternehmen eigentlich nur Finanzmittel ausweisen, an die es kurzfristig rankommt. Die Aktionäre sollen daran ablesen können, ob ein Unternehmen flüssig ist. Und Wirecard durfte eben die 1,9 Milliarden auf den Treuhandkonten als Zahlungsmittel beziehungsweise Äquivalente ausweisen, obwohl das Treuhandkonto kein klassisches Geschäftskonto war. Wirecard hätte über das Geld nicht völlig frei verfügen können – selbst dann nicht, wenn es da gewesen wäre.

Die Treuhandkonstruktion half Wirecard dabei, den Eindruck zu vermitteln, das Unternehmen sei seriös, weil hochgradig liquide. Dabei war das Gegenteil der Fall: Wirecard wies Ende 2018 schnell verfügbare Finanzmittel zuzüglich Festgeld und Ähnlichem in Höhe von 2,9 Milliarden Euro aus. Auf den ersten Blick schwamm das Unternehmen also im Geld. Aber: Von den 2,9 Milliarden Euro müssen 1,7 Milliarden Euro abgezogen werden, weil sie Kunden gehören, also von Wirecard nicht zur Zahlung eigener Rechnungen genutzt werden können. Abzüglich der Treuhandmilliarde blieben nicht einmal 200 Millionen Euro als schnell verfügbare Mittel (sogenannte Zahlungsmittel oder Äquivalente) übrig, um laufende Rechnungen zu bezahlen – also so gut wie nichts für einen Milliardenkonzern. Tatsächlich war Wirecard nicht hochgradig liquide, sondern hat auf Pump gelebt. Beliefen sich die Bankschulden Ende 2010 auf 22 Millionen Euro, lagen sie zum Zeitpunkt der Insolvenz bei rund 1,8 Milliarden Euro. Hinzu kamen Schulden gegenüber Anleihe-Gläubigern in Höhe von 1,4 Milliarden Euro.

Einen bedeutenden Teil dieses Geldes hat sich Wirecard erst in den letzten Monaten vor der Insolvenz von den Banken geholt. Am 9. Oktober 2019 schuldete Wirecard seinen Hauptbanken »überschaubare« 800 Millionen Euro. Aber: Die Geldhäuser hatten Wirecard eine Kreditlinie von insgesamt 1,75 Milliarden Euro eingeräumt: Das heißt, bis zu diesem Betrag konnte der Vorstand die Schulden bei den Geldhäusern jederzeit hochfahren. Aber warum sollte er? Offiziell ist die Kasse ja voll, und teure Akquisitionen stehen auch nicht an. Trotzdem werden die Banken kurz vor dem Zusammenbruch noch geplündert. Allein zwischen Januar und April fließen noch 800 Millionen Euro von den Banken auf die Konten von Wirecard.

28. April 2020, 9:30 Uhr: Vorstandschef Markus Braun erscheint zur Telefonkonferenz mit Journalisten. Er sieht schlecht aus. Er reibt sich den Bauch. Das tut er oft, wenn er aufgeregt ist, erzählt einer, der in dieser Zeit häufig mit ihm zu tun hat. Wer Braun an diesem Morgen zuhört, kann den Eindruck gewinnen, der Vorstandschef habe einen ganz anderen KPMG-Bericht gelesen als die anderen Teilnehmer der Konferenz. Braun sagt, er stecke zwar noch mitten in der Auswertung, sei »nur teilweise sprechfähig«. Aber so viel könne er sagen: Er sehe sein Unternehmen weitgehend entlastet. Es habe keine »schwerwiegenden Findings« gegeben. »Nicht eine unserer Kennzahlen wurde infrage gestellt.« Seine Sicht auf die Dinge wirkt bizarr. Eigentlich sollte Finanzvorstand von Knoop ebenfalls an der Telefonkonferenz teilnehmen, aber er erscheint nicht. Im Unternehmen heißt es, von Knoop habe Brauns Kommunikationsstrategie nicht mittragen wollen.

Ein Insider sagt, Braun hätte das, was im KPMG-Bericht steht, schon richtig erfasst, aber »sich hinzustellen und zu sagen, dass alles ganz furchtbar ist, wäre einer Kapitulation gleichgekommen. Das ist sein Ding nicht.« Braun habe es positiv dargestellt, »weil er sich sicher war, dass noch alles gut wird, weil sich in den nächsten Wochen alles aufklärt. Zumindest hat er das so gesagt.«

Die Aufsichtsräte sind entsetzt über den KPMG-Bericht, aber auch darüber, wie Braun das Ergebnis verkauft. Anastassia Lauterbach soll im Gespräch mit anderen Aufsichtsräten gefordert haben, Braun sofort zu feuern und die anderen Vorstände am besten gleich mit – außer Steidl.

Die anderen zeigen sich auch nicht mehr von Braun überzeugt. Einzelne Mitglieder des Gremiums äußern den Wunsch, Aufsichtsratschef Thomas Eichelmann solle übergangsweise den Vorstandsvorsitz übernehmen, aber der will nicht.

Freiwillig will Braun den Posten auch nicht räumen. Der Aufsichtsrat müsste ihn feuern. Die Mehrheit tut sich damit schwer, weil große Investoren weiter hinter Braun stehen und wollen, dass der Vorstandschef bleibt. Braun gilt für manche Investoren immer noch als unersetzbar. Bislang, so die Haltung, ist ja auch nichts bewiesen. Im Gegenteil. Einige Aufsichtsräte rechnen immer noch damit, dass alles gut wird. Ihre Hoffnung schöpfen sie vor allem aus dem KPMG-Bericht, also dem Papier, das gerade ein Erdbeben ausgelöst hat. Eichelmann, so hört man aus seinem Umfeld, soll die KPMG-Prüfer immer wieder gefragt haben: Glaubt ihr, dass die Transaktionsdaten, die Wirecard für Dezember 2019 geliefert hat, echt sind? Glaubt ihr, die Transaktionen hat es wirklich gegeben? Die Prüfer von KPMG sollen zum Ausdruck gebracht haben, dass sie es zwar noch nicht final sagen können, aber dass alles gut aussieht. Sie hätten ihre Computerprogramme drüberlaufen lassen, die Alarm schlagen, wenn sie bestimmte Muster in den Zahlen finden, die auf Betrug hindeuten. Das ist zum Beispiel der Fall, wenn bestimmte Zahlenkombinationen extrem oft auftauchen. Die Systeme aber hätten nicht angeschlagen.

Die Aufsichtsräte belassen es bei einem Warnschuss für Markus Braun. Eichelmann schickt einen Fragenkatalog. Die Kontrolleure wollen unter anderem wissen, wie der Vorstand zu seiner doch recht positiven Einschätzung des KPMG-Berichts kommt, warum er sich für diesen Wortlaut entschieden hat und warum KPMG erst einen Tag vor Fertigstellung des Berichts noch wichtige Daten bekommen hat. Es dauert aber nicht lange, bis sich die Aufsichtsräte die Frage stellen, ob sie in Sachen Braun wirklich richtig entschieden haben.

Die Jobs der anderen Vorstände stehen zu diesem Zeitpunkt schon viel mehr auf der Kippe. Eichelmann hat bereits vor Monaten potenzielle Nachfolger gesucht, intern »das Schattenkabinett« genannt. Der Aufsichtsratschef will, so sagen es mehrere Personen aus seinem Umfeld, nur an Braun festhalten und allenfalls noch an von Knoop, den er aber eigentlich auch nicht für qualifiziert hält. Produktvorständin Steidl aber wird noch von den weiblichen Aufsichtsräten gestützt. Einig sind sich die Kontrolleure nur, dass Marsalek zeitnah ausgetauscht werden muss.

Aber aktuell scheint dafür nicht der richtige Zeitpunkt. Intern geht es hoch her. Die Untersuchung von KPMG hat die deutschen Prüfer von EY unter Zugzwang gebracht. Sie legen nun einen Arbeitseifer an den Tag, den die Wirecard-Mitarbeiter so vorher nicht kannten. Nicht nur, dass sie diesmal Bankbestätigungen zu den Treuhandkonten sehen und die Identitäten der Mitarbeiter der philippinischen Geldhäuser, die sie getroffen hatten, noch einmal überprüfen wollten. Wirecards Treuhänder soll auch testweise viermal 110 Millionen Euro von den Treuhandkonten an Wirecard überweisen lassen. Damit soll belegt werden, dass die Konten nicht nur existieren, sondern Wirecard auch an das Geld ran kann. Marsalek erteilt Treuhänder Tolentino daraufhin eine entsprechende Anweisung. Das Geld kommt aber nicht. »Wir haben immer wieder bei Tolentino nachgefragt«, sagt einer, der dabei war. »Er hat es immer auf die Banken geschoben. Einmal hieß es, die Zahlungsanweisung sei noch nicht von der Compliance-Abteilung der Bank freigegeben worden, die erst überprüfen müsse, ob alles seine Ordnung habe. »Beim nächsten Mal war dann die Zentralbank schuld.«

17. Mai: Markus Braun veröffentlicht auf Englisch eine Prophezeiung über den Kurznachrichtendienst Twitter. Übersetzt lautet sie: »Wenn sich all der Lärm und Nebel legt, wird Wirecard immer noch eine Firma sein, die eine Milliarde Euro EBITDA (Ergebnis vor Zinsen, Steuern und Abschreibungen) in diesem Jahr generiert und eine der am schnellsten wachsenden Firmen ihrer Industrie ist.«

25. Mai, 22:10 Uhr: Wirecard gibt bekannt, dass der Jahresabschluss für 2019 auch am 4. Juni nicht veröffentlicht werden kann. Neuer Termin ist jetzt der 18. Juni. Trotzdem hat die Mitteilung auch etwas Beruhigendes: In der Meldung heißt es, dass »zwischenzeitlich alle ausländischen Prüfer grundsätzlich ihre Prüfungshandlungen für Konzernzwecke finalisieren konnten. Im Rahmen der abgeschlossenen Teile der Prüfungshandlungen wurden Wirecard bisher keine wesentlichen Feststellungen bekannt gemacht.« Da die Umsätze aus Geschäften mit den drei großen Drittpartnern zum Großteil bei Wirecards Auslandsgesellschaften gebucht wurden, kann man durch die Meldung auf die Idee kommen, die Prüfer seien schon zu der Feststellung gelangt, dass die Umsätze mit Al Alam und Co belegt sind. Auch Insider sind sich sicher: »EY will testieren. Wenn die Testüberweisungen klappen, wird alles gut.«

28. Mai: Markus Braun kauft für 2,5 Millionen Euro Wirecard-Aktien. Ihm dürfte bewusst sein, dass deswegen noch ordentlich Ärger auf ihn zukommen könnte. Vorstände und Aufsichtsräte eines Unternehmens dürfen nicht beliebig mit den Wertpapieren der Firma handeln, für die sie tätig sind. Sie sind Insider und wissen mehr als andere Aktionäre. In heiklen Phasen, wie zum Beispiel kurz vor der Veröffentlichung eines Geschäftsberichts, dürfen sie nicht mit den Aktien handeln. Braun tut es trotzdem. »Er hat zu diesem Zeitpunkt aus reinem Trotz gekauft. Er wollte demonstrieren, der Jahresabschluss ist nicht da, aber ich investiere trotzdem«, glaubt ein Insider.

2. Juni: EY informiert Wirecard, was noch alles geschehen muss, damit das Unternehmen noch ein Testat bekommt. Demnach müssten nicht nur die Testüberweisungen durchgehen. EY möchte auch eine schriftliche Bestätigung höchster Stellen der beiden philippinischen Banken, dass die Treuhandkonten tatsächlich existieren. Denn Ende März hatte Wirecards Treuhänder Tolentino ihnen Schreiben zur Verfügung gestellt, die offensichtliche Fehler enthielten. Kurz darauf schickte er korrigierte Papiere. Das schien verdächtig.

Zudem wollen die Prüfer noch Dokumente zur Kontoeröffnung einsehen und Belege dazu, dass das Geld von den alten Treuhandkonten in Singapur auf die philippinischen Bankkonten transferiert wurde.

Teilweise hat EY diese Unterlagen schon vor Wochen angefordert. Es scheint fast unmöglich, dass Wirecard die Anforderungen noch bis zum 17. Juni erfüllen kann. »Aber diese Vorgaben hat doch keiner ernst genommen«, sagt einer, der damals ganz nah dran war. »Für uns war klar, die Testüberweisungen müssen durchgehen und dann bekommen wir auch das Testat. Egal, was EY sonst noch will.«

5. Juni: Die Polizei durchsucht unter anderem die Firmenzentrale in Aschheim. Die Staatsanwaltschaft München I hatte ein Ermittlungsverfahren gegen die Vorstände eingeleitet, nachdem die Finanzaufsicht Anzeige wegen des Verdachts der Marktmanipulation erstattet hatte. Die Behörde meint, die Mitteilungen vom 12. März und dem 22. April zur KPMG-Untersuchung könnten irreführend gewesen und so der Aktienkurs manipuliert worden sein. Durch beide Mitteilungen konnte der Eindruck entstehen, die Prüfung durch KPMG werde gut ausgehen.

Auch die Wohnung von Jan Marsalek in der Münchner Innenstadt wird durchsucht. Um 16:30 Uhr meldet sich Marsalek bei seinem Vertrauten, dem Kommunikationsberater Martin Osterkamp. »Meine neue Nummer«, schreibt Marsalek. »Privat. Nicht Firma.« In den kommenden Wochen werden der Noch-Wirecard-Vorstand und der Berater viele Nachrichten über das Chatprogramm Telegram austauschen.

10. Juni 2020, ein Mittwoch, am Abend: EY teilt zum wiederholten Male mit, welche Punkte noch zu erfüllen sind, damit ein Testat denkbar ist. Dazu zählen beispielsweise die Testüberweisung und der Abschlussbericht von KPMG. EY will die Unterlagen innerhalb der nächsten beiden Tage und erklärt, dass diese Frist bindend sei. Auf Basis dessen, was dann vorliege, werde EY entscheiden, ob Wirecard ein

uneingeschränktes Testat, ein eingeschränktes Testat oder gar kein Testat bekomme.

Die Prüfer von EY haben mittlerweile erkannt, dass sie verschaukelt werden: Als Grund dafür, dass die Testüberweisungen immer noch nicht stattgefunden haben, hatte man den Prüfern gesagt, infolge von Corona sei auf den Philippinen so etwas wie der Ausnahmezustand (»Martial Law«) ausgerufen worden. EY hält nun fest, auf den Philippinen habe es lediglich einen »normalen Lock-down« gegeben. Die Banken hätten normal gearbeitet. Zudem soll sich die Behauptung als falsch erwiesen haben, die Zentralbank der Philippinen hätte Überweisungen in Euro beschränkt.

Dennoch wird EY auch jetzt noch nicht durchgreifen. Die »bindende« Frist am Freitag verstreicht, und die Prüfer warten weiter tapfer auf ein Wunder.

Den Prüfern von KPMG geht es nicht besser. Unter anderem fordern sie eine Erklärung dafür, dass auf den Kontoauszügen zu den Treuhandkonten Wirecard nicht als wirtschaftlich Berechtigter der Konten eingetragen ist.

Um 23:25 Uhr fordert Aufsichtsratschef Eichelmann den Vorstand zum wiederholten Male auf, endlich zu liefern und ein Alternativszenario zu entwickeln, für den Fall, dass sie nicht liefern können. Eichelmann soll später immer wieder sinngemäß gesagt haben: »Ich verstehe Braun und Marsalek nicht. Die begehen doch beruflichen Selbstmord.«

12. Juni, 18:10 Uhr: Kommunikationsberater Osterkamp will mit Marsalek telefonieren. Der schreibt: »Leider noch mit KPMG am Telefon.«

15. Juni: Der Chef der deutschen Finanzaufsicht Felix Hufeld ruft Eichelmann an. Die beiden kennen sich seit 26 Jahren. Damals arbeiteten beide für die Unternehmensberatung Boston Consulting. 15 Jahre haben sie nichts mehr voneinander gehört. Das Gespräch kommt auf Wunsch von Eichelmann zustande. Hufeld soll gesagt haben, dass er jetzt darauf hinwirken wolle, Wirecard komplett als Finanzholding

unter die Aufsicht der BaFin zu bekommen, dadurch kann die BaFin nicht nur die Wirecard Bank, sondern das gesamte Unternehmen prüfen – er will, dass Eichelmann mitzieht. Der soll sich einverstanden erklärt haben. Beide rechnen zu diesem Zeitpunkt nicht damit, dass Wirecard bald abstürzen wird. Das erzählt man sich zumindest.

Einen Tag später ändert sich die Lage.

16. Juni: EY erhält einen Brief des philippinischen Finanzinstituts BPI, in dem es heißt, dass die Bestätigungen über Guthaben auf Treuhandkonten bei der Bank, die EY erhalten hatte, »spurious« seien. »Spurious« heißt: unecht, gefälscht, unberechtigt.

17:28 Uhr: EY meldet den Verdacht der BaFin.

17:30 Uhr: Ein EY-Vertreter telefoniert mit Eichelmann.

21:23 Uhr: Es findet eine Telefonkonferenz statt, an der EY-Mitarbeiter und die Mitglieder des Aufsichtsrats teilnehmen.

17. Juni: Auch die andere philippinische Bank BDO teilt EY mit, dass die Bestätigungen, die die Prüfer vermeintlich von der Bank erhalten hatten, »spurious« seien.

12 Uhr: EY-Mitarbeiter telefonieren mit dem Wirecard-Vorstand. Ein EY-Mitarbeiter hält fest: Der Vorstand ist mit Treuhänder Tolentino im Austausch. »Alles sei ein großes Missverständnis.«

Laut Wirecard-Mitarbeitern sagt Wirecards Treuhänder Tolentino, er sei bei den Banken gewesen. Diese würden nun ein Schreiben schicken, in dem stehe, dass die knapp 2 Milliarden Euro auf den von Tolentino verwalteten Treuhandkonten sind, die Überweisungen von der Bank freigegeben wurden und das Geld nun kommt. Ein Wirecard-Mitarbeiter sei bei Tolentino gewesen, und der habe gesagt, dass die Überweisung erfolgt sei und alles gut werde.

Braun habe sehr sicher gewirkt, sagt einer, der nah dran war. Sobald die Überweisung ausgeführt ist, entsteht ein sogenannter Swift-Code. Man war sich sicher, dass EY diesen Code als Beleg für die Transaktion akzeptieren würde. Das erzählt ein Insider. Das Geld müsse nicht erst auf einem Wirecard-Konto eingehen. Ein Vorstand habe gesagt: »Es gibt immer noch eine Chance, dass wir morgen ein uneingeschränktes Testat bekommen.«

17. Juni, nachmittags: Die Außenwelt bekommt nichts von der Aufregung in der Aschheimer Zentrale mit. Dass Bankbestätigungen wahrscheinlich gefälscht wurden, dass das Geld auf den Treuhandkonten womöglich gar nicht da ist, erfahren die Aktionäre nicht. Viele Investoren interpretieren die Stille als Signal dafür, dass alles in bester Ordnung ist und Wirecard am 18. Juni seinen vom Wirtschaftsprüfer EY abgesegneten Jahresabschluss veröffentlichen wird – erst recht, als für den 18. Juni eine Pressekonferenz angekündigt wird. Um 14:05 Uhr soll Markus Braun und um 14:25 Uhr Alexander von Knoop zum abgelaufenen Geschäftsjahr sprechen.

Vom Morgen des 15. Juni bis zum Abend des 17. Juni steigt Wirecards Aktienkurs um fast 16 Prozent auf 104,50 Euro.

Bei den Mitarbeitern des Londoner Hedgefonds Greenvale Capital kommt Euphorie auf, weil hier die angekündigte Pressekonferenz genau andersherum interpretiert wird. Aus dem Umstand, dass die Pressekonferenz erst am Nachmittag stattfinden soll – was tatsächlich eher ungewöhnlich ist –, leiten sie ab, dass Wirecard noch kein Testat hat. »Wir waren uns sicher. Die haben das Testat noch nicht. Die haben es nicht. Die verhandeln noch mit dem Wirtschaftsprüfer«, sagt Investmentchef Bruce Emery. Der Hedgefonds erhöht deswegen noch einmal deutlich seinen Wetteinsatz auf den Niedergang von Wirecard.

17. Juni, 22:15 Uhr: EY-Mitarbeiter telefonieren mit Braun und anderen Vorständen.

Im Aufsichtsrat macht sich Panik breit, weil das Testat immer noch nicht vorliegt. Das Verhalten der Vorstände soll »einer erneuten Prüfung« unterzogen werden. Die Hoffnung, dass doch noch alles gut geht, ist irrigerweise immer noch nicht gestorben: Ein Vorstand erklärt, nach seiner Wahrnehmung habe EY bislang nicht definitiv ausgeschlossen, am nächsten Tag ein uneingeschränktes Testat zu erteilen. Marsalek versuche den Verdacht, dass Bankbelege gefälscht wurden, schnellstmöglich aufzuklären. Bis sechs Uhr wollen sie entscheiden, wie es weitergeht.

18. Juni, 8 Uhr: Die Frankfurter Börse öffnet. Wirecards Geschäftsbericht ist immer noch nicht veröffentlicht. Üblicherweise geschieht das vor Börsenöffnung und nicht im Laufe eines Tages. Aber es gibt kein Testat, und der Vorstand will nicht ohne Testat veröffentlichen.

8:56 Uhr: »Was für ein Morgen«, schreibt Jan Marsalek an seinen Freund Osterkamp.

9:03 Uhr: Marsalek tippt wieder in sein Handy: »Wir schwanken zwischen Katastrophe und alles gut. Wir warten auf die Zulieferung einer Bank. Wenn das kommt, passt alles. Wenn nicht, dreht EY völlig durch.«

10 Uhr: Braun müsste jetzt eigentlich bekanntgeben, dass Wirecard kein Testat hat. Aber er sperrt sich, wie mehrere Mitarbeiter berichten. »Wir warten noch«, soll er gesagt und die ganze Zeit nervös auf sein Handy geschaut haben. »Es sah so aus, als erwarte er jeden Moment die erlösende Nachricht, dass das Testat kommt.«

10:15 Uhr: Eine Mitarbeiterin sagt zu Braun: »Markus, wir müssen jetzt bekannt geben, dass wir kein Testat haben.« Braun will immer noch warten. Finanzvorstand von Knoop sagt sinngemäß: »Markus, lass es jetzt gut sein.«

10:28 Uhr: Marsalek schreibt an Osterkamp: »Prepare for bad news.«

10:29 Uhr: »Und zwar wirklich schlechte News.«

10:43 Uhr: Die Bombe platzt. Wirecard gibt bekannt, dass EY zu den Treuhandkonten »noch keine ausreichenden Prüfungsnachweise« bekommen habe. Es gebe Hinweise, dass dem Abschlussprüfer »unrichtige Saldenbestätigungen zu Täuschungszwecken vorgelegt wurden«. Der Vorstand arbeite »mit Hochdruck daran, den Sachverhalt in Abstimmung mit dem Abschlussprüfer weiter aufzuklären«.

Und: »Wenn ein testierter Jahres- und Konzernabschluss nicht bis zum 19. Juni vorgelegt wird, können Kredite der Wirecard AG in Höhe von ca. 2 Mrd EUR gekündigt werden«

Das ist das Todesurteil für das Unternehmen. Innerhalb eines Tages stürzt der Aktienkurs von Wirecard um mehr als 60 Prozent ab.

11:08 Uhr: Nicht einmal jetzt hören die Lügen auf. In einer Mitteilung heißt es zu den Treuhandkonten: »Die jeweiligen Tochtergesellschaften der Wirecard AG haben auf diese Treuhandkonten erhebliche Sicherheitsleistungen von insgesamt 1,9 Mrd. Euro eingezahlt.« Damit wird der Eindruck erweckt, die 1,9 Milliarden Euro seien tatsächlich mal da gewesen und hätten auf Wirecard-Konten gelegen.

11:18 Uhr: Kommunikator Osterkamp fragt: »Hat der Treuhänder uns betrogen?« Marsalek: »Ehrlich gesagt, aktuell kann ich das alles noch nicht so wirklich einschätzen. Vor zwei Tagen kam EY mit der Sache um die Ecke.«

Intern beruhigt Markus Braun seine Mitarbeiter sinngemäß so: »Das klärt sich alles. Macht euch keine Sorgen. Das kriegen wir alles hin.«

12:08 Uhr: Osterkamp fragt Marsalek: »Was passiert, wenn bis morgen die 1,9 Milliarden nicht gefunden werden?« Marsalek antwortet: »Ich vermute, dann sind wir tot und haben einen wunderbaren Wirtschaftsskandal.«

Parallel laufen in Marsaleks Büro Planungen für einen Trip auf die Philippinen. Marsalek soll dort das Problem mit den Treuhandkonten persönlich mit den Banken klären.

15:26 Uhr: Marsalek schreibt seinem Freund: »Ich werde vermutlich beurlaubt.« Kurz darauf stellt der Aufsichtsrat Jan Marsalek frei. Er sucht danach ein letztes Mal das Büro von Markus Braun auf.

17:54 Uhr: Marsalek schreibt an Osterkamp: »Ich wurde leider beurlaubt.«

18:00 Uhr: Jan Marsalek verlässt das Firmengelände.

18:18 Uhr: Wirecard gibt die Freistellung Marsaleks bekannt und verkündet, dass James Freis »mit sofortiger Wirkung zum Compliance-Vorstand bestellt wurde. Eigentlich sollte er erst am 1. Juli bei Wirecard anfangen. Der US-Amerikaner Freis war bislang Compliance-Chef bei der Deutschen Börse. Offensichtlich versteht er sein Handwerk. Er schaut sich den Geschäftsbericht einer der philippinischen Banken an, bei denen Treuhandkonten von Wirecard liegen sollten. Er weiß, dass die Guthaben auf den angeblichen Bankbestätigungen in Euro ausgewiesen sind. Also schaut er in der Bilanz der Bank nach, in welcher Höhe bei dem Geldinstitut Ende 2019 überhaupt Einlagen in Fremdwährungen lagen. Und stellt fest: Es ist viel zu wenig.

Wirecards Geld kann folglich gar nicht bei der Bank liegen.

Es folgt Brauns letzter öffentlicher Auftritt als Chef der Wirecard AG. Er spricht diesmal nicht Englisch, die Sprache der Start-ups und Weltkonzerne, sondern Deutsch. Das ist die Sprache der Staatsanwälte, die bald hinter ihm her sind. Braun sagt: »Sehr geehrte Damen und Herren«, die Kamera im Konferenzraum New York läuft. Es ist Brauns Versuch, sein Lebenswerk mit einer Videobotschaft zu retten.

Braun trägt Rollkragenpulli, mal wieder, wie Steve Jobs. Doch Braun ist heute kein Steve Jobs, keine Lichtgestalt und kein Guru. Er ist Markus Braun, Gescheiterter und Gejagter. Er ist blass im Gesicht, spreizt die Finger auf den Tisch vor sich. Er hat seine Vorstände für die Videobotschaft um sich arrangiert, sie sind stumme Zeugen seiner Ansprache. Steidl und von Knoop wirken starr vor Schock, Freis schaut mit seinem hellblauen Sakko aus wie ein Tourist, der plötzlich zu einer Beerdigung muss und keine schwarzen Sachen dabeihat. Er wirkt verwirrt.

Braun stellt seinen neuen Kollegen Freis vor. »Willkommen an Bord«, sagt er. Sein Versuch, dabei zu lächeln, misslingt.

Braun sagt, dass es laut EY Hinweise gebe, »dass den Wirtschaftsprüfern von einem Treuhänder oder aus dem Bereich dieser Banken zu betrügerischen Zwecken falsche Saldenbestätigungen vorgelegt wurden«. Der Treuhänder habe Wirecard angekündigt, dass »er den Sachverhalt kurzfristig mit den beiden Banken, die die Treuhandkonten verwalten, klären wird«. Und: »Es kann derzeit nicht ausgeschlossen werden, dass die Wirecard AG in einen Betrugsfall erheblichen Ausmaßes zum Geschädigten geworden ist. Vielen Dank.« Nach zwei Minuten und 20 Sekunden ist der bizarre Auftritt zu Ende.

18:43 Uhr: Osterkamp lädt Marsalek fürs kommende Wochenende zum Grillen bei sich ein. Marsalek antwortet: »Ich würde mich morgen mal mit der Sachverhaltsaufklärung und anwaltlichen Fragen beschäftigen, aber Weekend klingt gut.«

19. Juni: Eigentlich ist bei Wirecard für diesen Tag eine Überraschung geplant – eine positive –, die den Aktienkurs beflügeln sollte: Schon lange wollte der Vorstand eine Banklizenz für die USA haben. Im Bundesstaat Utah gibt es bereits ein Tochterunternehmen und Personal steht auch schon parat. Für die Lizenz fehlt nur noch der testierte Jahresabschluss. Eine Pressemitteilung liegt bereits in der Schublade. Sie wird nicht veröffentlicht.

Stattdessen kommt am Vormittag der Aufsichtsrat zusammen und beschließt, dass es jetzt reicht: Braun muss gehen. Eichelmann kontaktiert den Vorstandschef und erklärt ihm sinngemäß: »Der Aufsichtsrat entzieht dir das Vertrauen.« Braun kann sich entscheiden. Entweder er tritt zurück oder er wird entlassen. Braun wird kurz darauf in das Büro seines PR-Beraters eintreten und ihn bitten, eine Pressemitteilung zu verfassen: Er trete zurück.

Ein Mitarbeiter trifft Braun an diesem Tag in der Kaffeeküche. Sein Chef wirkt auf ihn »wie ein stummer Zombie. Er war völlig neben sich.« Ein anderer begegnet Braun auf dem Flur. »Er wirkte apathisch, fahl, gespenstisch«, sagt er. Zu einer Kollegin sagt er etwas wie: »Macht euch keine Sorgen. Das klärt sich alles auf.«

Am späten Vormittag wird Braun vom Compliance-Chef aus dem Büro abgeholt und zu seinem Dienstwagen eskortiert, den Hausausweis muss er abgeben, seine Zugangsdaten für die Wirecard-Systeme werden gesperrt.

12:48 Uhr: Wirecard verkündet: »Dr. Markus Braun ist heute im Einvernehmen mit dem Aufsichtsrat der Wirecard AG mit sofortiger

Wirkung als Mitglied des Vorstands zurückgetreten.« Sein Nachfolger ist der Mann, der gerade mal 18 Stunden im Unternehmen ist: Freis. Er ist der Einzige im Vorstand, der unbeschädigt ist. Die anderen beiden verbliebenen Vorstände von Knoop und Steidl dürfen vorerst im Unternehmen bleiben. Freis bezieht noch am selben Tag Brauns Büro. Die Sachen seines Vorgängers stehen in Umzugskartons verpackt im Vorzimmer.

Braun hinterlässt einen Geschäftsbericht 2019, der nicht mehr veröffentlicht wird. Darin bedankt er sich bei seinen Kunden und Partnern »für das in uns gesetzte Vertrauen«, bei den Aktionären »für ihre Geduld und Treue«. Er bedankt sich auch bei seiner »globalen Belegschaft«: »Denn was unterscheidet die Wirecard von anderen Unternehmen? Es hat die herausragende Widerstandsfähigkeit und Robustheit, mit der auch belastende Situationen taktisch und strategisch klug einfach abgearbeitet wurden.«

15:41 Uhr: Markus Braun glaubt auch nach seinem Rücktritt an Wirecard. Er twittert, jetzt wieder auf Englisch. Hier die Übersetzung: »Wirecard hat exzellente Mitarbeiter, ein starkes Geschäftsmodell, eine herausstechende Technologie und reichlich Ressourcen für eine großartige Zukunft.«

20. Juni, 10:38 Uhr: Marsalek sagt die Einladung zum Grillen ab. Er sei »fleißig am Pläne schmieden«, seine Freundin »möchte heute in die Berge ... Hoffe, es ist für Euch OK, wenn wir uns erst mal irgendwo verkriechen ...«

21. Juni, 1:21 Uhr: Marsalek schreibt Osterkamp: »Also einer muss schuld sein – und ich qualifiziere mich ganz ausgezeichnet dafür.«

12:38 Uhr: »Es könnte sein, dass ich mich auf den Weg nach Manila mache, um herauszufinden was da alles passiert ist. Dann wird die StA u. U. in Panik verfallen.« Osterkamp fragt kurz: »Soll ich mitfahren?« Marsalek antwortet: »Danke Dir! Aber ich will Dich da nicht hineinziehen.«

22. Juni, 2:48 Uhr: Wirecard erklärt, der Vorstand gehe derzeit davon aus, »dass die bisher zugunsten von Wirecard ausgewiesenen

Bankguthaben auf Treuhandkonten in Höhe von insg. 1,9 Mrd. Euro mit überwiegender Wahrscheinlichkeit nicht bestehen«. Und damit nicht genug. Der Vorstand geht außerdem davon aus, »dass die bisherigen Beschreibungen des sog. Drittpartnergeschäfts (Third Party Acquiring) durch die Gesellschaft unzutreffend sind. Die Gesellschaft untersucht weiter, ob, in welcher Art und Weise und in welchem Umfang dieses Geschäft tatsächlich zugunsten der Gesellschaft geführt wurde.« Damit steht der Konzern endgültig am Abgrund. Wirecard stehe »weiterhin in konstruktiven Gesprächen mit seinen kreditgebenden Banken hinsichtlich der Fortführung der Kreditlinien und der weiteren Geschäftsbeziehung, inklusive hinsichtlich einer Ende Juni bevorstehenden Verlängerung der bestehenden Ziehung«, heißt es in der Mitteilung.

Eine Leserin schaut sich die Meldung besonders genau an: Hildegard Bäumler-Hösl, Oberstaatsanwältin bei der Münchner Staatsanwaltschaft. Sie ist wach geblieben, um auf die Nachricht zu warten. Bäumler-Hösl ist zuständig für Wirtschaftsstrafsachen, hat schon im Siemens-Schmiergeldskandal ermittelt. Sie arbeitet die Nacht durch, ist um 7 Uhr im Büro und beantragt einen Haftbefehl gegen Braun. Die Staatsanwaltschaft legt ihm zur Last, »die Bilanzsumme und das Umsatzvolumen der Wirecard AG durch vorgetäuschte Einnahmen aus Geschäften mit den sog. Third-Party-Acquirern aufgebläht zu haben, um so das Unternehmen finanzkräftiger und für Investoren und Kunden attraktiver darzustellen«. Der Verdacht: Marktmanipulation. Auch gegen Marsalek wird ein Haftbefehl beantragt.

11 Uhr: Für Markus Braun hat Marsalek eher fürsorgliche Worte in der Nachricht, die er Freund Osterkamp schickt: »Markus kämpft noch tapfer. Ich hoffe nur nicht auf verlorenem Posten.«

12:10 Uhr: Zwei Männer, die sich in der Vergangenheit bekämpft haben, finden via Kurznachrichten zueinander. Fraser Perring, der Wirecard mit seinem Zatarra-Report 2016 unter Druck gebracht hatte, meldet sich bei Marsalek, fragt, ob er »schon auf der Flucht« sei oder »noch die Koffer packt«. »Vergiss deinen Pass nicht«, rät er. Marsalek antwortet: »Ich fürchte, ich muss dich enttäuschen. Ich habe keine solchen Pläne.« Und: »Ich hoffe, wir treffen uns mal persönlich, eines Tages.« Perring antwortet: »Ich habe keinen Hass.« Wenn Marsalek Hilfe benötigt, soll er sich melden. Marsalek schreibt: »Ich schätze deine netten Worte und freue mich darauf, eines Tages mit dir einen Kaffee zu trinken.«

12:51 Uhr: Marsalek textet an Osterkamp: »Es wird ein paar Tage dauern, bis sie mich in Manila festnehmen können. Ich schicke Dir dann Selfies aus dem philippinischen Gefängnis.« Auf die Frage von Osterkamp, ob er wirklich weg sei, antwortet Marsalek mit ja.

12:53 Uhr: »Markus wiederholt mantramäßig, dass er überrascht wurde«, schreibt Osterkamp. Marsalek antwortet daraufhin: »Es wäre schlimm, wenn er das nicht gewesen wäre.«

16:49 Uhr: Wirecard verkündet, dass der Aufsichtsrat Marsalek »mit sofortiger Wirkung abberufen und seinen Anstellungsvertrag außerordentlich gekündigt« habe. Ursprünglich soll er zuvor nur deshalb lediglich beurlaubt worden sein, weil es noch Hoffnung gab, dass Marsalek vielleicht doch noch Belege ranschaffen kann, die alles aufklären.

EY kontaktiert Wirecards ehemaligen Treuhänder in Singapur und bittet um eine nochmalige Bestätigung seiner Bestätigung der Guthaben auf Treuhandkonten zum 31. Dezember 2018.

Abends: Markus Braun stellt sich der Münchner Staatsanwaltschaft. Staatsanwältin Bäumler-Hösl begleitet ihn zum Münchner Polizeipräsidium, wo Braun die Nacht in einer Zelle verbringt.

23. Juni: Am Vormittag wird Braun einer Ermittlungsrichterin vorgeführt, er kommt gegen eine Kaution von 5 Millionen Euro frei und muss sich während der Ermittlungen jede Woche bei der Polizei melden.

Ein Mann mit dem Namen Jan Marsalek reist an diesem Tag auf den Philippinen ein. Zumindest notieren Beamte der Einwanderungsbehörde die Daten.

Um 14:10 Uhr deutscher Zeit – das wäre 20:10 Uhr Ortszeit in Manila – schickt er Osterkamp eine Nachricht: »Guten Nachmittag und Grüße aus der Abendsonne!« Es scheint so, als ob er auf den Philippinen ist und jetzt aufklärt. Zwei Wochen Corona-Quarantäne nach der Ankunft? »Nicht bei meiner Reiseagentur.«

24. Juni: Laut Einwanderungsbehörde verlässt Marsalek die Philippinen von der Provinz Cebu aus und fliegt weiter, angeblich nach China. Seinem Freund Osterkamp schreibt er: »Aktueller Plan ist, dass ich am Wochenende wieder da bin und die StA treffe.« Die Staatsanwaltschaft München also. »Gibt es das Geld?«, fragt Osterkamp. »Auf den Philippinen definitiv nicht«, antwortet Marsalek. Als Osterkamp ihm schreibt, dass er sich Sorgen um ihn mache, antwortet er: »Mir passiert hier nichts. Zur Not fliege ich einfach genauso raus, wie ich reinkam.«

EY erhält eine E-Mail von Wirecards früherem Treuhänder in Singapur. Der Treuhänder schreibt: »Bitte nehmen Sie zur Kenntnis, dass wir keine entsprechenden Guthaben halten und auch nie bestätigt haben, solche Guthaben zu halten. Letztmalig haben wir im März 2017 Treuhand-Dienstleistungen für Wirecard erbracht.«

25. Juni, 1:24 Uhr: Osterkamp schreibt: »Ich glaube mal nicht, dass du die Gelder privat abgezweigt hast.« Marsaleks Reaktion: »Jetzt bin ich fast enttäuscht, dass Du mir das nicht zutraust.« Zwinker-Smiley.

10:27 Uhr: Wirecard verkündet, dass der Vorstand entschieden habe, beim Amtsgericht München einen Antrag auf Eröffnung eines Insolvenzverfahrens »wegen drohender Zahlungsunfähigkeit und Überschuldung zu stellen«.

Die Zahlen, die Insolvenzverwalter Michael Jaffé vorfindet, sind der blanke Horror: Die Verbindlichkeiten belaufen sich auf 3,2 Milliarden Euro. Das, was er noch irgendwie durch Verkauf zu Geld machen kann, schätzt Jaffé auf 428 Millionen. Die Liquiditätslücke: 99,17 Prozent.

Die Aktie stürzt komplett ab, ist keine 2 Euro mehr wert.

16:31 Uhr: Marsalek schreibt an Osterkamp: »Ich werde mich entweder morgen auf den Rückweg machen oder bleibe hier bei meinen Freunden. Ich habe mich noch nicht entschieden.«

26. Juni, 11:02 Uhr: In Deutschland wird darüber spekuliert, ob sich Marsalek in China aufhält. Marsalek schreibt seinem Freund in Deutschland, dass er »mehrere Pässe« habe, »wie jeder gute Geheimagent«. »Ich lasse schon mal ein Foto von mir dafür retouchieren.« Was er gerade so mache? »Geld zählen.«

29. Juni, 10:22 Uhr: Ob er untergetaucht sei, wird Marsalek von Osterkamp gefragt. »Noch nicht«, antwortet Marsalek. »Aber du bist herzlich auf einen Drink am Strand eingeladen.«

30. Juni, 17:12 Uhr: Osterkamp fragt abermals: »Bist du abgetaucht?« Marsaleks Antwort: »Sort of«. Es ist die letzte Nachricht, die er beantwortet. Danach ist der Chat mit seinem Freund beendet.

19:12 Uhr: Wirecard erklärt, der Aufsichtsrat habe »heute mit sofortiger Wirkung den Anstellungsvertrag von Herrn Dr. Markus Braun außerordentlich gekündigt«. Damit wird auch der eigenmächtige Rücktritt Brauns zum Rauswurf umdeklariert.

4. Juli: Der philippinische Justizminister Menardo Guevara gibt bekannt, dass die Einträge der Einwanderungsbehörde zu Marsaleks angeblicher Einreise gefälscht seien.

Wo Marsalek sich tatsächlich aufhält? Es wird spekuliert: China, Russland, Mauritius?

6. Juli: Wirecards Dubai-Statthalter Oliver Bellenhaus stellt sich der Münchner Staatsanwaltschaft. Anfangs ist er nicht sehr hilfreich bei der Aufklärung des Wirecard-Skandals, er eiert nach Wahrnehmung der Staatsanwälte herum. Er wird festgenommen und kommt in Untersuchungshaft in die Justizvollzugsanstalt Stadelheim in München. Dort überlegt er sich die Sache. Nach etwas mehr als einer Woche wird er zum Kronzeugen. Er packt aus – und wie. Es sprudelt nur so aus ihm heraus. Bellenhaus schildert den Ermittlern einen Betrug von ungeheurem Ausmaß: Er habe demnach mit Braun, Marsalek,

Ex-Finanzvorstand Ley und einem hochrangigen Buchhalter im Jahr 2015 beschlossen, die Bilanzsumme von Wirecard aufzublähen, indem sie Einnahmen aus Drittpartnergeschäfte erfinden. »Das Unternehmen sollte finanzkräftiger und für Investoren und Kunden attraktiver dargestellt werden, um so regelmäßig Kredite von Banken und sonstigen Investoren zu erlangen«, erklärt die Staatsanwaltschaft.

Zwar hat es wohl irgendwann mal reales Geschäft gegeben, die Zahlen, die Wirecard verkündete, sollen damit aber nicht mehr viel zu tun gehabt haben. Den Ermittlern erzählt Bellenhaus, dass er Marsalek geholfen habe, Daten so zu fälschen, dass die Prüfer glaubten, es habe die Geschäfte tatsächlich gegeben. 200 Millionen Daten will Bellenhaus frisiert haben, dafür seien alte Transaktionsdaten von Wirecard genommen und neu zusammengebastelt worden. Und er hatte, so stellt er es dar, noch einen prominenten Unterstützer beim Daten-Frisieren: Edo Kurniawan, Wirecards früheren Finanzchef in Singapur.

22. Juli: Braun wird in München erneut festgenommen, er kommt in Untersuchungshaft, in die Justizvollzugsanstalt Gablingen bei Augsburg. Am gleichen Tag werden auch Wirecards Buchhalter und Ex-Finanzvorstand Ley festgenommen. Die Staatsanwaltschaft teilt mit, »dass der den Beschuldigten zur Last zu legende Sachverhalt erheblich erweitert werden muss« – und stützt sich dabei vor allem auf den Kronzeugen Bellenhaus. »In Wirklichkeit war den Beschuldigten spätestens seit Ende 2015 klar, dass der Wirecard Konzern mit den tatsächlichen Geschäften insgesamt Verluste erzielte«, vermutet die Staatsanwaltschaft. Deshalb wurden, so der Verdacht der Ermittler, Einnahmen aus dem Drittpartnergeschäft vorgetäuscht und letztlich Banken und Investoren »durch die falschen Jahresabschlüsse getäuscht«.

Die Ermittler setzen jetzt in Singapur an, wo sie mit Unterstützung der dortigen Behörden an Kontoauszüge kommen wollen. Es geht um die Frage, ob die Treuhandkonten schon im Jahr 2019, als sie noch bei einer Bank in Singapur gelegen haben sollten, leer waren. Und ob jemals Geld auf diese Konten eingezahlt worden ist. Sieben

Staatsanwälte und zwei Mitarbeiter von der Zentralen Koordinierungsstelle Vermögensabschöpfung in Bayern arbeiten im September 2020 bei der Staatsanwaltschaft München am Fall Wirecard. Sie haben nicht nur Amtshilfe von den Kollegen in Singapur angefordert, die philippinischen Ermittlungsbehörden haben von sich aus bereits Hilfe angekündigt.

Die möglichen Straftaten, die die Staatsanwälte Braun und den anderen Beschuldigten vorwerfen, wiegen schwer: gewerbsmäßiger Bandenbetrug, Untreue, unrichtige Darstellung und Marktmanipulation.

Brauns Anwälte, die die Vorwürfe entschieden zurückweisen, dürfen die Vernehmungsprotokolle von Bellenhaus sehr aufmerksam lesen. Es ist wirklich sehr viel, was Bellenhaus den Ermittlern erzählt hat. Ob alles stimmt?

Könnte alles ganz anders gewesen sein? Wer ist Täter, wer ist Opfer? Die Staatsanwälte müssen offen in alle Richtungen ermitteln.

Bemerkenswert ist, wie die Ermittler die Rolle und den Status von Markus Braun beschreiben: »In Vernehmungen wird von einem streng hierarchischen System, geprägt von Korpsgeist und Treueschwüren gegenüber dem Vorstandsvorsitzenden als Führungsperson berichtet.«

EPILOG

Wie fühlt sich jemand, der 17 Jahre lang darauf hingewiesen hat, dass mit Wirecard etwas nicht stimmt, der verspottet und bedroht wird – und der am Ende doch recht hat?

Nun, es sei kompliziert, sagt »jigajig«, der Wirecard-Jäger. Als die Wirtschaftsprüfer von EY Wirecard das Testat verweigern, vibriert sein Handy. Der Sozialpädagoge ist bei der Arbeit, bei seinen Problemkindern. Er beschäftigt die Kleinen mit Lego, fragt seine Kollegin, ob er mal schnell ein paar Minuten raus könne. Er kann. Ein Mitstreiter schickt ihm einen Screenshot vom Absturz der Wirecard-Aktie: »Da habe ich sofort eine Gänsehaut gekriegt. Da war so eine unglaubliche Freude.« Er bekommt nun Gratulationen, auch von denen, die ihn für verrückt erklärt haben. »Es ist schon ein gewisser Triumph, ganz klar«, sagt er. Aber ein bitterer Triumph: Wirecard sei »wie eine Droge« für ihn gewesen, mit allen negativen Folgen für sich und seine Familie. »Meine Geschichte ist eigentlich eine sehr traurige«, sagt »jigajig«. »Weil ich am Ende recht behalte – und weder einen finanziellen noch einen ideellen Gewinn habe, der den Verlust ausgleichen könnte.«

***

Der Börsenspekulant Tobias Bosler, den die Auseinandersetzung mit Wirecard ins Gefängnis gebracht hat, legt sich ins Bett, als er von der Wirecard-Insolvenz erfährt. »Ich habe eine Stunde lang geweint«, sagt er. Er zeigt ein Video auf seinem Handy. Er hat seinen Bildschirm abgefilmt, auf dem die Insolvenzmeldung aufleuchtet – dazu hat er Musik von seinem Laptop eingespielt. Rio Reiser: »Es ist vorbei, byebye, Junimond.« Er hofft, dass er das Thema jetzt abschließen kann. Es gehe ihm gut, er könne jetzt offen über seine Wirecard-Zeit reden. Neulich hat er seinen sechsjährigen Sohn beiseitegenommen und gesagt: »Ich muss dir was sagen: Dein Papa war schon mal im Gefängnis.«

***

Am 3. September 2020 hat die Münchner Staatsanwaltschaft das Ermittlungsverfahren gegen den *FT*-Journalisten Dan McCrum und seine Kollegin Stefania Palma eingestellt, »da nach den nun vorliegenden Informationen die Veröffentlichungen der Beschuldigten nicht falsch oder irreführend waren«, wie das bayerische Justizministerium mitteilt.

***

Frankfurt, an einem Dienstagmorgen Mitte September 2020. Felix Hufeld empfängt im Konferenzraum neben seinem Büro im sechsten Stock der Bundesanstalt für Finanzdienstleistungsaufsicht. Hufeld, stattliche Statur, freundliches Gesicht, bittet an einen Konferenztisch, sein Sakko hat er irgendwo liegen gelassen. Er setzt sich, gießt bedächtig Mineralwasser und Apfelsaft in ein Glas – mehr Apfelsaft als Wasser, sodass die Kohlensäurebläschen langsam aufsteigen.

In diesen Wochen geht es um seine Karriere: Die Opposition im Bundestag macht Hufeld für den Fall Wirecard verantwortlich, fordert seinen Rauswurf. Er ist zum Spielball des Wahlkampfes für die Bundestagswahlen im Jahr 2021 geworden. Sein Chef, Bundesfinanzminister Olaf Scholz, will Kanzler werden.

Von der Wirecard-Insolvenz hat Hufeld erfahren, als er am 25. Juni in seinem Bonner Büro gearbeitet hat, wo die BaFin ihren zweiten Sitz hat. Er ist immer noch erschüttert. »Für mich ist schleierhaft, wie Wirecards Jahresabschlüsse von den Wirtschaftsprüfern zehn Jahre lang uneingeschränkt testiert werden konnten. Für mich ist das schleierhaft, gerade mit Blick auf die Probleme bei der Governance«, sagt er. »Was die BaFin anbelangt: Sie hat sich korrekt an die technischen Prozesse gehalten und ist den Vorwürfen auch nachgegangen. Und zwar bereits, als die Wirtschaftsprüfer die Bilanzen noch für tadellos befunden haben.«

Dennoch hat auch die BaFin versagt, das weiß Hufeld. Sie hat sich vielleicht an die Paragrafen gehalten, aber dennoch das große Ganze nicht erkannt. Das Sprichwort »Den Wald vor lauter Bäumen nicht sehen«, passt für die Finanzbehörde: Sie hat sich vielleicht mit jedem einzelnen Baum beschäftigt, aber nicht den gesamten Wald gesehen. »Ich bin Aufseher. Ich würde wer weiß was darum geben, um so etwas zu verhindern. Alle Beteiligten waren nicht effektiv genug, um das zu verhindern. Das ist eine Tatsachenfeststellung«, sagt Hufeld.

***

Insolvenzverwalter Michael Jaffé hat inzwischen beim Amtsgericht München sein Gutachten eingereicht. Es soll die Eröffnung des Insolvenzverfahrens begründen. In Wahrheit ist es ein Dokument der Fassungslosigkeit. Jaffé, der schon die Insolvenzen der Kirch-Gruppe und der Investmentgesellschaft P&R begleitet hat, schreibt gleich am Anfang seines Berichts, dass es sich »um ein in jeder Hinsicht ungewöhnliches Verfahren« handele. Und das ist untertrieben.

Mit einem normalen DAX-Konzern hat Wirecard nicht viel gemeinsam. Die Strukturen der Firma? »Völlig intransparent«, schreibt Jaffé. Die Zuständigkeiten von Mitarbeitern und Abteilungen scheinen ihm – »sei es bewusst oder unbewusst – willkürlich weltweit verteilt«.

Die Stimmung innerhalb der Belegschaft ist unterirdisch. Die Mitarbeiter seien durch die plötzliche Insolvenz »in eine Art Schockstarre versetzt worden«. Die noch verbliebenen Vorstände hätten Personenschutz angefordert. Es sollen Drohungen eingegangen sein. Einzelne Vorstände sollen sich geweigert haben, Räume mit geöffneten Fenstern zu betreten – aus Angst vor einem Anschlag.

Der Insolvenzverwalter ist dabei, einzelne Wirecard-Teile zu verkaufen. Er schaut auch nach der Verantwortung der Wirecard-Manager und -Mitarbeiter für die Insolvenz. Die noch verbliebenen Beschäftigten wurden angewiesen, keine Daten zu löschen. Sämtliche Schredder wurden entfernt, »um dem unkontrollierten Vernichten von Papierakten vorzubeugen«.

Jaffé hat Daten im Umfang von zwei Millionen Gigabyte sichern lassen – »eine kaum vorstellbare Menge an Daten: Umgerechnet und ausgedruckt auf Papier geht es um rund 1 Billion Blätter DIN-A4-Papier, das rund 4 Millionen Tonnen wiegen würde«.

Es regiert das Misstrauen. Und die Wut.

***

»Ich habe als Werkzeug funktioniert. Die haben mich missbraucht. Meine Reputation ist zerstört. Ich bin der Depp vom Dienst«, klagt ein hochrangiger ehemaliger Manager und sagt etwas, das man in Gesprächen mit ehemaligen Führungskräften von Wirecard häufig hört: »Ich habe immer nur auf Weisung gehandelt.«

6343 Mitarbeiter hatte Wirecard am 30. Juni 2020.

Einige berichten von Kollegen, die auf der Straße angepöbelt worden seien, weil sie Taschen mit Wirecard-Logo trugen. Mittelfinger seien ihnen gezeigt worden.

Der Insolvenzverwalter hat vielen Angestellten bereits kündigen lassen, die Entlassungsschreiben haben die Beschäftigten als kalt und anonym empfunden. Wirecard hatte vor der Insolvenz noch kräftig Mitarbeiter eingestellt, die teilweise aus anderen Ländern nach Deutschland gezogen waren und am 1. Juli hätten anfangen sollen. »Man hat sie einfach wieder weggeschickt«, sagt ein Wirecard-Mitarbeiter.

Ein anderer Manager sagt: »Ich fühle mich wahnsinnig naiv und dumm. Ich war 15 Jahre dabei und habe nichts gemerkt.« Er hat noch Sportsachen mit dem Wirecard-Logo drauf, von Firmenläufen, die sie gemacht haben, damals, als Wirecard noch ein Team war, wie eine Familie. »We run the system« steht drauf – »Wir bringen das System zum Laufen«. Das System – es ist zerstört. Jetzt überlegt er, die Sachen wegzuwerfen.

Nach der Insolvenz klebte ein Zettel am Eingang des Firmengeländes der Wirecard AG im Einsteinring 35 in Aschheim. Jemand hatte ihn an die Tafel geklebt, wo der Name »Wirecard« stand. Ein DIN-A4-Blatt, beschrieben von Hand. Darauf stand: »Game over«.

QUELLENVERZEICHNIS

Prolog

»Weitere Festnahmen in Sachen Wirecard, Ausweitung der Ermittlungen auf gewerbsmäßigen Bandenbetrug über ca. 3,2 Mrd. Euro«, Staatsanwaltschaft München I, 22. Juli 2020, online abrufbar unter: https://www.justiz.bayern.de/gerichte-und-behoerden/staatsanwaltschaft/muenchen-1/presse/2020/5.php.

Kapitel 1

»›Hustler‹-Party«, BZ, 11. November 2000, online abrufbar unter: https://www.bz-berlin.de/artikel-archiv/hustler-party.

»Wertpapierprospekt der Wire Card AG vom 21. Oktober 2005«, Wire Card AG, 21. Oktober 2005.

»Ende eines Pioniers«, Die WELT, 26. Juli 2016, online abrufbar unter: https://www.welt.de/print/welt_kompakt/webwelt/article157297375/Ende-eines-Pioniers.html.

»Brauchen Sie schnell eine Million?«, Süddeutsche Zeitung, 14. April 2000.

»Yahoo wird Tempo nicht halten können«, Börsen-Zeitung, Nummer 8, 13. Januar 2000.

»Callino: Internet ab 3,5 Pfennig«, Martin Fiutak, ZDNet, 27. März 2000, online abrufbar unter: https://www.zdnet.de/2051147/callino-internet-ab-3-5-pfennig/.

»HRB 122026«, Handelsregisterauszug EPM AG Entertainment Print Media, Amtsgericht München.

»Neuanmeldung Firma ›EPM AG Entertainment Print Media mit dem Sitz in 85399 Hallbergmoos‹«, Amtsgericht München – Registergericht, 11. September 1998.

»Kostenrechnung (11) für die Eintragung Nr.«, Amtsgericht München – Registergericht, 17. November 1998.

»Unternehmensbericht vom 5. Juni 2003«, InfoGenie Europe AG, 5. Juni 2003.

»Lizenzvertrag zwischen ebs Electronic Billing Systems AG, Lilienthalstrasse 5, 85399 Hallbergmoos – nachfolgend ›ebs AG‹ genannt – und Crosskirk SrL, C. Son Rapinya 2, 10A; 07013 Palma de Mallorca; Spanien – nachfolgend ›Crosskirk‹ genannt –«, 18. März 2002.

»Kostenfalle Internet«, stern TV, 28. März 2001, online abrufbar unter: https://web.archive.org/web/20010413174216/http://www.stern.de/sterntv/archiv/2001/04/05/kostenfalle-internet.html.

»Geschäftsbericht EBS Holding 2001«, EBS Holding AG, 2002.

»PayPal Inc.«, United States Securities and Exchange Commission, 1. März 2002, online abrufbar unter: https://www.sec.gov/Archives/edgar/data/1103415/000091205702009834/a2073071z10-k405.htm.

»Bericht über die Prüfung des Jahresabschlusses zum 31. Dezember 1999 und des Lageberichtes für das Geschäftsjahr 1999«, Camarades AG, 24. März 2000.

Kapitel 2

»Wertpapierprospekt der Wire Card AG vom 21. Oktober 2005«, Wire Card AG, 21. Oktober 2005.

»Erfolgreicher Abschluss der zweiten Finanzierungsrunde fuer die Wire Card AG/Weitere namhafte Investoren steigen bei der Wire Card AG ein«, eNews-Archiv, 21. Oktober 2000.

»Bibliografische Daten: DE10008280 (C1)«, Europäisches Patentamt, 13. Juni 2001, online abrufbar unter: https://worldwide.espacenet.com/publicationDetails/biblio?II=0&ND=3&adjacent=true&locale=en_EP&FT=D&date=20010613&CC=DE&NR=10008280C1&KC=C1#.

»Satzung Wire Card AG«, Wire Card AG, 2. Februar 2000.

»Handel und Einkauf via Handy«, pressetext, 4. Februar 2000, online abrufbar unter: https://www.pressetext.com/news/handel-und-einkauf-via-handy.html.

»Willkommen bei Wire Card«, Wire Card AG, Präsentation Cebit, 2001.

»Financial Supply Chain Solutions«, Wire Card AG, Präsentation, o. J.

Kapitel 3

»Wertpapierprospekt der Wire Card AG vom 21. Oktober 2005«, Wire Card AG, 21. Oktober 2005.

»Notice of Special Meeting of Shareholders and Management Information Circular of Surefire Commerce Inc.«, surefire Commerce, 21. Februar 2003.

»Strafanzeige wegen Verdacht auf Konkursbetrug und Konkursverschleppung«, Detlev Hoppenrath, 15. Januar 2002.

»Tränen in der Oper«, Der SPIEGEL, 7. Dezember 2019.

»Merge der ebs Electronic Billing Systems AG und Wire Card AG perfekt«, Pressemitteilung ebs Billing Systems AG, 21. Januar 2002.

»Konzernbilanz nach IAS/IFRS zum 31. Dezember 2003«, ebs Holding AG, April 2004.

»Konzernanlagebericht der ebs Holding Gruppe für das Geschäftsjahr 2003«, Anlage VI, ebs Holding AG, April 2004.

»Trading on AIM«, NEteller PLC, investegate, 14. April 2004, online abrufbar unter: https://www.investegate.co.uk/neteller-plc--pays-/rns/trading-on-aim/200404140914265893X/.

»FORM S-1 Registration Statement under the Securities Act of 1933 – PayPal, Inc.«, Securities and Exchange Commission, 12. Juni 2002, online abrufbar unter: https://www.sec.gov/Archives/edgar/data/1103415/000091205702023923/a2082068zs-1.htm.

»Placing of 17,500,00 Ordinary Shares of 0.01p each of the Company at a price of 200p per share and Admission to trading on the Alternative Investment Market«, NETeller plc, 8. April 2004.

»eGaming Report«, Christiansen Capital Advisors LLC, 3. Juni 2005.

»House Rejects Internet Gambling Prohibition Act«, Tech Law Journal, 18. Juli 2000, online abrufbar unter: http://www.techlawjournal.com/crime/20000718.htm.

Kapitel 4

»Liste der Gesellschafter der ebs Holding GmbH mit Sitz in Grasbrunn – Amtsgericht München«, ebs Holding AG, 9. November 2005.

»Konzerngeschäftsbericht 2006«, 10Tacle Studios AG, April 2007.

»Börsennotierte Berliner Unternehmen haben die Insolvenzgefahr überwunden – Anleger brauchen aber noch Geduld«, Berliner Morgenpost, Jg. 106, Nr. 215, 8. August 2004.

»HV-Bericht Patrio Plus AG«, Patrio Plus AG, 25. August 2007, online abrufbar unter: http://www.gsc-research.de/index.php?tx_mfcgsc_unternehmen%5Buid%5D=3351&tx_ttnews%5Btt_news%5D=62919&cHash=80bc2ff5af&type=98.

»Wire Card AG Geschäftsbericht 2005«, Wire Card AG, April 2006.

»Geschäftsbericht 2002«, InfoGenie Europe AG, April 2003.

»Börsengang der Wire Card AG«, PresseBox, 15. Dezember 2004, online abrufbar unter: https://www.pressebox.de/inaktiv/wirecard-ag-aschheim/Boersengang-der-Wire-Card-AG/boxid/28593.

»Wire Card AG Geschäftsbericht 2006«, Wire Card AG, April 2007.pdf.

»Bericht über die Prüfung des Jahresabschlusses zum 31. Dezember 2004 und des Lageberichts für das Geschäftsjahr 2004 der Firma ebs Holding AG Grasbrunn bei München«, Control5H GmbH, 2005.

»Geschäftsbericht 2004«, Wire Card AG, April 2005.

»eGaming Report«, Christiansen Capital Advisors LLC, 3. Juni 2005.

»PartyGaming Annual Report 2005«, PartyGaming, 2006.

»›CLICK2PAY by yellowworld‹ ermöglicht Online-Zahlungen bei Schweizer Ringier Verlag«, Pressemitteilung Wire Card AG, 18. Juli 2005, online abrufbar unter: https://web.archive.org/web/20060716212846/http://www.wirecard.de/pressrelease.html.

»Wire Card gewinnt ProMarkt als Kunden für Online Zahlungssysteme«, Pressemitteilung Wire Card AG, 24. Mai 2005, online abrufbar unter: https://web.archive.org/web/20060716212846/http://www.wirecard.de/pressrelease.html.

»Die Internationale Tourismus-Börse ITB, 11. – 15. März 2005 in Berlin«, Pressemitteilung Wire Card AG, online abrufbar unter: https://web.archive.org/web/20060716212846/http://www.wirecard.de/pressrelease.html.

»Wertpapierprospekt der Wire Card AG vom 21. Oktober 2005«, Wire Card AG, 21. Oktober 2005.

Kapitel 5

»Wertpapierprospekt der Wire Card AG vom 21. Oktober 2005«, Wire Card AG, 21. Oktober 2005.

»Die Kraft der Konvergenz – Geschäftsbericht 2012«, Wirecard AG, 17. April 2013.

»Grenzen überwinden – Geschäftsbericht 2013«, Wirecard AG, 9. April 2014.

»Wirecard AG in den TecDAX aufgenommen«, Handelsblatt, 06. Juni 2006, online abrufbar unter: https://ircenter.handelsblatt.com/websites/ircenter_handelsblatt10/German/9020/news.html?newsID=35785&companyDirectoryName=wirecard.

»NETELLER – Investor Relations«, waybackmachine, 18. Juli 2006, online abrufbar unter: https://web.archive.org/web/20060718121703/http://investors.neteller.com/neteller/.

»Ordentliche Hauptversammlung der Wirecard AG am 24.06.2008«, Protokoll zur Hauptversammlung, Wirecard AG, Juni 2008.

»U.S. Charges two Founders of Payment Services Company with Laundering Billions of Dollars of Internet Gambling Proceeds«, United States Attorney Southern District of New York, 16. Januar 2007.

»Merger Involving Surefire Commerce Inc. And EBS Electronic Billing Systems AG«, Surefire Commerce, 21. Februar 2003.

»What really matters«, SES Research GmbH, Jochen Reichert, 1. Juli 2008.

»Final Results – Part II.«, NETeller PLC, 11. März 2008, online abrufbar unter: https://www.investegate.co.uk/neteller-plc--pays-/rns/final-results---part-ii-/200803110701557893P/.

»Online-Glücksspiel liegt in Trümmern«, Börsen-Zeitung, Nr. 190, 4. Oktober 2006.

»Wire Card AG Geschäftsbericht 2006«, Wire Card AG, April 2007.

»Schneider Versand entscheidet sich für Wirecard«, Wirecard AG, Presseportal, 14. März 2007, online abrufbar unter: https://www.presseportal.de/pm/15202/955185.

»Mit Wirecard einfach, sicher und schnell bei Dell bezahlen«, Wirecard AG, Presseportal, 9. November 2007, online abrufbar unter: https://www.presseportal.de/pm/15202/1080954.

»Wirecard – Zu Risiken und Nebenwirkungen...«, Wallstreet Online, 12. Mai 2016, online abrufbar unter: https://www.wallstreet-online.de/diskussion/1231671-621-630/wirecard-risiken-nebenwirkungen.

United States District Court, Southern District of New York v. Pokerstars et al., 14. April 2011.

»Jahresabschluss zum 31. Dezember 2006«, Wirecard AG, 2. Januar 2008, Bundesanzeiger.

»Jahresabschluss zum 31.12.2007«, Wirecard AG, 9. Juni 2008, Bundesanzeiger.

»Jahresabschluss zum Geschäftsjahr vom 01.01.2008 bis zum 31.12.2008«, Wirecard AG, 25. Mai 2009, Bundesanzeiger.

»Jahresabschluss zum Geschäftsjahr vom 01.01.2009 bis zum 31.12.2009«, Wirecard AG, 5. Mai 2010, Bundesanzeiger.

»Jahresfinanzbericht zum 31.12.2010«, Wirecard AG, 17. Mai 2011, Bundesanzeiger.

»VISA Merchant Category Classification (MCC) Codes Directory«, United States Department of Agriculture, o. D., online abrufbar unter: https://www.dm.usda.gov/procurement/card/card_x/mcc.pdf.

»Certificate of Incorporation of a Private Limited Company – Company No. 5113872«, Companies House, 27. April 2004.

»Special Report: How a British town became a hub for online porn and poker«, Alasdair Pal, Himanshu Ojha, Reuters, 23. November 2016.

»Man accused of laundering online poker winnings sentenced to time served, rewarded for cooperation«, Aisling Swift, 8. November 2010, online abrufbar unter: http://archive.naplesnews.com/news/crime/man-accused-of-laundering-online-poker-winnings-sentenced-to-time-served-rewarded-for-cooperation-ep-343152252.html/.

»Wirecard ›link to cash laundering‹«, James Hurley, The Times, 1. Juli 2020, online abrufbar unter: https://www.thetimes.co.uk/article/wirecard-link-to-cash-laundering-lbpjz573r.

Kapitel 6

»Wire Card AG: Weitere Gewinn- und Margensteigerung angestrebt; Auch langfristig 30 Prozent Wachstum pro Jahr«, ots, Forum Börse Online, 29. August 2005, online abrufbar unter: https://forum.boerse-online.de/forum/thread?thread_id=219463&page=0.

»Innovation gestalten – Geschäftsbericht 2007«, Wirecard AG, April 2008.

»Ordentliche Hauptversammlung Wirecard AG am 24.06.2008«, Protokoll zur Hauptversammlung, Wirecard AG, Juni 2008.

»Die Wirecard-Bilanz ist irreführend«, boerse.ARD.de, 27. Juni 2008.

»Jahresabschluss zum 31. Dezember 2006«, Wirecard AG, 2. Januar 2008, online abrufbar unter: https://www.bundesanzeiger.de/pub/de/suchergebnis?9.

»Wirecard – Top oder Flop«, memyselfandi007, Wallstreet Online, 1. Mai 2008, online abrufbar unter: https://www.wallstreet-online.de/diskussion/1140904-1-10/wirecard-top-oder-flop.

»Ordentliche Hauptversammlung – 24. Juni 2008«, Wirecard AG, 2008, online abrufbar unter: http://docplayer.org/13319545-Ordentliche-hauptversammlung-24-juni-2008.html.

»Handelsregister Neueintragungen vom 25.04.2007«, ARENA Box-Promotion AG, Handelsregister, online abrufbar unter: https://www.online-handelsregister.de/handelsregisterauszug/hh/Hamburg/HRB/100804/ARENA-Box-Promotion-AG.

»Wirecard AG gibt Wechsel im Aufsichtsrat bekannt«, Wirecard AG, 10. Dezember 2009, online abrufbar unter: https://www.dgap.de/dgap/News/corporate/wirecard-gibt-wechsel-aufsichtsrat-bekannt/?newsID=610278.

»Chronik einer Schlammschlacht«, Euro am Sonntag, Archivbericht, Ausgabe 20/08, 27. Juli 2008, online abrufbar unter: https://www.finanzen.net/eurams/bericht/chronik-einer-schlammschlacht-1296160.

»Wirecard AG: Pressemitteilung des Vorstands und des Aufsichtsrats der Wirecard AG zum Verhalten der SdK und ihrer Vorstände«, Wirecard AG, 18. Juli 2008, online abrufbar unter: https://www.dgap.de/dgap/News/corporate/wirecard-pressemitteilung-des-vorstands-und-des-aufsichtsrats-der-wirecard-zum-verhalten-der-sdk-und-ihrer-vorstaende/?newsID=259769.

»Wirecard wirft Anlegerschützern Manipulation vor«, Die WELT, 19. Juli 2008, online abrufbar unter: https://www.welt.de/welt_print/article2228658/Wirecard-wirft-Anlegerschuetzern-Manipulation-vor.html.

»Razzia bei umstrittenen Aktionärsschützern«, Die WELT, 29. Juli 2008, online abrufbar unter: https://www.welt.de/finanzen/article2259284/Razzia-bei-umstrittenen-Aktionaersschuetzern.html.

»Wirecard AG Bilanz 2007: Positives Fazit der Sonderuntersuchung gem. § 111 Abs. 2 Satz 2 AktG durch Ernst & Young«, Wirecard AG, 8. Oktober 2008.

»Wirecard AG beabsichtigt eine der großen vier internationalen Wirtschaftsprüfungsgesellschaften mit einer gutachterlichen Stellungnahme zu beauftragen«, Wirecard AG, 21. Juli 2008.

»Neue Perspektiven – Geschäftsbericht 2008«, Wirecard AG, April 2009.

»Stiftung Warentest setzt bei der Abwicklung von Kreditkartenzahlungen auf Lösungen der Wirecard AG«, Wirecard AG, 3. November 2008, Presseportal, online abrufbar unter: https://www.presseportal.de/pm/15202/1293641.

»Wirecard AG gewinnt mit Malaysia Airlines weiteren asiatischen Kunden«, Wirecard AG, 1. Dezember 2008, pressebox, online abrufbar unter: https://www.pressebox.de/inaktiv/wirecard-ag-aschheim/Wirecard-AG-gewinnt-mit-Malaysia-Airlines-weiteren-asiatischen-Kunden/boxid/222648.

»Wirecard AG übernimmt Abwicklung von Kreditkartenzahlungen im neuen Lidl-Online-Shop«, Wirecard AG, 8. Dezember 2008, pressebox, online abrufbar unter: https://www.pressebox.de/inaktiv/wirecard-ag-aschheim/Wirecard-AG-uebernimmt-Abwicklung-von-Kreditkartenzahlungen-im-neuen-Lidl-Online-Shop/boxid/224179.

»Die Dynamik des Digitalen – Geschäftsbericht 2010«, Wirecard AG, April 2011.

Kapitel 7

»Wirecard AG zieht erfolgreiche Bilanz«, Wirecard AG, 17. April 2012, online abrufbar unter: https://www.dgap.de/dgap/News/corporate/wirecard-zieht-erfolgreiche-bilanz/?newsID=712590.

»Wirecard AG schließt Hauptversammlung 2011 erfolgreich ab«, Wirecard AG, 22. Juni 2011, online abrufbar unter: https://www.dgap.de/dgap/News/corporate/wirecard-schliesst-hauptversammlung-erfolgreich-ab/?newsID=678250.

»Am Puls der Zukunft – Geschäftsbericht 2011«, Wirecard AG, 17. April 2012.

»Intelligente Synergien – Geschäftsbericht 2009«, Wirecard AG, 15. April 2010.

»Die Dynamik des Digitalen – Geschäftsbericht 2010«, Wirecard AG, 14. April 2011.

»Jahresabschluss Einzelgesellschaft 31. Dezember 2011«, Wirecard AG, 16. April 2012, Bundesanzeiger.

»Die Kraft der Konvergenz – Geschäftsbericht 2012«, Wirecard AG, 17. April 2013.

»Grenzen überwinden – Geschäftsbericht 2013«, Wirecard AG, 8. April 2014.

»Agil sein – Werte schaffen – Geschäftsbericht 2014«, Wirecard AG, 7. April 2015.

»Jahresabschluss Einzelgesellschaft 31. Dezember 2015«, Wirecard AG, 8. April 2016, https://ir.wirecard.com/download/companies/wirecard/Hauptversammlung/JA_2015_WD_AG_HGB.pdf.

»Connected Commerce – Geschäftsbericht 2016«, Wirecard AG, 5. April 2017.

»Balance Sheet at 31st December 2006«, Wirecard (Gibraltar) Limited, Registry of Companies Gibraltar, 9. April 2010.

»Balance Sheet at 31st December 2008«, Wirecard (Gibraltar) Limited, Registry of Companies Gibraltar, 9. April 2010.

»Balance Sheet at 31st December 2010«, Wirecard (Gibraltar) Limited, Registry of Companies Gibraltar, 25. Mai 2011.

»Wirecard AG gibt Wechsel im Vorstand bekannt«, Wirecard AG, 2. Februar 2010, online abrufbar unter: http://mobile.dgap.de/dgap/News/corporate/wirecard-gibt-wechsel-vorstand-bekannt/?newsID=614751.

»Financial Statements – For the financial year ended 31 December 2011«, Systems@Work PTE. LTD., 2012.

»Report of the Directors and Financial Statements for the financial year ended 31 December 2012«, Trans InfoTech PTE LTD., 2013.

»Jahresabschluss 2012«, Wirecard AG, 31. Dezember 2013, online abrufbar unter: »Jahresabschluss zum 31. Dezember 2006«, Wirecard AG, 2. Januar 2008, Bundesanzeiger.

»Jahresabschluss zum Geschäftsjahr vom 01.01.2013 bis zum 31.12.2013«, Wirecard AG, 20. August 2014, Bundesanzeiger.

Kapitel 8

»Jahresabschluss Einzelgesellschaft 31. Dezember 2015«, Wirecard AG, 8. April 2016, https://ir.wirecard.com/download/companies/wirecard/Hauptversammlung/JA_2015_WD_AG_HGB.pdf.

»Das 250-Millionen-Euro-Rätsel des Börsenwunders Wirecard«, manager magazin, 23. Februar 2017, online abrufbar unter: https://www.manager-magazin.de/digitales/it/wirecard-das-250-millionen-euro-raetsel-des-zahlungsdienstleisters-a-1135587.html.

Kapitel 9

»Insolvenzantragsverfahren über das Vermögen der Wirecard AG, Einsteinring 35, 85609 Aschheim«, Michael Jaffé, 20. August, 2020.

»Wirecard's suspect accounting practices revealed«, Dan McCrum, Financial Times, 15. Oktober 2019, online abrufbar unter: https://www.ft.com/content/19c6be2a-ee67-11e9-bfa4-b25f11f42901.

»Home«, Senjo Group, Unternehmens-Webseite, online abrufbar unter: https://www.senjogroup.com/.

Handelsregisterauszug Singapur Waltech Asia PTE. LTD., Accounting and Corporate Regulatory Authority (ACRA), 2. Oktober 2014.

Handelsregisterauszug Singapur Bijlipay PTE. LTD., Accounting and Corporate Regulatory Authority (ACRA), 5. Juni 2020.

Handelsregisterauszug Singapur Citadelle Corporate Services PTE. LTD., Accounting and Corporate Regulatory Authority (ACRA), 29. Mai 2020.

»Wirecard Collapse: offshore accounts and shady transactions traced to Italy«, Irpimedia, 23. Juli 2020, online abrufbar unter: https://irpimedia.irpi.eu/tag/wirecar/.

»Jahresabschluss zum Geschäftsjahr vom 01.01.2013 bis zum 31.12.2013«, Wirecard AG, 20. August 2014, Bundesanzeiger.

»Jahresabschluss zum Geschäftsjahr vom 01.01.2017 bis zum 31.12.2017«, Wirecard AG, 23. Mai 2018, Bundesanzeiger.

»Jahresabschluss zum Geschäftsjahr vom 01.01.2016 bis zum 31.12.2016«, Wirecard AG, 17. Mai 2017, Bundesanzeiger.

»Jahresabschluss zum Geschäftsjahr vom 01.01.2014 bis zum 31.12.2014«, Wirecard AG, 10. August 2015, Bundesanzeiger.

»Jahresabschluss zum Geschäftsjahr vom 01.01.2018 bis zum 31.12.2018«, Wirecard AG, 28. November 2019, Bundesanzeiger.

»Company Profile«, Al Alam Solutions, o. D., online abrufbar unter: https://web.archive.org/web/20141115012208/http://alalam-solutions.com/?page_id=148.

»Bericht über die unabhängige Sonderuntersuchung – Wirecard AG, München«, KPMG AG Wirtschaftsprüfungsgesellschaft, 27. April 2020.

»Dokumente des Zweifels«, WirtschaftsWoche, Nr. 8. 14. Februar 2020.

»About Waltech«, waltech PLC, 2007, online abrufbar unter: https://web.archive.org/web/20090726112414/http://www.waltechplc.com/about.htm.

»PayEasy – Home«, PayEasy Solutions, 2011, online abrufbar unter: https://web.archive.org/web/20111229043444/http://www.payeasy-solutions.com/.

»[Interview] Peter Stenslunde, Exec. Director, Wirecard, South Africa«, Africa Tech, 17. September 2018, online abrufbar unter: https://africabusinesscommunities.com/tech/tech-features/interview-peter-stenslunde-exec-director-wirecard-south-africa/.

»Wirecard AG Aschheim – Prüfungsbericht zur Abschlussprüfung des Konzernabschlusses und zusammengefassten Lageberichts der Gesellschaft und des Konzerns«, Ernst & Young GmbH, 29. Juni 2020.

»Alle sind drauf reingefallen«, WirtschaftsWoche, 25. Juni 2020, online abrufbar unter: https://www.wiwo.de/my/unternehmen/dienstleister/von-wegen-fake-news-kein-umsatz-kein-gewinn/25947562-3.html?ticket=ST-2835037-c4WycbcyiuxxIZFe4G1G-ap2.

»Life at Docler«, Docler, o. D., online abrufbar unter: https://lifeatdocler.com/.

»Über uns«, Docler Holding, o. D., online abrufbar unter: https://www.doclerholding.com/de/about/companies/.

»Former Wirecard Manager Died of Blood Poisoning in Manila: Bild«, Bloomberg, Richard Weiss, 9. August 2020, online abrufbar unter: https://www.bloomberg.com/news/articles/2020-08-09/former-wirecard-manager-died-of-blood-poisoning-in-manila-bild.

»Singapore charges Wirecard agent with falsification of accounts«, Financial Times, 9. August 2020, online abrufbar unter: https://www.ft.com/content/d078b0c0-7764-433b-95a6-92d758dc66d9.

Kapitel 10

»Unter Wölfen«, Süddeutsche Zeitung, 19. Dezember 2019, online abrufbar unter: https://www.sueddeutsche.de/wirtschaft/wirecard-spekulanten-boerse-london-1.4728610?reduced=true.

»Greenvale Capital LLP«, Companies House, abrufbar unter: https://find-and-update.company-information.service.gov.uk/company/OC398679.

»Hedgefonds machen dicht – Europas große Anbieter sind gefragt«, Die WELT, 6. Januar 2016, online abrufbar unter: https://www.welt.de/newsticker/bloomberg/article150674524/Hedgefonds-machen-dicht-Europas-grosse-Anbieter-sind-gefragt.html.

»Was braucht ein neuer Hedgefonds, um zu überleben? 250 Millionen«, Institutional Money Kongress, 21. Juni 2019, online abrufbar unter: https://www.institutional-money.com/news/maerkte/headline/was-braucht-ein-neuer-hedgefonds-um-zu-ueberleben-250-millionen-154062/.

»Jahresabschluss zum Geschäftsjahr vom 01.01.2015 bis zum 31.12.2015«, ConCardis GmbH, 17. August 2016, Bundesanzeiger.

»Wirecard und ALDI unterzeichnen MOU und vereinbaren Zusammenarbeit – Wirecard wird deutschlandweit die Abwicklung von Zahlungen mit Kreditkarten und internationalen Debitkarten am POS übernehmen«, Wirecard AG, 19. Juli 2019, online abrufbar unter: https://www.presseportal.de/pm/15202/4327023.

»Das Rätsel um die deutschen Kunden von Wirecard«, Melanie Bergermann, WirtschaftsWoche, 20. Dezember 2018, online abrufbar unter: https://www.wiwo.de/my/unternehmen/banken/zahlen-auf-dem-pruefstand-das-raetsel-um-die-deutschen-kunden-von-wirecard/23778922.html?ticket=ST-3298153-QamiTvabwJote4XFB2gM-ap2.

»Riding the Tiger In India's Enron: The Stunning Fall From Grace Of Satyam Founder Ramalinga Raju«, Harichandan Arakali, International Business Times, 10. April 2015, online abrufbar unter: https://www.ibtimes.com/riding-tiger-indias-enron-stunning-fall-grace-satyam-founder-ramalinga-raju-1877187.

»Connected Commerce – Geschäftsbericht 2016«, Wirecard AG, 5. April 2017, online abrufbar unter: http://ir.wirecard.de/download/companies/wirecard/Annual%20Reports/DE0007472060-JA-2016-EQ-D-02.pdf.

Dokumente des Zweifels., WirtschaftsWoche, Nr. 8. 14. Februar 2020.

»Overview«, ICash, o. D., online abrufbar unter: https://www.icashcard.in/overview.

»Capital Markets Day 2016«, Wirecard AG, 4. Mai 2016, online abrufbar unter: https://ir.wirecard.de/download/companies/wirecard/Presentations/CMD2016_complete_0405_final_websecured.pdf.

»Wirecard unterzeichnet Abkommen mit Weizmann Forex, um Western Union Geldtransfer-Services in Indien anzubieten – Wirecard setzt Expansion in Indien fort«, Wirecard AG, 22. Juni 2017, online abrufbar unter: https://www.presseportal.de/pm/15202/3666060.

»Wirecard AG – Concerns on quality of growth: downgrade to Equal-weight«, Morgan Stanley Research, 14. Dezember 2016.

»Wirecard AG Aschheim – Prüfungsbericht zur Abschlussprüfung des Konzernabschlusses und zusammengefassten Lageberichts der Gesellschaft und des Konzerns«, Ernst & Young GmbH, 29. Juni 2020.

»Schon im Januar erhob dieser Ex-Manager aus Indien schwere Vorwürfe gegen Wirecard«, Melanie Bergermann, Sascha Zastiral und Lukas Zdrzalek, WirtschaftsWoche, 22. Januar 2020, online abrufbar unter: https://www.wiwo.de/my/unternehmen/dienstleister/millionen-nach-mauritius-schon-im-januar-erhob-dieser-ex-manager-aus-indien-schwere-vorwuerfe-gegen-wirecard/25459684.html?ticket=ST-5302928-bgx6UggoNZuNku7fQqX7-ap3.

»Digitise Now – Geschäftsbericht 2017«, Wirecard AG, 12. April 2018.

»Auf der Suche nach den ›Architekten‹«, Melanie Bergermann und Lukas Zdrzalek, WirtschaftsWoche, 10. Juli 2020, online abrufbar unter: https://www.wiwo.de/my/unternehmen/dienstleister/zahlungsabwickler-wirecard-wirecards-mauritius-fonds-zweifelhafte-geschaefte/25988280-2.html.

»Marktmanipulation: Short-Attacken – Wie Anleger und Emittenten ins Visier von Manipulatoren geraten«, BaFin, 15. Mai 2017, online abrufbar unter: https://www.bafin.de/SharedDocs/Veroeffentlichungen/DE/Fachartikel/2017/fa_bj_1705_Markmanipulation.html.

»Wirecard AG (WDI GR)«, Zatarra Research & Investigations, Februar 2016.

»Wirecard: wirecard-stellungnahme-maerz2016«, Wirecard AG.

Kapitel 11

»Wirecard AG – Preliminary Report on Corporate Governance«, Rajah & Tann, 4. Mai 2018.

»Digitise Now – Geschäftsbericht 2017«, Wirecard AG, 12. April 2018.

»Financial Statements – Year ended 31 December 2017«, Wirecard Asia Holding PTE., 31. Dezember 2018.

»Bleiben Sie im Fluss Ihres Erfolges – Synchronisieren Sie Ihr Business mit Wirecard – Geschäftsbericht 2015«, Wirecard AG, 7. April 2016.

»Wirecard AG Aschheim – Prüfungsbericht zur Abschlussprüfung des Konzernabschlusses und zusammengefassten Lageberichts der Gesellschaft und des Konzerns«, Ernst & Young GmbH, 29. Juni 2020.

Kapitel 12

»Wirecard AG steigt in DAX auf – TecDAX, MDAX und SDAX neu zusammengesetzt«, Andreas v. Brevern, Deutsche Börse, 5. September 2018, online abrufbar unter: https://www.dax-indices.com/de/web/dax-indices/einzelheiten-zu-pressemitteilungen?articleId=1114052610.

»Transition To Tomorrow – Geschäftsbericht 2018«, Wirecard AG, 25. April 2019, online abrufbar unter: https://ir.wirecard.com/download/companies/wirecard/Annual%20Reports/DE0007472060-JA-2018-EQ-D-02.pdf.

»Geschichte«, Commerzbank, o. D., online abrufbar unter: https://www.commerzbank.de/de/hauptnavigation/presse/150_jahre/150_jahre___zeitstrahl/geschichte.html.

»Eine Frage der Technik«, Karsten Seibel, Welt am Sonntag, 29. Juli 2018.

»Wirecard CEO on DAX Entry, Growth Drivers, Company Outlook«, Bloomberg Markets and Finance, YouTube, 24. September 2018, online abrufbar unter: https://www.youtube.com/watch?v=QoqNCom-Qqo.

»Wirecard AG Stellungnahme des Vorstandes 19.06.2020«, Ben Weisenstein, YouTube, 18. Juni 2020, online abrufbar unter: https://www.youtube.com/watch?v=ceXYHhk9GQs&t=19s.

»The Future Of Intelligent Transport & Mobility (M. Braun, V. Hackl, G. Polzer, T. Goldstaub) | DLD 18«, DLDconference, YouTube, 25. Januar 2018, online abrufbar unter: https://www.youtube.com/watch?v=eGHYUsmJo5M&t=1246s.

»Tränen in der Oper«, Der SPIEGEL, 7. Dezember 2019.

»Insolvenzantragsverfahren über das Vermögen der Wirecard AG, Einsteinring 35, 85609 Aschheim«, Michael Jaffé, 20. August, 2020.

»Wirecard erwirbt von der Citigroup Kundenportfolio für Kartenakzeptanz im asiatisch-pazifischen Raum«, Wirecard AG, 13. März 2017, online abrufbar unter: https://www.dgap.de/dgap/News/adhoc/wirecard-erwirbt-von-der-citigroup-kundenportfolio-fuer-kartenakzeptanz-asiatischpazifischen-raum/?newsID=991457.

»Bericht über die unabhängige Sonderuntersuchung – Wirecard AG, München«, KPMG AG Wirtschaftsprüfungsgesellschaft, 27. April 2020.

»Wirecard mausert sich zum Star der deutschen Finanzbranche«, Jörn Poltz, Reuters, 7. September 2018, online abrufbar unter: https://de.reuters.com/article/deutschland-wirecard-idDEKCN1LN0JM.

»Wirecard hofft auf Tod der Ladenkasse«, WirtschaftsWoche, 12. April 2018, online abrufbar unter: https://www.wiwo.de/zahlungsdienstleister-wirecard-hofft-auf-tod-der-ladenkasse/21168500.html.

»Wie der Wirecard-Chef zu ›Mr. Fintech‹ wurde«, Hans-Jürgen Jakobs, Handelsblatt, 16. August 2018, online abrufbar unter: https://www.handelsblatt.com/finanzen/banken-versicherungen/markus-braun-wie-der-wirecard-chef-zu-mr-fintech-wurde/22919226.html?ticket=ST-3685685-kndavCnnagxCMjqlDHBv-ap2.

»Digitise Now – Geschäftsbericht 2017«, Wirecard AG, 12. April 2018.

»Transition To Tomorrow – Geschäftsbericht 2018«, Wirecard AG, 25. April 2019.

»Corporate News / Vision 2025«, Wirecard AG, 9. Oktober 2018, online abrufbar unter: https://www.wirecard.com/uploads/tx_nenews/CN_2018_10_09_EN_Vision2025.pdf.

»Kapitalmarkttag in New York: Wirecard hebt Vision 2025 an«, Wirecard AG, 8. Oktober 2019, online abrufbar unter: https://ir.wirecard.de/download/companies/wirecard/cmd/CN_2019_10_08_DE_Vision2025.pdf.

»Marktanteilssorgen belasten Wirecard«, FOCUS, 20. Dezember 2018, online abrufbar unter: https://www.focus.de/finanzen/boerse/wirtschaftsticker/aktie-im-fokus-marktanteilssorgen-belasten-wirecard_id_10097223.html.

»Wie mächtig ist Wirecard wirklich?«, Melanie Bergermann, WirtschaftsWoche, 20. Dezember 2018, online abrufbar unter: https://www.wiwo.de/unternehmen/banken/zahlungsabwickler-wie-maechtig-ist-wirecard-wirklich/23787060.html.

»Aktionärsstruktur«, Wirecard Ag, o. D., online abrufbar unter: https://web.archive.org/web/20181204061100/https://ir.wirecard.com/websites/wc/German/2000/aktie.html.

»Wirecard: Jetzt kann alles ganz schnell gehen«, Boerse.de, 20. November 2018, online abrufbar unter: https://www.boerse.de/nachrichten/Wirecard-Jetzt-kann-alles-ganz-schnell-gehen/7978581.

»Wirecard«, Wallstreet Online, o. D., online abrufbar unter: https://www.wallstreet-online.de/aktien/wirecard-aktie/chart#t:free||s:lines||a:abs||v:week||ads:null.

»Half-Time of Digitalization? It's Only the 2nd Minute (Markus Braun) | DLD Munich 20«, DLDconference, YouTube, 20. Januar 2020, online abrufbar unter: https://www.youtube.com/watch?v=8V2wbAQNUSs.

»Think Austria – die Denkfabrik des Kanzlers startet neu«, KURIER, 21. Januar 2020, online abrufbar unter: https://kurier.at/wirtschaft/think-austria-die-denkfabrik-des-kanzlers-startet-neu/400732626.

»Schnorren, Schwärmen, Stimmung machen – was die Wirtschaftsbosse am Opernball treiben [Podcast]«, trend, 1. März 2019, online abrufbar unter: https://www.trend.at/wirtschaft/opernball-wirtschaft-podcast-10668621.

»Offering Memorandum dated 9 September 2019«, Wirecard AG, 9. September 2019.

Kapitel 13

»Wirecard and me: Dan McCrum on exposing a criminal enterprise«, Dan McCrum, Financial Times, 3. September 2020, online abrufbar unter: https://www.ft.com/content/745e34a1-0ca7-432c-b062-950c20e41f03.

»Executive at Wirecard suspected of using forged contracts«, Dan McCrum; Stefania Palma, Financial Times, 30. Januar 2019, online abrufbar unter: https://www.ft.com/content/03a5e318-2479-11e9-8ce6-5db4543da632.

»Vorwürfe gegen Wirecard: Chronologie der Ereignisse«, boerse.ARD.de, 18. Juni 2020, online abrufbar unter: https://boerse.ard.de/boersenwissen/boersengeschichte-n/wirecard-vs-ft-chronologie-der-ereignisse100.html.

»Wirecard Statement zum Artikel der Financial Times«, Wirecard AG, 31. Januar 2019, online abrufbar unter: https://web.archive.org/web/20190202172719/https://ir.wirecard.com/websites/wc/German/3150/finanznachrichten.html?newsID=1750985.

»Wirecards Kurseinbruch wird zum Fall der Staatsanwaltschaft«, Christian Schnell, Handelsblatt, 31. Januar 2019, online abrufbar unter: https://www.handelsblatt.com/finanzen/banken-versicherungen/zahlungsdienstleister-wirecards-kurseinbruch-wird-zum-fall-der-staatsanwaltschaft/23932840.html?ticket=ST-3090338-eF5XBSZSM3kGK4AOngs2-ap4.

»Wirecard's law firm found evidence of forgery and false accounts«, Dan McCrum; Stefania Palma, Financial Times, 1. Februar 2019, online abrufbar unter: https://www.ft.com/content/79f23db0-260d-11e9-8ce6-5db4543da632.

»Wirecard Statement zum Artikel der Financial Times«, Wirecard AG, 1. Februar 2019, online abrufbar unter: https://web.archive.org/web/20190202172615/https://ir.wirecard.com/websites/wc/German/3150/finanznachrichten.html?newsID=1751411.

»Wirecard-Chef Braun – ›Es liegt alles auf dem Tisch‹«, manager magazin, 4. Februar 2019, online abrufbar unter: https://www.manager-magazin.de/finanzen/boerse/wirecard-aktie-im-plus-nach-kurssturz-markus-braun-wehrt-sich-gegen-ft-und-short-seller-a-1251436.html.

»Wirecard: inside an accounting scandal«, Dan McCrum; Stefania Palma, Financial Times, 7. Februar 2019, online abrufbar unter: https://www.ft.com/content/d51a012e-1d6f-11e9-b126-46fc3ad87c65.

»Wirecard Statement 8. Februar 2019 (2)«, Onvista, 8. Februar 2019, online abrufbar unter: https://www.onvista.de/news/wirecard-statement-8-februar-2019-2-186069321.

»Staatsanwaltschaft ermittelt gegen einen Financial-Times-Journalisten«, Henning Peitsmeier, FAZ, 18. Februar 2019, online abrufbar unter: https://www.faz.net/aktuell/finanzen/wirecard-ermittlungen-gegen-financial-times-journalisten-16047237.html.

»Germany bans Wirecard ›shorting‹ as prosecutors probe FT journalist«, Arno Schuetze, Reuters, 18. Februar 2019, online abrufbar unter: https://www.reuters.com/article/us-wirecard-stocks-idUSKCN1Q70GZ.

»German regulator files complaint on alleged Wirecard manipulation«, Olaf Storbeck, Financial Times, 16. April 2019, online abrufbar unter: https://www.ft.com/content/8e1948be-6060-11e9-b285-3acd5d43599e.

»Wirecard AG: Allgemeinverfügung zum Verbot der Begründung und Vergrößerung von Netto-Leerverkaufspositionen«, BaFin, 18. Februar 2019, online abrufbar unter: https://www.bafin.de/SharedDocs/Veroeffentlichungen/DE/Meldung/2019/meldung_190218_Allg_Vfg_Wirecard_Verbot_Leerverkaufspositionen.html.

»Leerverkaufsverbot für Wirecard-Aktien läuft bald aus«, Markus Frühauf, FAZ, 14. April 2019, online abrufbar unter: https://www.faz.net/aktuell/finanzen/finanzmarkt/leerverkaufsverbot-fuer-wirecard-aktien-laeuft-bald-aus-16136755.html.

»Senior Wirecard executives approved transactions in fraud probe«, Dan McCrum; Stefania Palma, Financial Times, 21. März 2019, online abrufbar unter: https://www.ft.com/content/24d958b6-4afe-11e9-bbc9-6917dce3dc62.

»Wirecard AG: Externe Untersuchung von Rajah & Tann ergibt keine wesentlichen Auswirkungen auf die Abschlüsse von Wirecard«, Wirecard AG, 26. März 2019, online abrufbar unter: https://ir.wirecard.de/websites/wirecard/German/5110/nachrichtendetail.html?fromID=5000&newsID=1763461.

»Sondersitzung des BT-Finanzausschusses am 29. Juli 2020; Fragenkatalog des Abg. Fabio de Masi (DIE LINKE)«, BaFin, 29. Juli 2020.

»Transition To Tomorrow – Geschäftsbericht 2018«, Wirecard AG, 25. April 2019.

»Wirecard AG Aschheim – Prüfungsbericht zur Abschlussprüfung des Konzernabschlusses und zusammengefassten Lageberichts der Gesellschaft und des Konzerns«, Ernst & Young GmbH, 29. Juni 2020.

»Verdacht der Marktmanipulation in Aktien der Wirecard AG«, BaFin, 9. April 2019.

»Den ›Elefanten aus dem Raum führen‹«, Melanie Bergermann, WirtschaftsWoche, 25. April 2019, online abrufbar unter: https://www.wiwo.de/my/finanzen/boerse/wirecard-den-elefanten-aus-dem-raum-fuehren/24255976.html?ticket=ST-4208194-oCV6mBbtxPKD7cs1TFpj-ap2.

»Wirecard AG: Wirecard und SoftBank besiegeln strategische Kooperationsvereinbarung«, Wirecard AG, 18. September 2019, online abrufbar unter: https://ir.wirecard.de/websites/wirecard/German/5110/nachrichtendetail.html?fromID=5000&newsID=1825475.

»Wirecard Aktie«, Finanzen.net, o. D., online abrufbar unter: https://www.finanzen.net/historische-kurse/wirecard.

»Beteiligung durch die Hintertür: Softbank ist nicht direkt bei Wirecard eingestiegen«, Christian Schnell, Handelsblatt, 15. November 2019, online abrufbar unter: https://www.handelsblatt.com/finanzen/banken-versicherungen/zahlungsdienstleister-beteiligung-durch-die-hintertuer-softbank-ist-nicht-direkt-bei-wirecard-eingestiegen/25232756.html?ticket=ST-4219317-7mUuCoEQUgKTNLhnOdLF-ap2.

»Investor Presentation – Market Entry China«, Wirecard AG, 6. November 2019, online abrufbar unter: https://ir.wirecard.com/download/companies/wirecard/Presentations/WDI_Investor_Presentation_9M2019.pdf.

»Where is the €267m«, MCA Mathematik, 23. Juli 2019, online abrufbar unter: https://www.mca-mathematik.com/where-is-the-267m.

»Bericht über die unabhängige Sonderuntersuchung – Wirecard AG, München«, KPMG AG Wirtschaftsprüfungsgesellschaft, 27. April 2020.

»Financial Statements – For the period from 27 March 2019 (incorporation) to 31 December 2019«, OCAP Securitization Luxembourg S.A., 30. April 2020.

»Was treiben Wirecards Partner in Dubai? Eine Spurensuche«, Melanie Bergermann; Volker ter Haseborg, WirtschaftsWoche, 13. Dezember 2019, online abrufbar unter: https://www.wiwo.de/my/unternehmen/dienstleister/tausend-und-ein-zweifel-die-verschwundenen-millionen/25325780-3.html?ticket=ST-1959225-ByAEbL5l4zBYPPvvPaqE-ap1.

»Media Briefing – Reverse Takeover of CPH Ltd.«, Ocap, 22. November 2018.

Kapitel 14

»Alexander von Knoop«, Wirecard AG, o. D., online abrufbar unter: https://www.wirecard.com/de/company/vita/alexander-von-knoop.

»Auf der Jagd nach Dr. No«, Der SPIEGEL, 18. Juli 2020, online abrufbar unter: https://magazin.spiegel.de/SP/2020/30/172071795/index.html.

»Wirecard's suspect accounting practices revealed«, Dan McCrum, Financial Times, 15. Oktober 2019, online abrufbar unter: https://www.ft.com/content/19c6be2a-ee67-11e9-bfa4-b25f11f42901.

»Wirecard and me: Dan McCrum on exposing a criminal enterprise«, Dan McCrum, Financial Times, 3. September 2020, online abrufbar unter: https://www.ft.com/content/745e34a1-0ca7-432c-b062-950c20e41f03.

»Wirecard bestätigt Einschaltung externer Ermittler im Jahr 2016«, Felix Holtermann; Christian Schnell, Handelsblatt, 11. Dezember 2019, online abrufbar unter: https://www.handelsblatt.com/finanzen/banken-versicherungen/zahlungsdienstleister-wirecard-bestaetigt-einschaltung-externer-ermittler-im-jahr-2016/25322176.html?ticket=ST-2259572-kcm10QorGEWqtonZfsdZ-ap6.

»Wirecard critics targeted in London spy operation«, Paul Murphy, Financial Times, 11. Dezember 2019, online abrufbar unter: https://www.ft.com/content/d94c938e-1a84-11ea-97df-cc63de1d73f4.

»Tonbandaufnahmen machen Wirecard-Streit mit ›Financial Times‹ zum beispiellosen Krimi«, Sönke Iwersen; Felix Holtermann, Handelsblatt, 22. Juli 2019, online abrufbar unter: https://www.handelsblatt.com/finanzen/banken-versicherungen/zahlungsdienstleister-tonbandaufnahmen-machen-wirecard-streit-mit-financial-times-zum-beispiellosen-krimi/24687366.html?ticket=ST-230301-NdeI9eAMEoQe1NDsOUsY-ap4.

»›Financial Times‹ wehrt sich gegen Vorwürfe von Wirecard«, Reuters, 23. Juli 2019, online abrufbar unter: https://br.reuters.com/article/deutschland-wirecard-idDEKCN1UI1NA.

»Was treiben Wirecards Partner in Dubai? Eine Spurensuche«, Melanie Bergermann; Volker ter Haseborg, WirtschaftsWoche, 13. Dezember 2019, online abrufbar unter: https://www.wiwo.de/my/unternehmen/dienstleister/tausend-und-ein-zweifel-die-verschwundenen-millionen/25325780-3.html?ticket=ST-1959225-ByAEbL5l4zBYPPvvPaqE-ap1.

»Bericht über die unabhängige Sonderuntersuchung – Wirecard AG, München«, KPMG AG Wirtschaftsprüfungsgesellschaft, 27. April 2020.

»Insolvenzantragsverfahren über das Vermögen der Wirecard AG, Einsteinring 35, 85609 Aschheim«, Michael Jaffé, 20. August, 2020.

»Integration von Alipay am Flughafen«, Wirecard AG, o. D., online abrufbar unter: https://www.wirecard.com/de/knowledge-hub/case-studies/alipay-am-flughafen-muenchen.

»Wirecard AG gibt Markteintritt in China bekannt«, Wirecard AG, 5. November 2019, online abrufbar unter: https://ir.wirecard.de/websites/wirecard/German/5110/nachrichtendetail.html?newsID=1847619&fromID=4000.

»Das sind die Köpfe der Wirecard-Affäre«, Nils Wischmeyer, Süddeutsche Zeitung, 29. Juli 2020, online abrufbar unter: https://www.sueddeutsche.de/wirtschaft/wirecard-marsalek-finanzskandal-1.4982399.

»Sondersitzung des BT-Finanzausschusses am 29. Juli 2020; Fragenkatalog des Abg. Fabio de Masi (DIE LINKE)«, BaFin, 29. Juli 2020.

»Blind vor Stolz«, Der SPIEGEL, 25. Juli 2020, online abrufbar unter: https://magazin.spiegel.de/SP/2020/31/172178893/index.html.

»Anfrage zum Plenum des Herrn Abgeordneten Dr. Martin Runge (BÜNDNIS 90/DIE GRÜNEN) betreffend Fragen im Zusammenhang mit der Aufsicht über die Wirecard AG und mit einschlägigen Ermittlungs- und Strafverfolgungsmaßnahmen IV«, Bayerisches Staatsministerium für Wirtschaft, Energie, Landesentwicklung und Energie, 24. September 2020.

»Investor Presentation – Market Entry China«, Wirecard AG, 6. November 2019, online abrufbar unter: https://ir.wirecard.com/download/companies/wirecard/Presentations/WDI_Investor_Presentation_9M2019.pdf.

»Indikatioren zum Insiderprofil«, 9. März 2016.

»Project Panther – Discussion Document«, McKinsey & Company, 15. November 2019.

Kapitel 15

»Lebenslauf – Thomas Eichelmann«, Wirecard AG, o. D., online abrufbar unter: https://ir.wirecard.com/download/companies/wirecard/Hauptversammlung/CV_Eichelmann_D_190509.pdf.

»Was nun, Mister Wirecard?«, Melanie Bergermann, Volker ter Haseborg und Lukas Zdrzalek, 28. Mai 2020, online abrufbar unter: https://www.wiwo.de/my/unternehmen/dienstleister/markus-braun-unter-druck-die-spur-fuehrt-in-die-wueste/25866770-2.html?ticket=ST-4605938-nnBZZwugdmUtUPYPfege-ap2.

»Lebenslauf – Stefan Klestil«, Wirecard AG, o. D., online abrufbar unter: https://www.wirecard.com/uploads/company/Supervisory/cv-klestil-de.pdf.

»Einladung zur ordentlichen Hauptversammlung der Wirecard AG«, Wirecard AG, Mai 2019, online abrufbar unter: https://ir.wirecard.com/download/companies/wirecard/Hauptversammlung/1_DE_Einladung_HV_2019.pdf.

»Curriculum Vitae – Wulf Matthias«, Wirecard AG, o. D., online abrufbar unter: https://www.wirecard.com/uploads/cv-wulf-matthias-en.pdf.

»Am Puls der Zukunft – Geschäftsbericht 2011«, Wirecard AG, 17. April 2012.

»Erfolgreich in unsicheren Zeiten – Jahresbericht 2010«, Deutsche Bank, April 2011, online abrufbar unter: https://geschaeftsbericht.deutsche-bank.de/2010/gb/serviceseiten/downloads/files/dbfy2010_gesamt.pdf.

»Bleiben Sie im Fluss Ihres Erfolges – Synchronisieren Sie Ihr Business mit Wirecard – Geschäftsbericht 2015«, Wirecard AG, 7. April 2016.

»Intelligente Synergien – Geschäftsbericht 2009«, Wirecard AG, 15. April 2010.

»Wulf Matthias«, Salzburg Foundation, o. D., online abrufbar unter: http://salzburgfoundation.at/salzburg-foundation/vorstand-und-kuenstlerische-leitung/wulf-matthias/.

»Wirecard chairman dismisses calls for independent audit«, Olaf Storbeck und Dan McCrum, Financial Times, 18. Oktober 2019, online abrufbar unter: https://www.ft.com/content/224cfe3a-f1bc-11e9-ad1e-4367d8281195.

»Wirecard AG beauftragt unabhängige Prüfung«, Wirecard AG, 21. Oktober 2019, online abrufbar unter: https://www.dgap.de/dgap/News/corporateall/wirecard-beauftragt-unabhaengige-pruefung/?companyID=438&newsID=1209727.

»Wechsel an der Spitze des Aufsichtsrats der Wirecard AG – Wulf Matthias tritt vom Vorsitz des Gremiums zurück – Thomas Eichelmann übernimmt Leitung«, Wirecard AG, 10. Januar 2020, online abrufbar unter: https://www.dgap.de/dgap/News/corporate/wechsel-der-spitze-des-aufsichtsrats-der-wirecard-wulf-matthias-tritt-vom-vorsitz-des-gremiums-zurueck-thomas-eichelmann-uebernimmt-leitung/?newsID=1256859.

»Ex-Wirecard-Chef lieh sich Millionen von Wirecard-Tochter«, Der SPIEGEL, 16. Juli 2020, online abrufbar unter: https://www.spiegel.de/wirtschaft/ex-wirecard-chef-lieh-sich-millionen-von-wirecard-tochter-a-39aa45e9-5156-4365-880f-25bb1c67de31.

»Einladung zur ordentlichen Hauptversammlung«, Wirecard AG, 10. Mai 2016, online abrufbar unter: http://mobile.dgap.de/dgap/News/hauptversammlung/wirecard-bekanntmachung-der-einberufung-zur-hauptversammlung-muenchen-mit-dem-ziel-der-europaweiten-verbreitung-gemaess-aktg/?newsID=939727.

»Einladung zur Hauptversammlung«, Wirecard AG, Mai 2018, online abrufbar unter: https://ir.wirecard.com/download/companies/wirecard/Hauptversammlung/07_01_DE_HV_Einladungsbroschuere_2018_DE.pdf.

»Personelle Veränderung im Aufsichtsrat der Wirecard AG«, Wirecard AG, 29. April 2020, online abrufbar unter: https://www.dgap.de/dgap/News/corporate/personelle-veraenderung-aufsichtsrat-der-wirecard-ag/?newsID=1324465.

»Executive Committee«, Galp, o. D., online abrufbar unter: https://www.galp.com/corp/en/corporate-governance/governing-model-and-bodies/executive-committee.

»Aufsichtsrätin verlässt offenbar Wirecard«, Melanie Bergermann, WirtschaftsWoche, 22. April 2020, online abrufbar unter: https://www.wiwo.de/unternehmen/industrie/susana-quintana-plaza-aufsichtsraetin-verlaesst-offenbar-wirecard/25764516.html.

»Lebenslauf – Vuyiswa V. M'Cwabeni«, Wirecard AG, o. D., online abrufbar unter: https://www.wirecard.com/fileadmin/user_upload/wirecard/company/de/management/dokumente/Lebenslauf_Vuyiswa_V__MCwabeni_Deutsch.pdf.

»Krieg der Sternchen im Wirecard-Aufsichtsrat«, Sven Clausen, manager magazin, 21. August 2019, online abrufbar unter: https://www.manager-magazin.de/unternehmen/wirecard-ag-erbitterter-streit-um-nachfolge-von-wulf-matthias-a-434eac93-8f9d-49ab-8b41-b539f29ccc4b.

»Bericht über die unabhängige Sonderuntersuchung – Wirecard AG, München«, KPMG AG Wirtschaftsprüfungsgesellschaft, 27. April 2020.

»Wirecard-Chef Markus Braun: ›Alle Umsätze sind authentisch‹«, Felix Holtermann und Michael Maisch, Handelsblatt, 4. November 2019, online abrufbar unter: https://www.handelsblatt.com/finanzen/banken-versicherungen/interview-wirecard-chef-markus-braun-alle-umsaetze-sind-authentisch/25180108.html?ticket=ST-3778433-5271lIzAXQR4NeuAHi1t-ap1.

»Wirecard beauftragt unabhängige Prüfung«, Wirecard AG, 21. Oktober 2019, online abrufbar unter: https://www.presseportal.de/pm/15202/4409176.

Kapitel 16

»Wirecard – was für eine Klitsche«, Katharina Slodczyk, manager magazin, 29. April 2020, online abrufbar unter: https://www.manager-magazin.de/unternehmen/banken/wirecard-freispruch-durch-kpmg-bericht-auf-ganzer-linie-gescheitert-a-1306623.html.

»Sonderprüfer können wichtige Fragen nicht klären«, Süddeutsche Zeitung, 28. April 2020, online abrufbar unter: https://www.sueddeutsche.de/wirtschaft/wirecard-kpmg-bericht-1.4891170.

»Alle sind drauf reingefallen«, WirtschaftsWoche, 25. Juni 2020, online abrufbar unter: https://www.wiwo.de/my/unternehmen/dienstleister/von-wegen-fake-news-kein-umsatz-kein-gewinn/25947562-3.html?ticket=ST-2835037-c4WycbcyiuxxiZFe4G1G-ap2.

»Bericht über die unabhängige Sonderuntersuchung – Wirecard AG, München«, KPMG AG Wirtschaftsprüfungsgesellschaft, 27. April 2020.

»Wirecard AG Aschheim – Prüfungsbericht zur Abschlussprüfung des Konzernabschlusses und zusammengefassten Lageberichts der Gesellschaft und des Konzerns«, Ernst & Young GmbH, 29. Juni 2020.

»Der verschwundene Treuhänder«, Tim Bartz, Der SPIEGEL, 21. Juni 2020, online abrufbar unter: https://www.spiegel.de/wirtschaft/unternehmen/wirecard-bilanzskandal-der-verschwundene-treuhaender-a-132dd2f2-8229-4a78-895d-eb67bb481734.

»Duterte fires DOTr official for allegedly dealing with his sister«, Pia Ranada, Rappler, 21. Mai 2018, online abrufbar unter: https://www.rappler.com/nation/duterte-fires-transportation-assistant-secretary-mark-tolentino.

»Wirecard ›trustee‹ Tolentino: I'm a victim of a frame-up, identity theft«, Ralf Rivas, Rappler, 23. Juni 2020, online abrufbar unter: https://www.rappler.com/business/wirecard-trustee-mark-tolentino-says-victim-frame-up-identity-theft.

»Wirecard is not a client of BDO«, BDO, Juni 2020, online abrufbar unter: https://www.bdo.com.ph/official-statement-wirecard-issue.

»BPI suspends junior officer over fake document vetting Wirecard's money«, Melissa Luz Lopez, CNN Philippines, 22. Juni 2020, online abrufbar unter: https://www.cnnphilippines.com/business/2020/6/22/BPI-suspends-assistant-manager-Wirecard-scandal.html.

»Wirecard Probe in Philippines Focuses on Two Bankers Who May Have Forged Documents«, Feliz Solomon, The Wall Street Journal, 23. Juli 2020, online abrufbar unter: https://www.wsj.com/articles/wirecard-probe-in-philippines-focuses-on-two-bankers-who-may-have-forged-documents-11595501058.

»Philippines probes 57 persons of interest over Wirecard scandal«, Reuters, 11. September 2020, online abrufbar unter: https://www.reuters.com/article/us-wirecard-accounts-philippines-idUSKBN2621A2.

»Wirecard AG: Sonderuntersuchung von KPMG«, Wirecard AG, 12. März 2020, online abrufbar unter: https://www.dgap.de/dgap/News/adhoc/wirecard-sonderuntersuchung-von-kpmg/?newsID=1293371.

»Wirecard AG: Sonderuntersuchung von KPMG dauert bis 27. April 2020 an. Untersuchung liefert bislang keine Belege für Bilanzmanipulation«, Wirecard AG, 22. April 2020, online abrufbar unter: https://www.dgap.de/dgap/News/adhoc/wirecard-sonderuntersuchung-von-kpmg-dauert-bis-april-untersuchung-liefert-bislang-keine-belege-fuer-bilanzmanipulation/?newsID=1319803.

»›Fake News‹«, Melanie Bergermann et al., WirtschaftsWoche, 26. Juni 2020.

Kapitel 17

»Was nun, Mister Wirecard?«, Melanie Bergermann, Volker ter Haseborg und Lukas Zdralek, WirtschaftsWoche, 28. Mai 2020, online abrufbar unter: https://www.wiwo.de/my/unternehmen/dienstleister/markus-braun-unter-druck-was-nun-mister-wirecard/25866770.html.

»Connected Commerce – Geschäftsbericht 2016«, Wirecard AG, 5. April 2017.

»Digitise Now – Geschäftsbericht 2017«, Wirecard AG, 12. April 2018.

»Transition To Tomorrow – Geschäftsbericht 2018«, Wirecard AG, 25. April 2019.

»Bericht über die unabhängige Sonderuntersuchung – Wirecard AG, München«, KPMG AG Wirtschaftsprüfungsgesellschaft, 27. April 2020.

»›Wir fordern den Rücktritt von Markus Braun‹«, Melanie Bergermann und Lukas Zdrzalek, WirtschaftsWoche, 6. Mai 2020, online abrufbar unter: https://www.wiwo.de/unternehmen/banken/deka-wir-fordern-den-ruecktritt-von-markus-braun/25806868.html.

»Die Dynamik des Digitalen – Geschäftsbericht 2010«, Wirecard AG, April 2011.

»Insolvenzantragsverfahren über das Vermögen der Wirecard AG, Einsteinring 35, 85609 Aschheim«, Michael Jaffé, 20. August, 2020.

»Kurz bevor alles aufflog, holte sich Wirecard noch frisches Geld«, Melanie Bergermann und Cornelius Welp, WirtschaftsWoche, 2. Juli 2020, online abrufbar unter: https://www.wiwo.de/my/unternehmen/dienstleister/bilanzskandal-kurz-bevor-alles-aufflog-holte-sich-wirecard-noch-frisches-geld/25968524.html.

»Wirecard AG: Veröffentlichung des Konzernabschlusses am 18. Juni 2020; Konzernabschlussprüfung 2019 bislang ohne wesentliche Feststellungen; Unternehmen erwartet ein uneingeschränktes Testat«, Wirecard AG, 25. Mai 2020, online abrufbar unter: https://www.dgap.de/dgap/News/corporate/wirecard-veroeffentlichung-des-konzernabschlusses-juni-konzernabschlusspruefung-bislang-ohne-wesentliche-feststellungen-unternehmen-erwartet-ein-uneingeschraenktes-testat/?newsID=1339787.

»Ermittlungen in Zusammenhang mit Ad-hoc-Meldungen der Wirecard AG«, Wirecard AG, 5. Juni 2020, online abrufbar unter: https://www.dgap.de/dgap/News/adhoc/ermittlungen-zusammenhang-mit-adhocmeldungen-der-wirecard-ag/?newsID=1347305.

»Geschäftsräume von Wirecard durchsucht«, Die ZEIT, 5. Juni 2020, online abrufbar unter: https://www.zeit.de/wirtschaft/unternehmen/2020-06/wirecard-verdacht-marktmanipulation-staatsanwaltschaft-geschaeftsraeume.

»Wirecard AG Aschheim – Prüfungsbericht zur Abschlussprüfung des Konzernabschlusses und zusammengefassten Lageberichts der Gesellschaft und des Konzerns«, Ernst & Young GmbH, 29. Juni 2020.

»Wirecard AG: Date for publication of annual and consolidated financial statements 2019 delayed due to indications of presentation of spurious balance confirmations«, Wirecard AG, 18. Juni 2020, online abrufbar unter: https://ir.wirecard.com/websites/wirecard/English/5110/news-detail.html?newsID=1984117&fromID=5000.

»Wirecard AG: Veröffentlichungstermin für Jahres- und Konzernabschluss 2019 verschoben wegen Hinweisen auf Vorlage unrichtiger Saldenbestätigungen«, Wirecard AG, 18. Juni 2020, online abrufbar unter: https://mobile.dgap.de/dgap/News/adhoc/wirecard-veroeffentlichungstermin-fuer-jahres-und-konzernabschluss-verschoben-wegen-hinweisen-auf-vorlage-unrichtiger-saldenbestaetigungen/?newsID=1353559.

»Wirecard AG: Wirecard AG verschiebt Jahresabschluss 2019«, Wirecard AG, 18. Juni 2020, online abrufbar unter: https://www.dgap.de/dgap/News/corporate/wirecard-wirecard-verschiebt-jahresabschluss/?newsID=1353571.

»Wirecard AG: Personalien: Vorstandsmitglied Jan Marsalek widerruflich freigestellt - James Freis, Jr. mit sofortiger Wirkung zum Compliance-Vorstand ernannt«, Wirecard AG, 18. Juni 2020, online abrufbar unter: https://ir.wirecard.de/websites/wirecard/German/5110/nachrichtendetail.html?newsID=1984745&fromID=5000.

»Wirecard AG Stellungnahme des Vorstandes, 19.06.2020«, Ben Weisenstein, YouTube, 18. Juni 2020, online abrufbar unter: https://www.youtube.com/watch?v=ceXYHhk9GQs.

»Wirecard plante Bank in den USA«, Caspar Tobias Schlenk und Thomas Steinmann, Capital, 15. September 2020, online abrufbar unter: https://www.capital.de/wirtschaft-politik/wirecard-plante-bank-in-den-usa.

»Markus Braun tritt mit sofortiger Wirkung als Vorstand zurück; James Freis zum Interims-CEO berufen«, Pressebox, 19. Juni 2020, online abrufbar unter: https://www.pressebox.de/inaktiv/wirecard-ag-aschheim/Markus-Braun-tritt-mit-sofortiger-Wirkung-als-Vorstand-zurueck-James-Freis-zum-Interims-CEO-berufen/boxid/1011295#:~:text=Markus%20Braun%20ist%20heute%20im,Freis%2C%20Jr.

»Wirecard AG: Stellungnahme des Vorstands zur aktuellen Lage des Unternehmens«, Wirecard AG, 22. Juni 2020, online abrufbar unter: https://www.dgap.de/dgap/News/adhoc/wirecard-stellungnahme-des-vorstands-zur-aktuellen-lage-des-unternehmens/?newsID=1355035.

»Ehemaliger Vorstandsvorsitzender der Wirecard AG festgenommen«, Staatsanwaltschaft München I, 23. Juni 2020, online abrufbar unter: https://www.justiz.bayern.de/gerichte-und-behoerden/staatsanwaltschaft/muenchen-1/presse/2020/4.php.

»Wirecard AG: Jan Marsalek als Vorstand abberufen, Anstellungsvertrag außerordentlich gekündigt«, Wirecard AG, 22. Juni 2020, online abrufbar unter: https://ir.wirecard.de/websites/wirecard/German/5110/nachrichtendetail.html?newsID=1986081&fromID=5000.

»Ex-Wirecard-Chef Braun kommt gegen Millionenkaution frei«, BR, 23. Juni 2020, online abrufbar unter: https://www.br.de/nachrichten/wirtschaft/ex-wirecard-chef-braun-kommt-gegen-kaution-frei,S2BFF2p.

»Philippinen – Einreise-Unterlagen von Ex-Wirecard-Manager Marsalek gefälscht«, Reuters, 6. Juli 2020, online abrufbar unter: https://de.reuters.com/article/philippinen-wirecard-idDEKBN2470GT.

»Beamte fälschten Reisedaten von Marsalek«, ORF, 13. August 2020, online abrufbar unter: https://orf.at/stories/3177284/.

»Wirecard AG: Antrag auf Eröffnung eines Insolvenzverfahrens«, Wirecard AG, 25. Juni 2020, online abrufbar unter: https://ir.wirecard.de/websites/wirecard/German/5110/nachrichtendetail.html?newsID=1988249&fromID=5000.

»Wirecard AG: Kündigung Anstellungsvertrag Dr. Markus Braun«, Wirecard AG, 30. Juni 2020, online abrufbar unter: https://ir.wirecard.de/websites/wirecard/German/5110/nachrichtendetail.html?newsID=1991753&fromID=1000.

»Wirecard ex-COO Marsalek's entry into Philippines was faked, minister says«, Reuters, 4. Juli 2020, online abrufbar unter: https://de.reuters.com/article/us-wirecard-accounts-philippines/wirecard-ex-coo-marsaleks-entry-into-philippines-was-faked-minister-says-idUSKCN2450A0.

»Weitere Festnahmen in Sachen Wirecard, Ausweitung der Ermittlungen auf gewerbsmäßigen Bandenbetrug über ca. 3,2 Mrd. Euro«, Staatsanwaltschaft München I, 22. Juli 2020, online abrufbar unter: https://www.justiz.bayern.de/gerichte-und-behoerden/staatsanwaltschaft/muenchen-1/presse/2020/5.php.

»Wirecard AG: Veröffentlichungstermin für Jahres- und Konzernabschluss 2019 verschoben wegen Hinweisen auf Vorlage unrichtiger Saldenbestätigungen«, Wirecard AG, 18. Juni 2020, online abrufbar unter: https://ir.wirecard.de/websites/wirecard/German/5110/nachrichtendetail.html?newsID=1984119&fromID=5000.

ÜBER DIE AUTOREN

Melanie Bergermann arbeitet seit 2012 als Investigativ-Reporterin für die WirtschaftsWoche und schreibt seit 2015 über Wirecard. Für ihre Arbeit wurde sie mehrfach ausgezeichnet, etwa mit dem Henri-Nannen-Preis für Investigative Recherche. 2013 wurde sie Wirtschaftsjournalistin des Jahres.

Volker ter Haseborg arbeitet seit 2018 als Reporter für die WirtschaftsWoche. Davor war er für das Wirtschaftsmagazin Bilanz, das Hamburger Abendblatt und die Münchner Abendzeitung tätig. Für seine Arbeit wurde der Absolvent der Deutschen Journalistenschule mehrfach ausgezeichnet, etwa mit dem Deutschen Reporterpreis, dem Otto-Brenner-Preis oder dem Medienpreis Politik des Deutschen Bundestages.